**Retour à
LA VIE**
Après une mise à mort professionnelle

Arthur Obringer

**Retour à
LA VIE**
Après une mise à mort professionnelle

Témoignage

© 2025 Arthur Obringer
Édition : BoD · Books on Demand,
31 avenue Saint-Rémy, 57600 Forbach, bod@bod.fr
Impression : Libri Plureos GmbH,
Friedensallee 273, 22763 Hamburg (Allemagne)

Couverture :
Et toujours le mandarinier refleurit - Photo A. Obringer

ISBN : 978-2-3225-7380-6
Dépôt légal : Mars 2025

A mon épouse
A mes enfants et leurs conjoints
A mes petits-enfants

« L'honneur appartient à ceux qui jamais ne s'éloignent
de la vérité, même dans l'obscurité et la difficulté,
ceux qui essayent toujours
et qui ne se laissent pas décourager
par les insultes, l'humiliation ou même la défaite »

Nelson Mandela
Lettre à Winnie, 23 juin 1969
Conversations avec moi-même
Editions de la Martinière - 2010

« Si nous relions au lieu de séparer,
l'Enseignement Catholique
répondra aux fortes attentes éducatives des familles
et aux besoins éducatifs des jeunes
en quête d'une formation qui puisse non seulement
les préparer à une insertion sociale et professionnelle
mais aussi les éclairer sur le sens
qu'ils veulent trouver à leur vie ».

Paul Malartre
Secrétaire Général National
de l'Enseignement Catholique - Juin 2007

Avant-propos

2009, le 19 mai, 19 heures

Si le présent ouvrage était un polar, cette indication de date et d'heure pourrait correspondre à ce que l'on appelle l'heure du crime.

En fait, le lecteur découvrira plus loin que, dans le cas présent, il s'agit bien d'une forme d'assassinat mais d'un « assassinat professionnel ».

En effet, ce jour-là à 19 heures, dans mon bureau[1], à ma très grande surprise et contre toute attente, en présence d'un huissier, je me vois remettre par le Frère Délégué à la Tutelle une lettre émanant de la Tutelle des Frères Maristes[2], me notifiant son retrait d'agrément pour diriger le Groupe Scolaire Notre-Dame de Valbenoite à Saint-Étienne. Après quoi, le Frère Délégué à la Tutelle, avec qui ce rendez-vous avait été fixé, se retire sans aucun mot, le visage blême.

Dans la minute qui suit, Monsieur le Président de l'OGEC Notre-Dame de Valbenoîte, organisme gestionnaire du Groupe Scolaire, pénètre dans mon bureau, le visage livide. Sans un seul mot, il me remet lui aussi une lettre me signifiant mon licenciement de toutes mes fonctions de direction, y compris de

---

[1] Bureau situé au siège du Groupe Scolaire ND de Valbenoîte - Le Rond-Point à Saint-Etienne dont j'assure la direction générale depuis septembre 2003. Auparavant j'étais déjà Chef d'établissement du Lycée depuis 1992, situé sur le site du Rond-Point, rue Francisque Voytier, jusqu'à son déménagement à Valbenoîte en 2003.

[2] L'ensemble scolaire fait partie du réseau des établissements de la Tutelle des Frères Maristes. A ma nomination en 1992, je reçois une lettre de mission pour la direction du Lycée, et, en 2003, une lettre d'avenant pour ma nomination à la direction générale du Groupe Scolaire composé de deux Ecoles, du Collège et du Lycée.

la direction académique du collège et du lycée, invoquant « la faute grave », sans plus de précision. A ma grande stupéfaction, il est écrit que cette décision entre en application à l'instant où j'en prends connaissance. Il me fait l'injonction de lui remettre les clés de mon bureau et de l'établissement, l'ordinateur et le téléphone portable liés à ma fonction. Je lui signifie qu'il n'en est pas question pour l'ordinateur et le téléphone portable. Il se lève, se dirige vers la porte, toujours sans aucun mot.

A mon tour, je me lève, je range quelques documents dans mon cartable, saisis l'ordinateur glissé dans sa sacoche que j'emporte avec moi, je mets le téléphone portable dans ma poche et me dirige vers la porte que je ferme à clé avant de tendre le trousseau de clés à Monsieur le Président de l'OGEC.

Une dame, agent de service en train de laver le sol du couloir juste devant la porte du bureau, à qui je ne dis pas un mot, contrairement à mes habitudes, assiste à la scène, le regard surpris. Le frère mariste et l'huissier ont déjà disparu, peut-être se sont-ils retrouvés dans la salle d'attente en face.

Escorté par Monsieur le Président de l'OGEC comme par un « toutou de garde », j'emprunte le couloir pour descendre par l'escalier principal dans la grande cour. Je me dirige vers la sortie en empruntant le passage sous mon bureau pour arriver sur la place de l'Abbaye.

Et voilà, mission accomplie par le Frère Délégué à la Tutelle et par Monsieur le Président de l'OGEC. Ils ont, en quelques minutes seulement, sans bruit et sans discussion aucune, licencié et expulsé le Directeur Général du Groupe Scolaire !

Le forfait accompli semble parfait ! La présence de l'huissier montre combien il avait été minutieusement orchestré.

Pourquoi ce témoignage ?

Faire le récit détaillé de ce que j'ai vécu s'est imposé d'emblée à moi. En premier lieu, à des fins thérapeutiques pour recouvrer ma dignité, mon honneur et préserver du sens pour ma vie et, en second, pour partager cette histoire très personnelle avec mon épouse et mes enfants. C'est grâce à leur présence, à leur amour profond que j'ai tenu le coup, que je n'ai pas sombré dans une profonde dépression – ce que ces messieurs auraient peut-être souhaité - et que j'ai pu ranimer la flamme de la vie !

Mon épouse la connaît bien, mon histoire, elle l'a vécue intensément à mes côtés, a éprouvé beaucoup de souffrance, et cela d'autant plus qu'elle en a elle-même été indirectement victime au plan professionnel dans l'exercice de son métier de psychologue à la DDEC de Saint-Etienne sous l'autorité d'un directeur qui n'a pas manqué de se montrer quelquefois odieux à son encontre. Un dommage collatéral qui ne pouvait pas être ignoré et faisait sans doute partie de la manœuvre.

Une force intérieure m'a également poussé à partager mon histoire avec mes enfants, à qui je n'ai jamais rien caché, mais que j'ai dû ménager, surtout au début. Je sais qu'ils ont souffert de voir leur père ainsi maltraité, humilié, qu'ils ont éprouvé eux-aussi des sentiments de grande injustice et de révolte. En partageant ce récit avec eux, ils pourront avoir des indications détaillées et des éclairages sur de multiples aspects de cet événement que je n'ai pas forcément eu l'occasion d'aborder avec eux. Ils pourront aussi en parler à leurs propres enfants quand ils seront plus grands.

Pourquoi aujourd'hui ?

Un an après ma brutale éviction, comme je l'avais décidé le jour-même de cet événement, j'ai entamé l'écriture de l'histoire vécue ce soir-là. Il m'importait de faire le récit de ce que j'ai subi, dont personne ne pourra jamais imaginer l'extrême violence qui m'a frappé.

Au bout de quelques mois, j'ai réalisé que l'écriture complète de mon témoignage était prématurée, d'abord parce que la procédure judiciaire que j'avais engagée au tribunal des Prud'hommes me prenait beaucoup d'énergie et de temps et que je ne pourrais pas mener les deux actions de façon concomitante, ensuite, parce que la douleur était tellement vive et la plaie si béante, que j'ai jugé utile, pour mon équilibre personnel et la vie familiale, mais aussi pour garantir, grâce au recul, mon objectivité, de suspendre l'écriture et de la reprendre le moment venu.

Aujourd'hui, près d'une quinzaine d'années après mon élimination professionnelle, le temps me paraît propice à la reprise de l'écriture de ce que j'ai vécu, que je décline en deux parties :

- Première partie : raconter et dénoncer la violence de mon licenciement pour réhabiliter mon honneur et ma dignité.

- Deuxième partie : témoigner aussi de mon implication et de ma riche expérience professionnelle vécue pendant dix-sept ans au service du Groupe Scolaire.

Dénoncer la violence et la brutalité du licenciement

Qu'est-ce qui m'a poussé dès le départ à écrire ce que j'ai vécu ?

D'emblée, j'étais déterminé à dénoncer le procédé utilisé et son extrême violence dans un établissement d'enseignement et d'éducation catholique sous tutelle d'une congrégation religieuse, aux antipodes des valeurs évangéliques les plus élémentaires et de celles dites « maristes » prônées par la dite congrégation religieuse. Procédé dont on sait qu'il est quelquefois utilisé dans certaines entreprises. Mais il ne faut pas oublier que le fonctionnement d'un établissement scolaire n'est pas comparable à celui d'une entreprise. Gérer avec rigueur une entreprise au plan économique, oui, mais organiser toutes les activités pour la mise en œuvre du projet au service d'un enseignement, d'une éducation et d'une pastorale de qualité.

Dénoncer avec détermination la violence subie, d'une intensité inouïe.

Violence décuplée par l'absence totale de signes avant-coureurs.

Violence par la brutalité de la mise en scène soigneusement préparée sans autres témoins que les 3 agresseurs face à leur victime.

Violence par le motif invoqué : faute grave[1] ! Ah bon ? Aucune explication, aucune qualification précise.

Violence par le silence des deux « agents », couvert par la voix de l'huissier qui s'enregistrait sur un ton monotone et en continu sur son dictaphone.

Violence en entendant le nom de la personne qui allait assurer ma succession dès le lendemain : Madame N.G., chargée de mission auprès du directeur diocésain de l'enseignement catholique de Saint-Etienne.

Violence générée par le sentiment profond d'avoir été trahi !

Violence par l'anéantissement en un instant de toute ma carrière professionnelle, trois ans avant ma retraite.

Faire connaître les événements

C'est depuis le soir-même du 19 mai 2009 que je suis animé par la ferme détermination de faire éclater la vérité sur les événements aux yeux de tous les personnnels des quatre unités

---

[1] Même à l'entretien préalable de licenciement le président de l'organisme de gestion – OGEC – n'a pas su me préciser en quoi consistait la faute, car, lorsque je lui demande "quels sont les indicateurs qui justifient la qualification de faute grave", il me répond laconiquement : "La définition est dans le code du travail. C'est la jurisprudence qui la définit"...

pédagogiques composant le groupe scolaire - deux écoles maternelles et élémentaires, un collège et un lycée d'enseignement général – à qui les responsables n'ont jamais fourni d'explications quant à la qualification de la faute grave.

Je veux relater les faits pour informer de la réalité des événements dans les moindres détails et de façon vérifiable, lever le doute qui habite l'esprit de certaines personnes depuis qu'un journal local[1] a publié, sans les vérifier, des propos me concernant, tenus par celle qui m'a remplacé dès le lendemain matin, propos totalement mensongers qui ont donné naissance et abondamment alimenté de fausses rumeurs très préjudiciables à ma personne et à ma fonction..

Faire aussi connaître la réalité des faits aux élèves qui me côtoyaient quotidiennement, ainsi qu'aux parents avec qui j'avais de nombreux contacts, lors des réunions de classes ou aux réunions des instances comme les conseils d'école, le conseil d'établissement, ou pour un entretien dans mon bureau, ou encore par la lettre d'informations aux familles que je leur adressais au début de chaque demi-trimestre.

Que cette vérité des faits puisse également arriver à la connaissance des représentants des instances et organismes avec qui j'étais régulièrement en contact, notamment parce que j'étais le représentant de mes collègues du syndicat de chefs d'établissement : à l'Inspection Académique et au Rectorat, au Conseil Départemental de la Loire et au Conseil Régional Rhône - Alpes, auprès de la municipalité de Saint-Etienne, auprès des organimses culturels, sportifs, scientifiques et économiques avec lesquels le collège et le lycée étaient engagés dans un partenariat.

La brutalité et la violence subies, être en un instant réduit à néant et coupé de tout ce qui faisait mon engagement

---

[1] Cf Article paru dans La Gazette de la Loire n° 457 du 19 au 25 juin 2009, intitulé : « Mais que se passe-t-il à Valbo ? »

professionnel – engagement d'ailleurs souvent poussé au-delà du raisonnable -, les rumeurs largement alimentées par l'absence d'informations de la part des responsables, l'incapacité de ces derniers d'apporter les preuves de la faute grave invoquée, je les ai vécues comme une atteinte à ma dignité, à mon humanité, d'une intensité extrême au point que je qualifie cela d'assassinat professionnel, créant au plus profond de mon être une plaie immensément béante. Atteinte à ma dignité par la perte instantanée de mon emploi et, au-delà de l'atteinte à la dignité, l'atteinte à mon intégrité, à ma probité, à ma moralité...

Réhabiliter ma dignité humaine et professionnelle

Mon principal but, en définitive, est d'obtenir la réhabilitation complète de ma dignité qui représente pour moi bien plus que la seule réparation du préjudice financier.

Après la tenue de la Commission de Conciliation interne à l'Enseignement Catholique que j'avais saisie conformément au statut du Chef d'Etablissement du second degré de l'Enseignement Catholique et qui s'est tenue le 16 juillet 2009, totalement stérile, j'ai saisi le Conseil des Prud'hommes de Saint-Etienne.

Le procès aux Prud'hommes a été très long et éprouvant, aboutissant enfin et heureusement en ma faveur après un peu plus de deux ans d'un combat qui s'est achevé par la condamnation de l'OGEC ND de Valbenoîte par la Chambre Sociale de la Cour d'Appel de Lyon le 10 février 2012 « pour licenciement dénué de cause ». Donc, gommant définivement et légalement l'accusation injustifiée, infondée de faute grave.

Tout un chacun peut imaginer mon soulagement après cette condamnation par la Cour d'Appel de Lyon ! C'était une première étape pour la réhabilitation de ma dignité.

Maintenant il me restait à le faire savoir et faire mesurer à tout un chacun la gravité et les conséquences pour ma personne, mes proches mais aussi pour l'image de tout le groupe scolaire… !

Pour cela j'ai sollicté la rédaction du quotidien La Tribune-Le Progrès, qui m'a proposé une rencontre au cours de laquelle j'ai pu livrer les informations détaillées sur les faits et les jugements du Conseil des Prud'hommes de St Etienne, d'abord, et de la Cour d'Appel de Lyon, ensuite, condamnant doublement mon ancien employeur pour licenciement abusif.

Je précise qu'avant la publication des articles, la rédaction du quotidien régional a tenu à vérifier toutes les informations officielles émanant du Conseil des Prud'hommes et de la Cour d'Appel de Lyon. J'ai beaucoup apprécié que soient prises ces précautions.

C'est ainsi que ce journal a réalisé deux publications.

La première, le soir du 2 mars 2012[1], dans l'édition numérique sur son site internet, un article et ma photo : « Loire-Enseignement. Lycée Valbenoîte : l'ancien directeur licencié à tort ».

La seconde dans l'édition papier du samedi 3 mars 2012 [2,3]. le quotidien publiait sur sa Une ma photo accompagnée du titre :

---

[1] Commentaire posté le soir-même par un lecteur : « Au-delà de cette réhabilitation, c'est toute l'incompétence d'un directeur d'OGEC et le suivisme béat des responsables de l'APEL de l'époque qui sont enfin mis à jour.
Aussi le signe que les établissements catholiques doivent repenser en profondeur leur mode de gouvernance pour que de telles erreurs ne se reproduisent plus ».

[2] Ironie du sort : le jour de cette publication se déroulaient les Journées Portes Ouvertes des Etablissements catholiques d'enseignement sous contrat de St Etienne.

[3] Extraits d'articles publiés à la fin de cet ouvrage, en pages annexes : annexe n°1

« ST-ETIENNE : Après son licenciement abusif, l'ex-directeur de Valbenoîte témoigne », et développait le sujet sur la page onze toute entière : « La Loire et sa Région – Actualité » sous le titre « Lycée de Valbenoîte : l'ancien directeur veut retrouver son " honneur bafoué " ».

La diffusion dans la presse quotidienne régionale de ces articles m'a apporté un très grand réconfort et a très fortement contribué à la restauration de mon honneur et de ma dignité.

Aujourd'hui, près d'une quinzaine années se sont écoulées depuis cet assassinat professionnel, durant lesquelles je suis peu à peu revenu à la vie, je me sens suffisamment apaisé pour reprendre l'écriture de mon témoignage. Je ne me limiterai pas à la seule narration de mon licenciement qui figure dans les pages qui suivent, écrite un an après les faits. Je pourrai dire comment j'ai vécu ma renaissance.

Aussi, en me replongeant dans la multitude de documents en rapport avec cet événement, il me vient à l'idée qu'il serait opportun que je témoigne de mon vécu dans la vie de l'institution ND de Valbenoîte durant les 17 années que j'y ai passées, de 1992 à 2009 avec, c'est certain, toute la subjectivité de mon regard. Ce qui donnera sûrement au lecteur un éclairage intéressant sur l'évolution de cet ensemble scolaire pendant une période de plus en plus défavorable.

D'aucuns savaient-ils que ND de Valbenoîte n'était pas la seule institution à connaître des difficultés ? Est-ce par hasard que le CODIEC[1] de St-Etienne a engagé dès l'automne 2006 une analyse prospective concernant l'enseignement catholique avec l'organisme DEVENIRS afin de définir les orientations du Diocèse à l'horizon 2015 ?

Au terme de l'étude prospective, DEVENIRS a exprimé quinze préconisations qui ont été intégralement retenues par le

---
[1] CODIEC : Comité Diocésain de l'Enseignement Catholique

CODIEC, sur lesquelles ce dernier a organisé son travail et sa réflexion. Et c'est au cours de son conseil d'administration en date du 6 mai 2009, qu'il « *décide d'implanter un lycée sur la commune de St Galmier. Il propose alors à la Tutelle Mariste la délocalisation du Lycée ND de Valbenoîte (...) à la rentrée 2010.* »

Monsieur le Président de l'OGEC ND de Valbenoîte, tout comme Monsieur le Président de l'APEL – Association des Parents d'Elèves -, étaient régulièrement informés de l'avancée des travaux de DEVENIRS et du CODIEC. Ils ont d'ailleurs participé à des réunions diocésaines d'information. Comment se fait-il qu'ils n'aient rien entrepris pour faire taire les rumeurs de fermeture. En effet, il ne s'agissait pas d'une fermeture mais d'une délocalisation de son Contrat d'Association. Je m'interroge sur le drôle de jeu que la Tutelle Mariste dans sa supervision a joué dans cette étude prospective ?

Peut-être mon témoignage apportera-t-il a posteriori au Frère Délégué à la Tutelle, un éclairage qui lui aurait évité de se présenter comme le sauveur de ND de Valbenoîte. Il se serait sans doute aperçu du jeu pervers du président qui s'en prenait au directeur général avec qui il avait déjà quelques comptes régler. Si ce Frère Délégué à la Tutelle avait pris la peine d'entrer dans une connaissance approfondie de l'institution, de son histoire, de sa culture, s'il s'était mis à son écoute, s'il avait vraiment pris la peine et le temps de se mettre à l'écoute, s'il n'avait pas cédé aux chants des sirènes de malheur diffusées par les rumeurs les plus folles, qui, je pense, ont sournoisement été entretenues par des responsables gestionnaires pris de panique et se complaisant à nager dans des eaux troubles, il aurait ainsi évité une crise majeure dans l'histoire de l'Institution.

Comme beaucoup d'institutions scolaires et éducatives, la vie de ND de Valbenoîte durant cette période a bien-sûr été traversée par des événements dramatiques comme le décès de deux enseignants en exercice, d'un personnel de service, de deux élèves, d'un responsable de l'Amicale des Anciennes et Anciens Elèves ou d'autres événements éprouvants eux aussi pour toute la commuté éducative : la restructuration de 2003, les deux plans de licenciement, le déménagement du Lycée, l'obligation de détruire la toute nouvelle cafétéria du Lycée pour des raisons n'incombant pas au directeur.

Il s'est aussi vécu de belles choses entre les murs des deux écoles, du collège et du lycée durant toutes ces années. Malgré une situation de plus en plus difficile, principalement en raison de la baisse des effectifs[1], elle-même consécutive à la forte baisse démographique de la ville de Saint-Etienne[2], de la paupérisation du quartier et, malgré les moments de crise vécus par les équipes du personnel administratif, les personnels de service, les équipes pédagogiques et éducatives, l'encadrement pédagogique, celles-ci ont su faire face.

Je ne peux que leur rendre hommage car personne n'a jamais cessé de rester pleinement attelé à ses tâches ou à ses missions d'enseignement et d'éducation. Elles ont su assurer la continuité de l'accueil des élèves et de leurs famillles, dans les quatre unités, l'Ecole du Rond-Point, l'Ecole de Valbenoîte, le Collège, le Lycée. Je ne peux m'empêcher de repenser à la disponibilité de tous, à la qualité de leur présence, au dynamisme insufflé dans les pratiques d'enseignement, tout simplement à leur conscience professionnelle, voire leur dévouement.

---

[1] La baisse des effectifs scolaire s'inscrivait dans un phénomène plus général. En 1996, le Diocèse de Saint-Etienne comptait 35 196 élèves, en 2006 il avait diminué de 4 249 élèves, soit de 12 %, selon les statistiques établis par DEVENIRS dans son étude prospective. La baisse était la plus forte sur Saint-Etienne.

[2] Population de Saint-Etienne : 223 223 en 1968 ; 199 396 en 1990 ; 180 210 en 1999, soit 19 186 habitants en 9 ans (9,6 %) ! En 2023 : 175 653 habitants

PARTIE I
Une mesure de licenciement
pour faute grave, sans préavis ni indemnité

Chapitre 1
Chef d'établissement limogé sur le champ

J'ai attendu un an avant de me lancer dans l'écriture du récit de mon limogeage en 2009, le 19 mai à 19 heures. Quelqu'un peut-il croire que le procédé utilisé puisse être vécu dans un établissement catholique d'enseignement sous contrat ? Tout un chacun pense que cela ne peut se produire que dans une entreprise[1].

Oui, c'est possible dans une institution catholique, je l'ai subi !

1. « Maintenant, vous me remettez vos clés ! »

- Bien entendu, vous devez aussi me remettre l'ordinateur et le téléphone portable, me dit Monsieur le Président de l'OGEC.
- Comment ? Vous plaisantez... Pour les clés, oui, mais concernant l'ordinateur et le téléphone, il n'en est pas question.
- Pourtant ils sont la propriété de l'établissement ?
- Tout à fait, mais il avait été convenu que je pourrais utiliser ces deux outils pour mon usage personnel. Je travaille énormément pour l'établissement à la maison, tard le soir, tôt le matin et les week-ends. Je tiens à récupérer toutes les données et les documents personnels qu'ils contiennent.

Surpris par ce refus, il balbutie, cherche ses mots, se tourne vers l'huissier, qui lui suggère :

---

[1] Aujourd'hui même, ce 4 avril 2023, au moment où j'écris ces lignes, je viens d'entendre le témoigne d'un journaliste d'un hebdomadaire national réputé qui vient de le vivre. Extrait du JDD du 3 avril 2023 : « Dans un entretien accordé à l'AFP, le journaliste incriminé déplore une « violence inouïe » et précise qu'on lui a « *interdit* » l'accès à son bureau, qu'on lui en *prive de salaire* », tout en ajoutant : « *C'est quand un ouvrier brûle son usine qu'on fait ça.* »

- Vous pouvez accorder un délai, une quinzaine de jours peut-être, vous pouvez fixer une date…
Il réfléchit puis il me dit :
- Bon, … entendu, vous avez jusqu'au 4 juin pour les restituer.
- J'ai également des affaires personnelles et des documents qui m'appartiennent dans ce bureau et à l'annexe du secrétariat. Je ne m'attarde pas ce soir, mais je tiens à récuperer ce qui m'appartient !
- Vous pourrez les récupérer plus tard en présence de votre remplaçante, Madame N.G., je lui demanderai de vous fixer un rendez-vous …

A cet instant, en entendant ce nom, je réalise encore mieux que tout avait été minutieusement prémédité, je suis écoeuré et je me sens trahi. Madame N.G. … Chargée de mission du directeur de l'enseignement catholique, ancienne collègue chef d'établissement, retraitée !

En octobre dernier, elle avait participé à la visite d'évaluation et s'était montrée odieuse, surtout à l'égard de mon adjoint. Elle avait co-signé le rapport de visite que j'ai d'emblée qualifié "d'instruction judiciaire en règle" contre le directeur. Rapport que j'ai d'ailleurs contesté.

- Au fait, dis-je alors, concernant les personnels enseignants, ils ont le statut d'agents de service public sur lesquels l'OGEC n'a aucune compétence. Ils sont sous l'autorité du seul Chef d'établissement en lien avec l'Inspection Académique et le Rectorat dans le cadre du Contrat d'Association.
- Je sais, mais toutes les dispositions ont été prises auprès de ces instances…
- Etonnant dis-je alors, étonnant … !

Relisons la chronologie détaillée de ce soir du 19 mai qui a abouti à cette remise des clefs et à une destitution qui s'apparenterait à un coup d'état en politique, un « putsh ».

Il devait être dix-neuf heures dix.
Mardi 19 mai 2009.
Tout a commencé dix minutes plus tôt.

J'avais rendez-vous à dix-neuf heures avec le Frère Délégué à la Tutelle Mariste représentant l'autorité de Tutelle pour sa Congrégation.

A dix-neuf heures précises, arrivant de la salle polyvalente où, avec une équipe enseignante j'accueillais de futurs élèves de sixième et leurs parents, m'approchant de mon bureau, j'aperçois dans l'obscurité le Frère et une autre personne que je ne connaissais pas, qui m'attendent.

- Bonjour, dis-je.
- Bonjour, je suis avec Monsieur B., Huissier de justice, j'ai une lettre à vous remettre en sa présence.

Sur le champ, je comprends que l'autorité de Tutelle me retire l'agrément… Je crois recevoir un grand coup de massue sur la tête mais je ne laisse rien paraître.

Quinze jours auparavant, j'avais eu une rencontre avec le Conseil de Tutelle, à l'issue de laquelle rien ne laissait augurer une telle décision, bien au contraire.

Entrez, dis-je, après avoir tourné la clé et ouvert la porte de mon bureau.

Je m'installe à mon bureau et j'invite le Frère à s'asseoir, il refuse et reste planté devant moi, livide, et, sans un mot, le regard fuyant, il me remet une enveloppe.

Au même moment, j'aperçois face à moi, l'huissier qui déambule autour de la table ronde où j'avais l'habitude de me réunir avec mon équipe, tenant un dictaphone engregistreur devant sa bouche, disant : " Le Frère remet en main propre une enveloppe à M. le Directeur, M. le Directeur ouvre l'enveloppe et en retire la lettre. Il est en train de lire la lettre … M. le Directeur vient de prendre connaissance de la lettre et le Frère

Délégué à la tutelle lui demande de signer au bas de la lettre. Le Frère lui tend une deuxième lettre, lui demande de vérifier qu'il s'agit bien de la copie conforme de la première lettre et de la signer. »

Comme je l'avais deviné, il s'agit bien du courrier me notifiant le retrait d'agrément, sans aucun motif, avec effet immmédiat, signé par Le Frère Vicaire Provincial !

Deuxième coup de massue, mais je ne laisse toujours rien paraître, une pensée me traverse l'esprit : " Les s…, ils ont enfin obtenu ce qu'ils ont cherché ! "

C'était donc cela qu'à la réunion avec l'ensemble des personnels le 12 mai, il avait appelé "*un signe fort*" en réponse à la question d'un professeur qui lui demandait :

- Il y a quelques semaines vous nous avez dit qu'il y aurait "un signe fort", or, pour l'instant il ne s'est rien passé.

A ma grande stupéfaction, Le Frère laissant cette deuxième lettre entre mes mains, sans un mot et sans me regarder, plus livide que jamais, se dirige vers la porte et quitte le bureau, sans se retourner. Nous nous connaissions depuis 1974, il était encore étudiant, nous logions alors au même foyer tenu par les Frères maristes dans la banlieue de Lyon…

Pendant ce temps, l'huissier continue son manège autour de la table ronde, son dictaphone toujours devant sa bouche, il s'adresse à moi :

- Maintenant, vous allez recevoir la visite de Monsieur le Président de l'OGEC.
- Je ne souhaite pas le recevoir maintenant, lui répondis-je.
- Il a lui aussi une lettre à vous remettre, vous ne pouvez pas refuser.
- Ah bon ?

Pendant ce temps, me faisant l'effet d'un loup qui sort des bois où il s'était caché, Monsieur le Président de l'OGEC pénètre dans la pièce et vient s'asseoir devant mon bureau, lui aussi complètement livide, mal à l'aise, mal assis, sur une demi-fesse, un coude appuyé sur le rebord de mon bureau, le regard fuyant.

- Monsieur le Directeur, j'ai une lettre à vous remettre, dit-il, en même temps qu'il me tend une enveloppe.

Je prends l'enveloppe et procède de la même manière qu'avec le Frère Délégué à la Tutelle, l'Huissier continuant de tourner autour de la table ronde et d'enregistrer ses propres paroles...

J'hallucine en lisant :
" *Faisant suite au retrait d'agrément par la Tutelle et au regard de vos agissements particulièrement graves et préjudiciables à notre établissement nous vous informons que nous sommes amenés à envisager à votre égard une mesure de licenciement pour faute grave, sans préavis ni indemnité, conformément aux dispositions du code du travail. (...) devant l'urgence et la gravité de la situation, nous avons pris la décision de vous placer en mise à pied à titre conservatoire dès ce jour, ce qui entraîne également la suspension de votre responsabilité académique sur l'établissement...* "

Tout en lisant, je me faisais la réflexion que le Président de l'Organisme de gestion était enfin parvenu à ses fins : "Faire sauter le Directeur".

Je pressentais ses intentions depuis bientôt un an, depuis le conseil d'administration d'un certain sept juillet 2008 ! Quelques jours avant cette réunion, il avait déclenché les hostilités en m'adressant un courriel dans lequel, parlant du budget prévisonnel, il écrivait : " *... cela montre un manque de discernement et une légèreté manifeste concernant votre responsabilité* ".

Plus tard seulement, à peu près deux mois après, je prends connaissance de courriers qu'il a adressés à l'autorité de Tutelle dès octobre 2008 qui confirment explicitement ses intentions. J'ai même reçu des témoignages m'informant que Monsieur le

Président l'OGEC cherchait à se débarrasser du directeur depuis deux ans déjà !
- Toutes les dispositions ont été prises auprès de ces instances…, m'avait-il répondu, parlant des autorités académiques.
C'étaient ses dernières paroles. Plus aucune autre parole n'a été prononcée après que j'ai exprimé mon étonnement. "Etonnant…" lui avais-je répondu. Le "cirque" mené par l'huissier s'est enfin arrêté, il était temps…

2. Sans au-revoir

Je me lève et, avec un calme qui me surprend moi-même, prenant soin de bien poser chaque geste, je range dans mon cartable les quelques affaires que j'emporte avec moi, l'ordinateur était déjà dans la sacoche puisque je venais de le ramener de la réunion d'information aux futurs élèves.

Comme chaque soir depuis six ans, en silence, le cartable dans une main, la sacoche avec l'ordinateur dans l'autre, je me dirige vers la porte de mon bureau de directeur général du groupe scolaire. Conscient que c'est la dernière fois que je pose ces gestes, je me retourne et pendant quelques instants je laisse mes yeux parcourir le bureau, les plantes vertes, les dossiers empilés ou rangés sur la table du fond, les placards et les trophées d'élèves posés au-dessus, les tableaux accrochés au mur du fond. Deux tableaux représentent une tornade, le troisième une grande colombe de la paix, un quatrième une ancienne représentation de l'hôtel de ville de Saint-Etienne, et deux photos, l'une de la statuette de la Vierge Marie de Lalouvesc, l'autre du Frère Henri Vergès assassiné à Alger, que j'avais connu. Je me retourne et je jette un coup d'œil sur l'autre façade où mes yeux rencontrent une dernière fois, situés juste au-dessus de la table ronde, une icône de Marcellin Champagnat éducateur avec un enfant à ses côtés, un portrait de Saint Marcellin

Champagnat, fondateur des Frères Maristes, et une icône de la Vierge Marie.

Et voilà.

Je sors en dernier de mon bureau, j'entr'aperçois Madame S., la dame de service qui fait le ménage dans les bureaux de l'administration, elle passait la serpillère dans le couloir juste à l'entrée de mon bureau, juste un échange de regards – ses yeux sont interrogatifs[1] -, je ferme la porte et tourne la clé à double tour. Je remets le trousseau au président de l'OGEC en le déposant dans sa paume, en même temps que j'éprouvais un très violent sentiment de répulsion et de franche antipathie à son égard. Je me suis même surpris à penser : "Pauvre type que tu es !"

Pas un mot.

Je n'emprunte pas l'escalier qui mène directement à la sortie, je traverse, escorté, tout le couloir de l'administration et je descends dans la cour. Là, je rencontre un professeur de Physique qui me demande où se passe la réunion de préparation de "Valbo en Fête", ce sont des parents qui le lui demandent.

- Au self, comme d'habitude, lui dis-je.

Sans plus m'attarder, sans un seul regard vers l'immense cour du collège et les bâtiments tout autour, je me dirige sur la droite vers la sortie qui donne sur la place de l'Abbaye, c'est là l'entrée officielle du siège du Groupe Scolaire, traversant sans émotion aucune le couloir situé sous mon bureau. Juste avant de pénétrer dans ce couloir, je lève les yeux et je jette un regard furtif sur les

---

[1] J'ai appris plus tard que Madame S., une dame qui m'appréciait, je crois, s'est tout de suite rendue auprès d'une de ses collègues à l'école primaire lui disant qu'il y a quelque chose d'anormal et de grave qui vient de se passer avec le directeur. J'ai su aussi que ces deux dames ont beaucoup pleuré le lendemain lorsqu'elles ont appris la nouvelle de mon éviction.

deux fenêtres de mon bureau et sur la statue de St Joseph dressée juste au-dessus de la porte.

Je suis accompagné du Président de l'OGEC qui se comporte comme un garde du corps me donnant l'impression de trottiner à mes côtés comme un toutou...

Quant à l'huissier et au Frère Délégué à la Tutelle, ils se sont volatilisés à la sortie de mon bureau.

Toujours sans aucune parole, sans m'arrêter en franchissant le portillon du n°10 de la Place de l'Abbaye, je me dirige vers le parking du Furan où se trouvait ma voiture.

Le forfait habilement et sournoisement anticipé est accompli : c'était en 2009, le 19 mai à 19 heures.

Je quitte cette institution dans laquelle je me suis très fortement investi dix-sept ans durant, sans dire un seul au revoir, ni à mes proches collaborateurs, ni aux personnels, ni à ceux d'entre eux qui sont devenus des amis, ni aux élèves, ni aux parents, ni aux personnes des nombreuses instances partenaires avec lesquelles j'étais en contact.

L'esprit de famille[1] avait vraiment et définitivement quitté l'Institution.

Je ne peux m'empêcher de penser au récit de la Passion du Christ, au moment de la mise à mort de Jésus sur la croix « Père, pardonne-leur, ils ne savent pas ce qu'ils font ».

---

[1] Le projet éducatif mariste repose sur un socle constitué de six valeurs dont "l'esprit de famille" : " *Que dans un monde où l'exclusion se pratique chaque jour, notre esprit de famille nous conduise à accueillir le plus largement possible, de façon à conduire chacun au mieux de son potentiel d'homme grâce à un accompagnement professionnel et humain de la meilleure qualité* " (extrait du TREM - Texte de Référence de l'Educateur Mariste). Ironie du sort : j'ai participé à la rédaction de ce texte quelques années auparavant !

3. Mise en scène minutieuse

Aucun détail n'a été négligé.

J'apprends donc dans la soirée par le cadre administratif que dès que j'eus quitté l'établissement, Monsieur le Président de l'OGEC, accompagné du Trésorier, s'est empressé de changer la serrure de mon bureau. Le Trésorier devait sans doute être lui aussi tapi dans l'ombre comme un loup en attendant le signal de "son président", alors qu'il était censé être dans les murs de l'établissement pour participer à la réunion préparatoire de la fête du groupe scolaire. Ce personnage avait également eu des attitudes bien troubles durant les mois précédents.

Ils avaient même pensé à faire intervenir Monsieur F.B., le technicien chargé de la maintenance informatique pour supprimer mes accès au serveur de l'établissement et à mes boîtes aux lettres électroniques, et ce, dès dix-neuf heures.

J'ai compris a postériori pourquoi, vers 18h45, mon ordinateur s'est brutalement coupé et que j'ai eu des difficultés à le réactiver alors qu'il était en fonctionnement avec le vidéo-projecteur dans la salle polyvalente où je me trouvais avec un groupe de professeurs pour la mini-porte ouverte à laquelle nous accueillions les futurs élèves de sixième.

Nous nous connaissons bien, le technicien informatique et moi, il était d'ailleurs venu me saluer en arrivant en fin d'après-midi comme il le faisait souvent lors de ses interventions régulières. Quelques mois plus tard je l'ai rencontré, il m'a dit n'avoir rien compris à ce qui se passait, qu'il était très ennuyé et qu'il avait même téléphoné à son chef d'entreprise, qui lui a simplement dit de faire ce qui lui était demandé… Le chef de son entreprise d'informatique, je le connais bien lui aussi, non seulement comme ancien parent d'élève très investi durant plusieurs années comme bénévole dans la comédie musicale mais aussi comme ex-membre de l'OGEC qui avait d'ailleurs déposé sa démission quelques mois auparavant en invoquant le manque de disponibilité, ce qui m'avait d'ailleurs interrogé... Peut-être avait-il compris ce qui était en train de se tramer. Le groupe scolaire lui doit beaucoup car comme spécialiste de l'informatique de réseau, en particulier en milieu scolaire, il nous a conseillés des années durant pour le déploiement très complexe de l'informatique administrative et pédagogique et cela à l'époque cruciale de l'introduction de l'informatique, alors que nous ignorions tout de cette technologie complexe, très coûteuse et en constante évolution.

Le technicien en informatique m'a dit aussi : " Qu'est-ce qu'ils s'imaginaient, que vous alliez revenir la nuit ? "
Que craignaient-ils donc ?

Le lendemain, tous les personnels de l'OGEC ont découvert dans leur boîte aux lettres de l'établissement une circulaire qui en dit long, et cela avant-même la réunion au cours de laquelle ils ont été informés du licenciement du directeur.

Devait-il être " dangereux ", ce directeur pour qu'on leur écrive le message suivant dans une note datée du 19 mai, c'est-à-dire du soir-même de mon éviction, signée de Monsieur le Président de l'organisme de gestion :

St Etienne, le 19 mai 2009
Note à l'ensemble du personnel OGEC

Il est rappelé à tout le personnel OGEC :
Que la divulgation de renseignements de quelque nature que ce soit ;
Que la transmission de tous documents ;
Que la réponse à toutes sollicitations écrites ou orales ;
A toute personne ne faisant pas partie
du personnel ou faisant l'objet d'une mesure
conservatoire sont formellement interdites et
susceptibles de faire preuve d'une sanction
pouvant aller jusqu'au licenciement.

Le président, Monsieur..."

Effectivement, rien n'a été négligé...

Tout a été anticipé y compris la gestion des interrogations et des peurs des personnels OGEC et de leurs réactions ; ceux-ci ont immédiatement été « muselés ».

J'ai su plus tard que plusieurs personnels auraient souhaité me contacter, mais ils étaient terrorisés à l'idée que cela se sache et par crainte de représailles de la part de l'OGEC.

Il ne fallait pas moins qu'une telle mesure d'interdiction de contact avec moi pour me couper totalement de toute relation professionnelle et sociale. Le forfait était définitivement accompli, le « crime » apparemment parfait.

Ils n'ont surtout pas omis de prendre leurs dispositions pour éviter la vacance de la direction. Tout était bien orchestré puisque dès le lendemain Madame N.G. a assuré ma succession.

Auparavant, je la côtoyais très régulièrement dans les divers groupes de travail réunissant des représentants des trois syndicats de chefs d'établissement du 2nd degré qui oeuvraient en lien avec le Conseil Général sur la question des subventions et du Cybercollèges42[1], avec l'Inspection Académique sur les dotations horaires et le dispositif "Collégiens au cinéma"...

Je ne fus pas vraiment étonné que Madame N.G. fût désignée pour reprendre la direction dès le lendemain matin car elle avait déjà joué un rôle on ne peut plus ambigü lors de la visite

---

[1] En 2008/2009, le Collège ND de Valbenoîte était le seul établissement privé sous contrat retenu avec quatre collèges publics comme établissements pilotes pour expérimenter la nouvelle plateforme ENT adoptée par que le Conseil Général de la Loire. C'était une forme de reconnaissance de l'établissement par la collectivité territoriale. A ce titre, une documentaliste, la technicienne de laboratoire et moi-même avons participé à des journées de formation et des réunions de mise au point. Madame N.G., comme représentante de l'enseignement privé diocésain a participé à plusieurs réunions et a, par conséquent, pu vérifier la volonté de mon établissement de s'approprier les nouvelles technologies à usage pédagogique.

d'évaluation au mois d'octobre précédent. J'y reviendrai plus loin. Sachant cette personne en première ligne, et qu'elle ait accepté de jouer ce rôle, mon sentiment de trahison et de dégoût n'est que plus aigu !

Madame N.G. a donc pris "mes" fonctions dès le lendemain au cours de la réunion générale de l'ensemble des personnels enseignants et autres, en présence du Délégué à la Tutelle Mariste, du Directeur diocésain, donc lui aussi bien informé déjà de la stratégie anticipée mise en place en toute discrétion, du président de l'OGEC. Le licenciement pour faute grave du directeur général a donc été annoncé à cette réunion.

Un document daté du 19 mai, signé par Monsieur le Président de l'OGEC intitulé « *Communication à l'ensemble de la communauté éducative* » a été remis aux personnels.

« *Suite à la décision du 15 mai 2009 faisant suite au Conseil de tutelle de la congrégation des frères Maristes de France du 4 mai 2009, actant le retrait d'agrément de Monsieur Arthur Obringer pour l'exercice de la fonction de Chef d'établissement sur le collège et le lycée de Notre-Dame de Valbenoîte.*

Cette décision emporte des facto l'impossibilité d'exécuter son contrat de travail au sein d'un établissement d'enseignement scolaire catholique.

Le Conseil d'Administration a décidé de retirer à titre conservatoire Monsieur Obringer Arthur de sa responsabilité Académique sur le lycée et le collège.

Le Conseil d'Administration a décidé de convoquer Monsieur Arthur Obringer à un entretien préalable de licenciement pour faute grave.

La responsabilité académique est confiée à titre provisoire à Madame G.N., ancien chef d'établissement et adjointe au directeur diocésain.

Monsieur S.C. représentant la Tutelle Mariste, assurera l'intérim et préparera la rentrée 2009/2010.

Je reste à votre disposition pour toute information complémentaire.

Un prochain comité d'entreprise extraordinaire se tiendra suivi d'un conseil d'établissement extraordinaire dans les prochains jours ».

Le Président L.C.

J'attire l'attention du lecteur sur la qualié de la langue française de cette lettre...

Cet événement a laissé de profondes traces comme en témoigne la lettre que Madame M.M., la Responsable du Cycle terminal du Lycée, membre de mon ancien conseil de direction, a adressée au Délégué à la Tutelle Mariste dans les jours qui ont suivi. Il est vrai que celle-ci étant enseignante sous contrat d'association n'était pas soumise au chantage de l'OGEC comme les personnels OGEC, donc n'avait pas une parole censurée. Par la force de sa personnalité, elle a décidé de ne pas se taire et de demander des explications.

A la suite du licenciement brutal de M. Obringer, permettez-moi de réagir.

Les faits doivent être d'une extrême gravité pour que vous procédiez à ce que l'on peut qualifier d'une véritable expulsion avec reconduite au portail de l'établissement, avec en plus changement de serrure de son bureau ?

Qu'est-ce qui justifie une mesure aussi brutale, sans attendre la fin de l'année scolaire, d'une personne que sa tutelle avait nommée et reconduite dans ses fonctions ?

J'espère qu'un jour nous aurons des explications claires.

En effet, lors des réunions où vous vous êtes présenté aux personnels de l'établissement vous n'avez jamais répondu aux questions qui vous ont été posées sur le futur de l'établissement alors que le scénario de la liquidation de notre directeur était vraisemblablement déjà écrit.

Je vous ai entendu parler de respect, d'accompagnement des personnes : votre attitude le mardi 19 mai en est-elle l'illustration envers une personne qui, quelles que soient ses imperfections, s'est dévouée corps et âme au groupe scolaire ? L'interruption aussi brutale d'un contrat de travail est-elle légale, est-elle le reflet des valeurs maristes ?

Il semble que les mots n'aient pas le même sens dans votre communauté et dans la langue française.

Avez-vous mesuré l'impact d'une telle mesure sur les élèves, sur leurs familles, sur les enseignants et plus généralement sur l'image de l'établissement ?

Que répondre à des élèves de 17, 18 ans qui posent des questions sur les actes commis. Comment éviter les rumeurs sur la gravité des faits sans avoir d'éléments précis ?

N'était-il pas préférable, tout en annonçant un changement de direction, d'attendre la fin de l'année scolaire pour changer de directeur ?

C'est un véritable traumatisme que vous infligez à toute une communauté ; il a été difficile à un certain nombre d'entre nous de faire cours ce mercredi matin, les professeurs n'ayant pas cours à 8 h le mercredi 20 mai n'ont eu aucune explication, certains ont croisé ce lundi matin une nouvelle directrice sans être avertis.

Nous sommes un grand nombre de collègues à nous demander si, au-delà du directeur ce n'est pas l'établissement dans son ensemble qui est visé, alors même que le travail fourni par l'équipe pédagogique est reconnu et permet à des élèves de milieu modeste de réussir leurs études.

Ma réaction reflète un sentiment de colère, d'injustice, de gâchis que partagent beaucoup de collègues qui se sont investis pour cette institution.

Madame MM

Autre détail minutieusement pensé, quant au jour et à l'heure de l'éviction, qui n'ont pas été déterminés au hasard.

En effet, à la question que je pose à Monsieur le Président d'OGEC à l'entretien préalable du 28 mai qui a suivi :

" *Est-il possible d'avoir des explications sur les modalités d'information de ce retrait et de la décision de la mise à pied mises en œuvre le mardi 19 mai à 19 heures ?* " il me répond : *"A 19 heures pour que cela ne se passe pas en présence d'élèves."*

Le mercredi 20 mai précédait immédiatement le pont de l'Ascension inscrit dans le calendrier de toutes les unités du Groupe Scolaire.

C'était bien calculé, car le mercredi il y avait peu de professeurs présents au Collège et au Lycée et les Ecoles avaient déjà commencé le long week-end du pont de l'Ascension. Ce qui laissait peu de possibilités à l'ensemble du personnel d'envisager immédiatement une réunion plénière urgente.

De plus, ce matin-là, Monsieur T.D., mon adjoint, n'était pas non plus présent. Ils savaient par le calendrier hebdomadaire que je publiais en interne que ce jour-là il était en déplacement à Paris, qu'il ne risquait certainement pas d'apporter une quelconque contradiction ou contestation.

L'effet de sidération a donc joué à plein, l'acte commis a complètement réussi. L'ignominie a atteint son paroxysme, l'assassinat professionnel est parfait !

Quant aux familles des élèves, elles ont soigneusement été tenues à l'écart de la réalité de la situation et des turbulences occasionnées par ma brutale éviction : elles ont reçu une simple lettre datée du 25 mai, co-signée par Monsieur le Président de l'APEL, Monsieur le Président de l'OGEC et le Frère Délégué à la Tutelle :

« Afin de mieux répondre aux attentes des familles et des élèves dans notre établissement, Mme N.G. assurera désormais la fonction de directrice générale du groupe scolaire Notre-Dame de Valbenoîte.

Elle remplacera Mr Arthur Obringer jusqu'à l'arrivée du nouveau directeur général »

Aucune information sur le motif de ce changement, de quoi alimenter toutes les rumeurs possibles et imaginables !

Chapitre 2

Précipité dans le néant

En cette fin de journée du 19 mai 2019, me voilà arrivé sur le parking du Furan, je monte dans ma voiture pour rentrer à la maison.

Je me trouve dans un état d'esprit très bizarre, avec un sentiment de vide total, une impression d'avoir été précipité au fond d'un grand trou noir. Sensation de néant.

1. Turbulences au fond du vide

Tout en conduisant, je ne réalise pas ce que je suis en train de vivre. De très nombreuses pensées m'envahissent, désordonnées, oui, j'ai bien lu dans la lettre « *... au regard de vos agissements particulièrement graves et préjudiciables à notre Etablissement...* », « *... licenciement pour faute grave, sans préavis ni indemnité...* » Quel contraste, alors que je sortais d'une rencontre très conviviale d'accueil, d'information et d'échange avec des futurs élèves incrits en classe de 6ème et de leurs familles, entouré des professeurs, des éducateurs, de la responsable du Secteur des Sixièmes et de la secrétaire de direction. Est-ce cela les agissements que l'on me reproche ? C'est quoi la faute grave ?

Oui, j'ai bien lu aussi « *... devant l'urgence et la gravité de la situation... décision de vous placer en mise à pied ... dès ce jour...* ».

Y avait-il le feu ?

Depuis bientôt un an, j'avais pressenti que Monsieur le Président de l'OGEC, cherchait à me nuire mais jamais je n'aurais imaginé que je vivrais une telle « mise à mort », un tel « coup d'état », que je serais frappé d'une telle brutalité !

Je viens de me faire jeter dehors, expulser du bureau... Des images de l'arrestation de mon père par la Gestapo en mai 1942 me traversent l'esprit, un ressenti très désagréable d'impuissance m'envahit, des images de personnages habillés de noir qui m'ont ligoté et me passent par-dessus le bord d'une barque sur une immense étendue d'eau[1].

Dix-sept ans de présence et d'implication très active dans la vie du Groupe Scolaire réduits à néant, aucune discussion, aucun remerciement, et voilà que je me fais éclabouiller comme une fourmi !

Je ressens intensément et douloureusement la violence qui vient de me frapper. C'est un assassinat, un assassinat professionnel prémédité et mené de main de maître..., commis dans un établissement catholique, en catimini, par des responsables qui se disent animés de la foi chrétienne, avec parmi eux un religieux mandaté par un Institut dont la mission est l'éducation sur les traces de Saint Marcellin Champagnat[2].

Traité comme un criminel par ces gens- là. Mais pour qui se prennent-ils ?

Bravo Monsieur le Président de l'OGEC., bien joué ! Déjà en 2003, alors trésorier de l'OGEC, il s'était opposé à ma nomination de directeur général du Groupe Scolaire et menaçait la Tutelle de la démission de tout l'OGEC... Il a fini par obtenir ce que il cherchait ! Il a réussi à soudoyer, à manipuler de façon perverse et narcissique tout le monde : le Frère Délégué à la Tutelle, le Frère Vicaire Provincial, Monsieur le Directeur Diocésain, Madame N.G., la chargée de mission de ce dernier, Monsieur le Président de l'APEL – Association des Parents

---

[1] Ces scènes ont ressurgi à plusieurs reprises à travers des cauchemars dans les mois qui ont suivi.

[2] Saint Marcellin Champagnat, né à Marlhes dans le Pilat, est le fondateur de la congrégation des Frères Maristes.

d'Elèves. Il a même recueilli la complicité de certains personnels, tel éducateur avec qui j'avais dû faire une mise au point ferme, trois professeurs parmi les plus anciens que je n'avais pas reconduits à la rentrée précédente dans la fonction de professeur principal.

Bravo ! Oui, c'est très bien joué !

Je me dis que l'Enseignement Catholique est tombé bien bas... Ses beaux discours sur la place publique et ses écrits sur la Personne humaine, c'est du vent, rien que du vent, une vitrine mensongère.

Une pensée traverse mon esprit : « En tout cas, Monsieur Monsieur le Président de l'OGEC, cela ne se passera pas comme ça, je n'ai rien à me reprocher surtout pas une faute grave, je ne vois d'ailleurs pas laquelle puisqu'elle n'est même pas précisée par manque de vérité et de courage des accusateurs, et je peux affirmer que tout cela sera dénoncé et que je ferai tout pour retrouver mon honneur et ma dignité !»

C'est un vrai bouillonnement dans ma tête, et, au fur et à mesure que je me rapproche de la maison, je me pose la question de savoir comment je vais annoncer la nouvelle à mon épouse. Je devrai aussi informer mes trois enfants de ce qui m'arrive, les ménager, leur expliquer. Ma plus jeune fille prépare les épreuves anticipées du Bac, elle sera à la maison quand j'arriverai. Lui expliquer que demain matin je resterai à la maison...

2. Retour à la maison

En entrant dans la véranda grande ouvertesur le jardin, mon épouse est en train de faire du repassage. Je pose mon cartable et ma sacoche d'ordinateur, je tombe dans ses bras et je lui dis que je viens de me faire virer sans ménagement de mon bureau par le Président d'OGEC et le Frère Délégué à la Tutelle : « Ça y est, ils ont réussi à me faire tomber !»

Elle savait les conditions de travail difficiles que je vivais ces derniers temps , notamment depuis l'automne lorsqu'elle avait pris connaissance du rapport de la visite de Tutelle dans le Groupe Scolaire, qui n'était rien d'autre qu'une mascarade, un vrai chiffon de trois à quatre pages, truffé de mensonges. Dans ce rapport elle découvrait avec étonnement que son mari apparaissait comme un personnage sans aucun trait commun avec ce qu'elle connaissait de lui.

Elle savait que j'avais rendez-vous avec le Délégué à la Tutelle. Comme moi, elle s'attendait à ce qu'il vienne avec peut-être une proposition d'un autre poste, d'une autre mission. En effet, j'étais entré dans le mouvement de la mobilité vu le climat délétère qui m'était imposé et j'avais indiqué au Délégué à la Tutelle le nom des établissements et des directions diocésaines auprès desquelles j'avais déposé ma candidature. Je lui avais dit aussi que je serais tout à fait preneur d'une proposition de chargé de mission pour les trois dernières années de ma carrière professionnelle. Il m'avait dit qu'il suivrait cela, s'informerait de son côté et, le cas échéant, appuierait ma candidature. Donc la Tutelle des Frères maristes savait très bien que j'envisageais de pouvoir quitter l'établissement seulement trois mois après, elle a préféré choisir la méthode brutale pour se spérarer de moi sans attendre la fin de l'année scolaire et, par conséquent, elle s'est associée à l' « assassinat professionnel »

Quand je dis à mon épouse quelle personne va me remplacer dès le lendemain, elle est outrée ! Cette Madame N.G. était donc de mèche, tout comme Monsieur le Directeur diocésain. Est-ce possible ? Madame N.G., collègue de mon épouse à la Direction de l'Enseignement Catholique de Saint-Etienne !

Je lui dis que je vais tout de suite informer les membres du Conseil de Direction du Groupe Scolaire, les responsables de secteurs du Collège et du Lycée et contacter Monsieur A.B., le conseiller juridique du Sneeel[1] qui travaille à la Direction Diocésaine de l'Enseignement Catholique – DDEC - de Lyon.

3. Reprendre mes esprits

Je m'installe à la table de la terrasse en contre-bas de la véranda, je reprends peu à peu mes esprits.

Impossible de joindre le conseiller juridique.

N'arrivant pas non plus à contacter Monsieur J.-M. L., délégué départemental du Sneel et très bon collègue chef d'établissement, je lui adresse un courriel le soir-même.

Appel téléphonique à Madame M.M., professeure et responsable du cycle terminal du Lycée, qui bien-entendu tombe à la renverse en apprenant la nouvelle. Le lendemain matin elle m'adresse un courriel : « *Hier soir je n'ai pas pu trouver les mots pour t'apporter mon soutien face à ce coup de tonnerre, ils ont eu ce qu'ils cherchaient depuis longtemps !!*

Nous sommes un certain nombre à être écœurés par ces actions que nous pensions d'un autre temps, par le peu de respect pour le travail que tu as fourni dans l'institution, pour ta personne.

Il faut te battre car je pense que tu es droit et digne dans cette affaire. »

Dans la foulée, **le soir même**, j'ai aussi un contact téléphonique avec Monsieur J.-F. D., le responsable administratif du Groupe Scolaire. Il m'apprend que dans les minutes qui ont suivi mon départ, il avait aperçu au fond du couloir Monsieur le Président d'OGEC et Monsieur le Trésorier, s'empressant de changer la serrure de mon bureau. Il me dit qu'il était choqué et qu'il les trouvait complètement ridicules.

---

[1] Sneeel : Syndicat National des Chefs d'Etablissements de l'Enseignement Libre dont je suis adhérent.

Dans la soirée, j'explique à ma fille Lucie, en classe de Première de Lycée d'Enseignement Général, que je ne vais pas au bureau le lendemain, que j'irai voir mon médecin pour un congé de maladie en raison des ennuis rencontrés qui prennent une tournure insupportable. Elle était déjà vaguement au courant de certaines difficultés et de mon projet de quitter l'établissement à la rentrée de septembre.

Dans la soirée mon esprit s'est peu à peu apaisé.

4. Le lendemain, continuer d'exister coûte que coûte

Le matin de ce 20 mai je reste à la maison. J'éprouve des sentiments bizarres et désagréables.

J'accompagne mon épouse au moment où elle sort la voiture du garage pour se rendre à son travail, je lui adresse un signe de tendresse de la main, et, à cet instant je ressens un très profond sentiment de souffrance, traversé par la pensée qu'il m'est interdit de me rendre au travail. Incompréhensible !

Evidemment mon esprit est envahi par d'autres pensées, de l'inquiétude, je n'aurai plus de salaire, comment pourrai-je retrouver un emploi ? Je suis à un peu plus de trois ans seulement de la fin de ma carrière professionnelle. Je repense à des propos entendus de Monsieur A.B., le conseiller juridique, que j'avais rencontré quelques temps auparavant au sujet de ma situation difficile : « Au pire tu serais au chômage, tu aurais une indemnité corespondant à 57 % de ton salaire, cela pourrait durer jusqu'à ta retraite… »

Ce matin du 20 mai, j'ai un long échange téléphonique avec Monsieur A.B.. De son côté, il informe le président, la déléguée générale et le bureau du syndicat des chefs d'établissements à Paris et m'affirme que je peux compter sur le syndicat pour ma défense.

Nous envisageons d'emblée de saisir la Commission Nationale de Conciliation, d'attendre l'entretien préalable au licenciement fixé au 28 mai et la lettre définitive de licenciement en vue d'organiser la défense avec un cabinet d'avocats auprès du Conseil des Prud'hommes de Saint-Etienne.

Dans la foulée, j'obtiens un RDV chez Madame R., mon médecin. Je demande parallèllement une visite médicale auprès de Monsieur V., médecin du travail à Sud Loire Santé au Travail, qui me connaît bien car il était présent dans le Groupe Scolaire à chacune des réunions du CHSCT et que j'ai d'ailleurs rencontré huit fois depuis novembre 2008 pour évoquer avec lui mes difficultés professionnelles. Dans son certificat établi le 17 juin, il indique à mon sujet : « *Il (Mr Arthur Obringer) présentait des symptômes objectifs de stress important et chronique* ». A présent, je suis en congé de maladie pour plusieurs semaines, j'arrive à retrouver un certain calme qui me permet de réfléchir à la suite.

Heureusement, je reçois de nombreux appels téléphoniques et des courriels de mes amis, et d'un certain nombre de personnes de mon entourage professionnel, des professeurs à la retraite, d'amis collègues chefs d'établissement,

Quelques-uns viennent me rendre visite à la maison dans les jours qui suivent, inquiets qu'ils sont pour moi, se demandant si j'allais tenir le coup. Parmi eux, Jean V., André J., Jacqueline et André L.

J'ai aussi pu échanger avec Monsieur Paul Malartre, ancien directeur diocésain de Saint-Etienne et ancien Secrétaire Général National de l'Enseignement Catholique, qui habitait à Saint-Etienne. Je l'avais rencontré peu de semaines avant pour échanger avec lui sur les difficultés du Groupe Scolaire et sur ma situation.

Tous sont tombés des nues et ont exprimé leur indignation quant au procédé utilisé dans l'enseignement catholique, se demandant comment cela est possible.

Avec mon épouse et notre plus jeune fille nous sommes partis le lendemain pour passer le week-end de l'Ascension en camping-car à Gresse-en-Vercors où nous avons pu rencontrer et faire quelques randonnées pédestres avec Frère M.F., frère mariste, un ami. Mon épouse a travaillé à ses côtés pendant plusieurs années au SCO – Service Complémentaire d'Orientation – à Saint-Etienne dont il avait été le directeur. Auparavant il avait été directeur général du Groupe Scolaire ND de Valbenoîte. A Gresse-en-Vercors, il assurait l'accueil et la gestion de la maison des Frères Maristes.

Il était indigné, il ne revenait pas de ce que j'avais subi comme sort de la part des responsables de la Tutelle appartenant à sa congrégation. Nous avons pu échanger et faire ensemble des randonnées dans la montagne pour prendre de la distance avec les événements et nous ressourcer.

Les jours suivants, en attendant l'entretien préalable au licenciement du 28 mai 2009, je n'ai plus aucune vie extérieure, sociale, professionnelle. C'est le vide total.

Aussi, afin d'éviter de sombrer, chaque jour, je monte dans mon bureau à la maison, je réponds aux messages, je passe les appels téléphoniques indispensables à ma survie, j'appelle des amis ou des connaissances professionnelles, je réponds à des courriels de soutien reçus par de nombreuses personnes, j'en envoie pour informer sur mes déboires, je contacte le syndicat des chefs d'établissements en vue de la Commission Nationale de Conciliation, je me mets en lien avec une avocate de Lyon qui m'est recommandée par une amie, spécialisée dans ce type de dossier… Tous les jours, à mon bureau, je suis au travail et c'est ce qui me permet d'entetenir la flamme de la vie.

5. Entretien préalable au licenciement

Comme indiqué dans la lettre reçue des mains du Président de l'OGEC, je réponds à la convocation à l'entretien préalable au licenciement fixé au jeudi 28 mai 2009 à 10 heures.

Mon épouse m'accompagne à Saint-Etienne pour cette épreuve, l'esprit tourmenté, se posant bien des questions et se demandant ce que l'entetien va révéler sur la nature de la « faute grave » qui m'est reprochée. Elle reste dans la voiture sur le parking du Furan.

Madame M.B., Coordinatrice de l'EAP – Equipe d'Animation Pastorale – du Groupe Scolaire, membre du Conseil de Direction, me rejoint et je me rends avec elle à l'étage administratif, un lieu que j'ai fréquenté dix-sept ans durant, qui m'apparaît en ces instants comme un lieu étranger. Sentiment très étrange.

Madame M.B., devenue une amie au fil des années de collaboration, a accepté de m'accompagner en tant que salariée du Groupe Scolaire.

Madame M.B. n'est pas intervenue lors de l'entretien, conformément à ce que nous avions convenu tous les deux sur recommandation du conseiller juridique. Elle a pris en note l'intégralité des propos échangés qui ont ensuite été transcrits dans un document que j'ai transmis ultérieurement à l'avocat.

Dans un premier temps, Monsieur le Président de l'OGEC a énuméré une suite de dates et d'événements en partant du 27 février 2008[1], date à laquelle j'ai rencontré pour la première fois le Frère nouvellement nommé Délégué à la Tutelle pour une évaluation de la lettre de mission. Cette rencontre était une mascarade : ainsi, à plusieurs reprises, m'a-t-il fallu apporter des

---

[1] Soit une quinzaine de mois auparavant, alors que je suis dans le Groupe Scolaire depuis 17 ans.

rectifications aux affirmations énumérées et, pour certaines, exprimer mon désaccord.

Ensuite, j'ai posé une série de questions pour lesquelles j'ai reçu des réponses laconiques. En voici un exemple :

- Arthur O : « Finalement, quels sont les vrais motifs du licenciement ? Qu'entendez-vous dans votre courrier par « *agissements particulièrement graves et préjudiciables à l'établissement* » ? »

- Monsieur le Président de l'OGEC : « Pour une partie c'est le préjudice lié à la baisse des effectifs »

En fait, les vraies causes de la baisse des effectifs ne sont pas évoquées : projet de délocalisation, paupérisation du quartier, évolution induite par l'Education Nationale qui modifie la répartition des séries d'enseignements dans les lycées stéphanois...

Deuxième exemple :

- Arthur O. : « A propos de la lettre qui parle de *« faute grave »*, quels sont les indicateurs qui justifient cette qualification ? »

- Monsieur le Président de l'OGEC : « La définition est dans le code du travail. C'est la jurisprudence qui la définit. Je n'ai été au courant que le 15 mai du retrait d'agrément ».

Je lui indique qu'il n'a pas répondu à ma question et je me fais la réflexion qu'il est vraiment « faux-cul » d'oser affirmer cela[1] !

L'ensemble de l'entretien était à peu près de cette facture avec, pour quasiment toutes mes questions, des réponses « à côté de la plaque ».

Un entretien d'une pauvreté affligeante !

---

[1] En effet, j'apprends plus tard que le compte-rendu du Conseil de Tutelle auquel a été décidé le retrait d'agrément me concernant est daté du 4 mai, date de ma rencontre avec ledit Conseil.

Il m'apparaît clairement que c'était juste une formalité. Si la Tutelle m'a retiré l'agrément, c'était justement parce ce que ce Monsieur le Président de l'OGEC le demandait avec insistance depuis bientôt un an afin de lui donner la main pour ensuite lui permettre de procéder au licenciement !

Il a eu le culot de commencer l'entretien en affirmant « *qu'aucune décision n'est prise* » et de le finir en disant : « *Il faudra un délai de réflexion avant de prendre une décision* ».

L'hypocrisie a donc été le principal moteur de toute la démarche visant à aboutir à mon éviction. Cette hypocrise avait déjà présidé à la rencontre dite d'évaluation que j'ai eue à Lyon deux semaines plus tôt avec le Conseil de Tutelle Mariste.

Dans un des chapîtres à venir, je fournirai les informations détaillées sur la volonté de Monsieur L., d'aboutir à ma mise à l'écart et le rôle joué par la Tutelle qui a navigué, elle aussi, dans des eaux troublées par une hypocrise indescriptible.

Quelques jours plus tard, je reçois la lettre me signifiant mon licenciement dans laquelle Monsieur L. a l'audace d' écrire : « *Les motifs de cette décision sont ceux que nous avons évoqués lors de notre entretien* », et, « *Les observations que vous avez pu formuler n'ont pas été de nature à modifier notre appréciation de la gravité de la situation.* »

6. Motifs du licenciement : une énumération de mensonges

Rien moins que trois pages d'accablement du chef d'établissement, remplies d'affirmations toutes aussi mensongères les unes que les autres. Je me suis demandé si la lettre reçue ne m'était pas envoyée par erreur. En éditant la lettre, son auteur a dû se tromper dans la sélection du fichier… Elle me fait l'impression d'une lettre-type de licenciement que Monsieur le Président de l'OGEC a simplement adaptée. Le langage utilisé, le lexique de type juridique, les tournures et formules, les syntaxes spécifiques, autant d'indicateurs qui me font dire que ce vocabulaire, je ne l'ai jamais entendu de la bouche du président. Est-il capable de tenir un tel type de langage par lui-même, je me pose la question...

Cette lettre est construite de toutes pièces, tout est inventé.

Une lettre de licenciement n'appelle pas de réponse mais, pour ma défense auprès du Conseil des Prud'hommes, je l'ai reprise pour rétablir la vérité. Le lecteur intéressé en lira quelques extratits publiés en annexe à la fin de cet ouvrage[1].

Il me paraît intéressant de livrer ici un extrait éloquent de la lettre de licenciement à propos du Communiqué du Conseil d'Administration du CODIEC du 6 mai 2009, daté du 7 mai, que j'ai affiché le 11 mai en salle des professeurs, stipulant :

« Première motion votée par le conseil d'adminsitration à l'unanimité :

Le conseil d'administration du CODIEC décide d'implanter un lycée sur la commune de Saint-Galmier : il propose à la Tutelle Mariste la délocalisation du Lycée Notre Dame de Valbenoîte pour les classes de Seconde à la rentrée 2010, pour les classes de Première à la rentrée 2011, pour les classes de Terminale à la rentrée 2012. (...). »

Voici ce que Monsieur le Président de l'OGEC a écrit dans la lettre de licenciement :

« Nous venons malheureusement d'enregistrer, en date du 11 mai dernier, la répétition inadmissible de faits de même nature.

Malgré les échanges téléphoniques que vous aviez eus au préalable avec Mme C. et nonobstant son insistance sur le caractère sensible et donc considéré comme confidentiel de la communication qui vous avait été adressée et qui n'avait comme destinataires que les Directeurs d'Etablissement, vous avez

---

[1] Extraits de la lettre de licenciement avec mes commentaires et/ou rectifications : voir annexe n°2 à la fin de l'ouvrage.

délibérément rendues publiques, en procédant à leur affichage, les informations qui se trouvaient contenues dans la note du CODIEC du 7 mai 2009, avec l'intention manifeste et/ou tout au moins la certitude de votre part de mettre le feu aux poudres en particulier auprès du personnel enseignant et ainsi de jeter le discrédit sur la vie et le devenir de notre établissement.

En premier lieu, cette note devait encore avoir l'aval de la tutelle mariste.

En second lieu, il en est effectivement résulté un mouvement de grève, le 12 mai au matin, du corps enseignant et du personnel de l'OGEC, largement relayé auprès des parents d'élèves, générant un trouble profond au sein de toute la communauté éducative et des familles.

Cet événement particulièrement grave qui constitue l'élément déclencheur de notre décision doit être rapproché du contexte général dans lequel il intervient et qui nous pousse à penser qu'il y a véritablement de votre part un acte réfléchi à l'encontre de toutes les composantes de l'institution valbenoite. »

Pourquoi ai-je choisi de mettre en avant cet extrait ?

Parce que, lors de l'audience à la Cour d'Appel de Lyon, le 12 janvier 2012, Madame la Présidente, - c'était sa dernière question - , a demandé avec insistance, à deux reprises, à Me J.-P. C., avocat de la partie adverse, si le motif principal du licenciement est bien l'affichage du Communiqué du CODIEC. La réponse, deux fois, a été un « oui » très affirmatif, à la suite de quoi Madame la Présidente ne lui a pas demandé plus de précisions.

Pour ma part, j'avais adressé à Me J.-P. K., mon avocat, du Cabinet de Me P.C. de Lyon, un document dans lequel j'avais commenté et, le cas échéant, apporté les éléments de contestation des affirmations à charge contre moi dans la lettre de licenciement.

En voici quelques extraits avec mes commentaires :

(1)« ...le caractère sensible et donc considéré comme confidentiel de la communication qui vous avait été adressée ... »

Il s'agit du communiqué du CODIEC parlant du projet de délocalisation du Lycée ND de Valbenoîte. Trois remarques :

- Le directeur avait pris la précaution de téléphoner à Madame C., animatrice-formatrice à la DDEC, secrétaire du CODIEC avant de diffuser l'information auprès de la communauté éducative : appel téléphonique à la DDEC le lundi matin 11 juin, n'ayant pas eu de réponse au courriel que le directeur avait envoyé à celle-ci très tôt le matin-même...

- Précision : il n'y a eu qu'un seul contact téléphonique du directeur avec Madame C.

- Madame C. a bien convenu au téléphone que ce communiqué était à diffuser, d'autant plus qu'elle précisait qu'il s'agissait – là d'un sujet sensible.

- Cette affirmation est confirmée par le compte-rendu approuvé de la réunion du CODIEC du 6 mai [1].

(2)« ... intention manifeste... certitude de votre part de mettre le feu aux poudres... »

(3) « ... élément déclencheur de notre décision ... »

Voilà encore des jugements et des interprétations à caractère diffamatoire.

Je précise qu'une professeure de Français, Madame M.B., est venue à mon bureau le matin du 12 mai pour me remercier de vive voix d'avoir donné l'information car selon elle il aurait été mal venu que celle-ci parvienne d'abord par des professeurs qui ont un complément de service dans d'autres établissements et qu'ils « l'apprennent par la bande » !

---

[1] Voir en annexe n°3 la copie du compte-rendu du Conseil d'Administration du CODIEC du mercredi 6 mai 2009

(3)« ... mouvement de grève le 12 mai... générant un trouble profond ... »

Le mardi 12 mai à 8 heures, 4 professeurs, dont une déléguée syndicale (Madame M.B., Sundep) et un élu au Comité d'Entreprise, Monsieur M.E., se sont présentés à mon bureau pour m'informer que les professeurs n'assureraient pas leur première heure de cours en l'absence d'explication de la Tutelle sur la manière dont la communauté éducative a été informée du communiqué du CODIEC : les professeurs pensaient que la Tutelle aurait pu avoir la courtoisie d'en informer la direction et la communauté éducative auparavant plutôt que de l'apprendre par la seule voie d'affichage.

Les représentants ont téléphoné au Frère Délégué à la Tutelle. Sans réponse.

Le directeur lui non plus n'a pu joindre le Délégué à la Tutelle par téléphone et lui a laissé un message vocal, auquel il n'y a jamais eu de réponse.

Sur la demande des deux professeurs, le directeur a téléphoné à Monsieur le Directeur de l'Enseignement Catholique pour l'informer de la situation. Ensuite, celui-ci a eu un échange téléphonique avec les deux représentants, puis le Directeur Diocésain a proposé une rencontre avec les membres de la communauté éducative le soir-même à 19 heures.

Les représentants sont allés informer leurs collègues au cours d'une brève réunion, avant laquelle le directeur a explicitement demandé aux enseignants de reprendre les cours afin de ne pas pénaliser les élèves. Pendant la réunion, le directeur a surveillé les élèves sur la cour. Tous les cours ont repris à 9 heures.

La réunion annoncée pour le soir même a eu lieu, ouverte par le directeur lui-même, avec la participation du Directeur Diocésain, de Madame la Présidente du CODIEC et du Frère Délégué à la Tutelle Mariste.

Monsieur le Président de l'OGEC était présent, s'était mis dans l'assistance vers le fond de la salle, n'a salué aucun des intervenants extérieurs, a fait plusieurs interventions très polémiques, et a refusé l'invitation du Directeur Diocésain à venir rejoindre la table des intervenants disant : « Je tiens à marquer la frontière entre vous et nous ». Que laissait-il sous-entendre ?

La réunion a permis un échange d'informations :

- Sur le travail du CODIEC à propos de la prospective et des projets de délocalisation d'établissements.

- Sur le déroulement prévisible de la délocalisation du Lycée de Valbenoîte, échelonné sur trois ans, de 2010 à 2012, avec la nécessité de bien accompagner les emplois des maîtres et des personnels OGEC.

- Sur la direction à la prochaine rentrée : des professeurs ont demandé où en était la Tutelle suite à l'annonce qu'elle leur avait faite qu'il y aurait une nouvelle direction. Le directeur a rappelé qu'il était dans le mouvement de la mobilité et qu'il attendait de la Tutelle et du Directeur Diocésain d'être soutenu dans sa recherche d'un autre poste. La Tutelle a indiqué qu'elle avait plusieurs candidatures mais que rien n'était décidé.

(4)« il y a véritablement de votre part un acte réfléchi à l'encontre de toutes les composantes de l'institution Valbenoîte ... »

(14) « ...geste de provocation et défaut total de sens de vos responsabilités ... »

Toute l'année, chaque fois que des personnels enseignants ou non-enseignants ont exprimé des inquiétudes, j'ai cherché à rassurer et invité chacune et chacun à rester confiant, rappelant que ma mission était de veiller autant que faire se peut, à la cohésion, à la solidarité, au bon fonctionnement de l'ensemble du Groupe Scolaire.

A ce sujet, dans l'arrêt du jugement que la Cour d'Appel de Lyon a retenu il est indiqué que le Communiqué du CODIEC du 7 mai 2009 *« ne mentionnait pas que son contenu était confidentiel »*, ce qui a contribué à ce que *« La Cour (...) confirme le jugement entrepris en ce qu'il a déclaré le licenciement dénué de cause »* et qu'il *« condamne l'OGEC DE VALBENOÎTE LE ROND POINT (...) »*. La Cour, de plus, *« annule l'avertissement du 17 octobre 2008[1] »*.

7. La Commission Nationale de Conciliation

Le 23 juin, je saisis le Secrétariat Général National de l'Enseignement Catholique pour qu'il organise une Commission de Conciliation, conformément aux dispositions de l'article 5.2 du Statut de chef d'établissement du second degré.

La Commission est convoquée le jeudi après-midi 16 juillet 2009 dans les locaux de la Direction de l'Enseingement Catholique de Saint-Etienne.

Je ne peux que remercier encore le Snceel – Syndicat des chefs d'établissement - d'avoir pris en main ma défense. J'avais régulièrement des contacts téléphoniques avec Monsieur J-F C., administrateur national, en plus des échanges avec Monsieur A.B., conseiller juridique.

Pour m'assister lors de la Commission, deux représentants du Snceel ont spécialement fait le déplacement depuis Paris : Madame M-T C. et Monsieur P.S.. Leur présence a été très précieuse pour moi, d'abord en raison du réconfort qu'ils m'ont apporté, ensuite, par leur forte présence dans les échanges sans complaisance. Monsieur le Président de l'OGEC était présent, a très peu pris la parole et surtout fait savoir d'emblée qu'il *« refuse par principe »* les demandes d'indemnités présentées

---

[1] Lettre d'avertissement reçue pour avoir donné la possibilité aux Responsables de Secteurs de lire un communiqué à l'équipe enseignante et éducative le 1er septembre 2008 à la réunion de prérentrée.

par le Snceel. Il y avait aussi un membre du Conseil de Tutelle représentant la Tutelle des Frères Maristes. Ce dernier me donnait l'impression qu'il se demandait pourquoi il était là. Il est peu intervenu, juste pour dire qu'il confirme le refus des demandes d'indemnités exprimé par le président d'OGEC. Il a une fois encore, comme à la réunion du Conseil de Tutelle le 4 mai 2009, démontré qu'il ignorait tout des événements, du dossier et de l'Ensemble Scolaire ND de Valbenoîte – Le Rond-Point. Affligeant !

La conciliation a donc été un échec total, comme on le pressentait avec mes collègues du Snceel. Le compte-rendu est très laconique : « *La commission constate qu'aucune conciliation ne peut avoir lieu.* »

Avant – même la Commission de Conciliation, j'avais déjà lancé les démarches pour engager un avocat ou une avocate. Sans attendre d'avoir l'accord ou non du SNCEEL pour la prise en charge des frais de ma défense, une connaissance qui travaille pour le compte du Cabinet d'avocats lyonnais, m'avait mis en relation avec deux avocates spécialisée en Droit Social. J'ai eu une première rencontre avec chacune d'elles et leur ai ensuite transmis beaucoup d'éléments.

Finalement, le 12 septembre, le bureau du Snceel m'informe qu'il « *a décidé de prendre en charge les frais d'avocat engagés dans le cadre de la procédure judiciaire concernant [ton] licenciement* ». Il préconise que je m'adresse .. prioritairement au Cabinet de Me P.C. de Lyon.

Dès le lendemain, j'informe les deux avocates lyonnaises qui avaient ouvert le dossier de ma défense que je ne poursuivrai pas avec elles, mais je tiens à faire savoir que j'ai eu de leur part une très grande écoute et un début d'accompagnement pour ma défense que je ne saurais que recommander.

Une première rencontre avec Me P.C. et Me J.-P. K. se tient le 18 septembre à leur Cabinet à Lyon. Dès le lendemain, ils saisissent le Conseil des Prud'hommes de Saint-Etienne en vue d'une audience de conciliation.

Chapitre 3

2008 – 2009 : une année pas ordinaire

Est-il possible d'expliquer le malheur qui m'a frappé sans faire une relecture des événements qui ont marqué toute l'année qui a précédé ? Il me paraît opportun de m'y attarder pour repérer des signes prémonitoires et de s'apercevoir que cette année 2008 – 2009 « pas ordinaire » dans mon vécu et dans celui de l'institution scolaire s'est déroulée dans un climat pesant, même si la mise en œuvre au quotidien des activités d'enseignement et d'éducation des jeunes, à tous les niveaux de classes, s'effectuait normalement.

Pour les élèves et les familles, la rentrée s'est déroulée comme chaque année. Toutes les équipes se sont consciencieusement engagées dans leur travail cette année-là, au moins jusqu'au 19 mai, date à laquelle j'ai été mis de côté.

L'enseignement a été dispensé comme il se doit, les activités péri-éducatives, les projets de classes, les activités culturelles, scientifiques, linguistiques, sportives, les sorties et voyages scolaires, les activités et animations pastorales, la catéchèse, ont donné à chaque enfant, à chaque jeune, de la Maternelle à la Terminale, de grandir dans un cadre éducatif et de formation scolaire on ne peut plus habituel et sans cesse redynamisé.

Les partenariats ont tous été honorés[1].

Les réunions d'informations aux parents ont toutes été tenues.

---

[1] Partenariats multiples avec, en particulier :
- La Direction de la Sécurité Civile Municipale de Saint-Etienne depuis mars 2008 pour la classe de 5ème D sur le thème : « Prévention des Risques Majeurs »
- Le Cinéma Le France pour l'Atelier Artistique Cinéma des Secondes et Premières
- La Rotonde de l'Ecole des Mines de Saint-Etienne pour la classe de 6ème « Graines de Sciences » sur le thème de « La Police Scientifique »

Les Conseils d'Ecole, tant sur le site du Rond-Point que sur celui de Valbenoîte, se sont tous déroulés comme d'ordinaire, tout comme le Conseil d'Etablissement du Groupe Scolaire et le Conseil d'Animation Pastorale. Au Collège et au Lycée chaque fin de trimestre a été ponctuée par les conseils de classes, le Conseil Pédagogique s'est réuni à plusieurs reprises.

Au moment de la reprise après chaque période de vacances, les familles étaient destinataires de la Lettre d'Informations aux Familles[1], qui portait à la connaissance de tous ce qui se vivait dans les quatre unités du Groupe Scolaire. A lire ces propos, le lecteur me demandera alors : mais pourquoi écrivez-vous que cette année 2008 – 2009 n'est pas ordinaire ?

1. Situation économique préoccupante, avenir incertain du Lycée

Pourquoi ? La question semble en effet paradoxale.

Si la vie dans les quatre unités du Groupe Scolaire fonctionnait de manière tout à fait ordinaire comme on l'attend d'une institution scolaire, si le directeur général que j'étais, assurait entièrement sa présence à toutes les instances et s'investissait pleinement dans sa mission, la période s'avérait néanmoins bien difficile.

D'abord, à cause de la baisse régulière des effectifs et donc des moyens financiers, ensuite, en raison des perspectives du CODIEC d'une éventuelle délocalisation du Lycée dans le

---

[1] Dans cette Lettre aux Familles les directrices et le directeur informait tous les membres de la grande communauté éducative du Groupe Scolaire sur les activités et projets de leur unité, y compris la Catéchèse et l'Aumônerie. Un espace spécifique était réservé à l'APEL, un autre à l'Amicale des Anciens, et, quelques fois à l'OGEC. Avec l'éditorial rédigé par moi-même, cette Lettre avaait pour but de contribuer au renforcement de l'unité, de la cohésion et de l'identité mariste partagée.

Plaine du Forez. Le climat général en interne était fortement teinté d'inquiétude. On avait quand même déjà vécu le déménagement du Lycée en 2003, connu deux plans de licenciement. Et maintenant il était question de délocalisation... Si quelqu'un était pleinement conscient de l'obligation de se retrousser les manches pour assurer la pérennité du projet éducatif mariste, c'était bien moi.

Au sujet de la gestion énonomique, l'établissement bénéficiait depuis plusieurs années des services d'un Commissaire aux Comptes qui connaissait bien la réalité de la situation et n'a pas manqué d'attirer l'attention sur la nécessité « *d'adapter la structure de l'établissement à cette réalité*[1] » sur trois plans : évolution de l'effectif jusqu'à la rentrée 2011-2012, l'effectif salarié, l'optimisation de l'utilisation des bâtiments scolaires. Pour travailler dans le sens souhaité, il lui a été adressé une lettre d'affirmation indiquant qu'il sera établi un plan puriannuel à trois ans.

Dans cette perspective j'ai construit un document prévisionnel pour les trois ans à venir sur les effectifs de chaque unité, de la Marternelle à la Terminale, plan que j'ai remis à Monsieur l'Expert Comptable en charge du Groupe Scolaire. Aussi est-il clairement apparu que le Lycée ne serait économiquement plus viable à partir de 2010. Par conséquent, il convenait explicitement de s'intéresser au projet du CODIEC portant sur la réorganisation des établissements de l'Enseignement Catholique du Diocèse, en particulier celui de délocaliser un Lycée stéphanois dans la Plaine du Forez.

Le reproche qui m'avait été adressé dans la lettre de licenciement était totalement infondé en parlant « *de votre*

---

[1] Extrait de la lettre d'affirmation datée du 9 janvier 2009 adressée par le Conseil d'Administration de l'OGEC au Commissaire aux Comptes

défaut manifeste et incompréhensible de maîtrise de la gestion de notre établissement ».

En décembre 2009, Madame A.M. C., mon ex-assistante de direction m'a adressé la copie d'une lettre dans laquelle elle témoignait :

« *Malgré une charge de travail importante, Monsieur Obringer l'assumait sans jamais se plaindre et je puis affirmer qu'il avait à cœur de rendre les rencontres avec les parents fructueuses.*

Malgré une charge de travail importante, Monsieur Obringer se faisait un devoir d'être présent quotidiennement à chaque rentrée du matin pour s'assurer du bon fonctionnement de celle-ci et quitter tard le soir puisque après le temps scolaire il animait de nombreuses réunions. Ses périodes de vacances scolaires étaient réduites car il venait également travailler. »

Dans ces circonstances j'aurais apprécié d'être soutenu par les responsables des instances hiérarchiques, mais du côté de la Tutelle Mariste, on était hélas aux abonnés absents jusqu'à l'arrivée en 2008 d'un nouveau Frère Délégué à la Tutelle, qui, dans son inexpérience a bien favorisé le jeu diabolique de Monsieur le Président de l'OGEC.

Celui-ci, au lieu d'enter dans une démarche de proximité, de soutien et de coopération très rapprochée, a décidé de mettre la fonction du directeur général à très rude épreuve. Alors que c'était le moment pour tous les acteurs de « se serrer les coudes », il s'est hélas produit l'inverse à l'instigation du Président de l'OGEC.

Ses propos lors de l'entretien et dans la lettre de licenciement sont entièrement en contradiction avec la description que j'ai faite de la vie du Groupe scolaire cette année-là : par exemple, incapacité de sa part de répondre à ma question sur la qualification de la « *faute grave* », ou encore en écrivant : « *Le climat délétère que vous avez institué...* » ; « *... avec l'intention* *manifeste et/ou tout au moins la certitude de votre part de mettre le feu aux poudres en particulier auprès du personnel enseignant et ainsi de jeter le discrédit sur la vie et le devenir dans notre établissement.* »

Monsieur le Président de l'OGEC a donc adopté une attitude incompréhensible, une attitude d'ignorance à mon égard, j'étais comme « mis au placard ». Il ne mettait plus les pieds dans mon bureau[1], il s'adressait directement à Monsieur J.-F. D., responsable administratif, même sur des sujets relevant de ma fonction. Il agissait dans l'ombre. Quelquefois il m'arrive de penser, quant à son attitude, à un personnage dans Harry Potter « Celui dont il ne faut pas prononcer le nom ».

Ce n'est que plus tard que j'ai compris le jeu auquel il a joué, ... pendant le combat juridique, à travers des documents écrits que j'ai réussi à me procurer.

2. Climat oppressant

Aujourd'hui, avec un recul d'une quinzaine d'années, à la relecture des événements et des nombreux documents que j'ai pu réunir pour ma défense, je peux affirmer que Monsieur Monsieur le président de l'OGEC a décidé de tout mettre en œuvre pour mon éviction dès le mois de juillet 2008 et qu'il a fini par aboutir le 19 mai 2009 alors que les instances savaient que j'étais demandeur d'un changement de poste pour la rentrée de septembre 2009.

L'attitude de Monsieur le Président d'OGEC à mon égard a complètement changé à partir du Conseil d'Administration du

---

[1] Refus intentionnel de travailler avec moi qui a manifesté sa volonté de me mettre à l'écart. Sur ce sujet, Marie-France Irigoyen écrit : « Le refus de communication directe est l'arme absolue des pervers » Extrait de « Le harcèlement moral » Ed. Pocket, n° 10680, 2004, page 46

lundi 7 juillet 2008. Selon l'expression familière, j'ai pressenti et vu venir des choses qui se tramaient dans mon dos.

J'ai perçu des dérives sans pouvoir les empêcher, des mois durant, j'ai pressenti des actions sournoises dirigées contre le directeur que j'étais et son équipe, j'ai senti que la pression volontairement exercée sur moi avait pour réel objectif de me déstabiliser et de me faire "craquer". C'était une véritable forme de harcèlement. Plusieurs lettres, dont la première remonte à plus de huit mois avant mon limogeage, ont été adressées à mon insu par le Président de l'Organisme de Gestion aux autorités religieuses et diocésaines, réclamant explicitement que je sois immédiatement démis de mes fonctions. Peu après mon licenciement, j'ai pu obtenir la copie de ces courriers, preuve qu'il s'agissait bien d'une cabale[1] perversement orchestrée.

L'atmosphère était devenue délétère mais, contrairement à l'affirmation du Président de l'OGEC dans la lettre de licenciement, ce n'était pas le fait du directeur mais bien du fait du Président de l'OGEC et d'autres personnes de son entourage.

Je repense à la discussion que j'avais eue quelques jours auparavant, au self, avec Monsieur T.D., mon adjoint et Monsieur J.-F. D., le cadre administratif. Fait extraordinaire, le licenciement du directeur-adjoint avait été annoncé publiquement devant une centaine de parents[2] par Frère Délégué

---

[1] Quelques mois après mon départ, un parent vient me rendre visite à la maison et me remercie pour l'attention que j'ai portée à la scolarité de son jeune qui était porteur de handicap. Concernant mon éviction il me dit que cela reste pour lui " un mystère ". Il avait téléphoné à Monsieur le Président de l'Association de Parents d'Elèves et à Monsieur le Président de l'OGEC : " J'ai tout de suite compris qu'il y avait eu une cabale contre vous ", me dit ce parent.

[2] Tous les parents de l'Ensemble Scolaire avaient été invités à une réunion d'information le 2 avril 2009 par une circulaire signée du Frère Délégué à la Tutelle et du Président de l'Association des Parents d'Elèves, sans aucune information préalable au chef d'établissement.

à la Tutelle, sans que l'intéressé ne soit au courant. Devant ces mêmes parents, le Délégué à la Tutelle avait affirmé avec certitude qu'il y auraitr un autre directeur le 4 mai prochain[1]. Ce à quoi j'ai réagi en confirmant que je m'étais en effet inscrit dans le mouvement de la mobilité des directeurs pour envisager la direction d'un autre établissement à la rentrée de septembre, en précisant tout de même que je continuerais dans le groupe scolaire si je n'avais pas d'autre poste puisque j'étais en contrat à durée indéterminée.

- Qu'est-ce qui va se passer pour toi ? me demande le cadre administratif.

- Je ne sais pas, lui dis-je, j'espère que la Tutelle et la Direction Diocésaine appuieront mes demandes de mutation, que je puisse avoir une autre direction ou éventuellement un poste de chargé de mission, peut-être un poste à créer dans le cadre de la restructuration de l'enseignement catholique du diocèse.

- Et si jamais tu n'as pas d'autre poste, que va-t-il se passer ? poursuit-il.

- Je ne sais pas, mais il se passera forcément quelque chose. La Tutelle a affirmé publiquement le changement de direction auprès des profs, des personnels et des parents. Et moi, je suis ici en poste avec un contrat à durée indéterminée. Il est hors de question que je parte par démission… Peut-être me proposera-t-on un licenciement par rupture conventionnelle…

- Monsieur le Président de l'OGEC, m'a parlé à plusieurs reprises de ce nouveau dispositif, il m'a d'ailleurs fait passer la copie du texte lorsqu'il est paru l'année précédente. Mais une rupture conventionnelle coûterait très cher, au moins autant qu'un licenciement, or la situation financière actuelle du Groupe

---

Evénement qui fait partie de ce que j'évoquais lorsque j'écris "que j'ai vu venir des choses" et qu'on agissait "dans le dos" du directeur.

[1] Ce n'est que plus tard que j'ai appris que ce 4 mai se tiendrait le Conseil de Tutelle et j'ai alors compris que la décision de me retirer l'agrément était déjà programmée un mois à l'avance.

Scolaire reste tendue. Quant à un licenciement pour motif économique, ça n'est pas possible, car ensuite l'OGEC ne pourrait pas embaucher sur ce poste pendant un an. Or, l'établissement est bien obligé d'avoir un directeur...
- On est déjà en mai, il faudrait quand même que l'on sache sans tarder, dit – il encore...
S'ensuit un instant de silence.
- Il est clair qu'ils veulent se débarrasser de toi, reprend-il.
- Tout à fait, lui répondis-je, il se passera forcément quelque chose me concernant. Il y a très peu de temps, la semaine sainte nous a donné l'occasion de relire la passion de Jésus. Vous aurez remarqué que les gens étaient nombreux à vouloir se débarrasser de lui. Ils ont fini par obtenir ce qu'ils ont souhaité, son arrestation, ce qui les a arrangés et réjouis. Et surtout, vous aurez noté que les événements ne se sont pas terminés avec l'arrestation. Ils ont été jusqu'au bout, c'est-à-dire, ils ont insisté jusqu'à ce que Ponce Pilate prononce sa peine de mort.

Je redoute que les choses me concernant ne se passent pas très bien... J'espère quand même que le Conseil de Tutelle Mariste[1] que j'ai rencontré à Lyon le 4 mai fera des propositions, que le Délégué à la Tutelle a établi des contacts avec d'autres tutelles. Au mois de février il m'avait dit qu'entre représentants des tutelles congréganistes et diocésaines ils s'échangeaient des informations sur les chefs d'établissement candidats pour faciliter leur mobilité.

---

[1] Un compte-rendu de ce Conseil de Tutelle Mariste daté du 4 mai 2009 a été rédigé, qui ne m'a pas été adressé, mais dont j'ai eu une copie par mon avocat préalablement à la première audience au Conseil des Prud'hommes. Ce document ne relate en rien les échanges que j'ai eus et démontre explicitement que la décision était déjà prise et que c'était-là, une fois encore, une rencontre mascarade.

3. Faits marquants

Le Conseil d'Administation du 7 juillet 2008 est selon moi le moment où Monsieur le Président de l'OGEC a enclenché un processus devant aboutir à mon éviction. Son attitude à mon égard a complètement changé. J'avais déjà constaté que depuis quelques semaines, il ne mettait plus les pieds dans mon bureau. Jusque-là nous avions l'habitude de nous rencontrer environ une fois par quinzaine pour une séance de travail, souvent en présence de l'un de mes proches collaborateurs, Monsieur .J.-L. V, responsable des travaux et de la sécurité, et Monsieur J.-F. D., responsable administratif.

Avant même ce conseil d'administration, je pressens qu'il se trame quelque-chose. Préalablement à cette réunion, je reçois un courriel du président dans lequel il me met en cause en affirmant sans aucune justification « *un manque de discernement et une légèreté manifeste concernant votre responsabilité* ».

3.1 Conseil d'Administration déclencheur

Etonnamment, le Conseil d'Administration de ce 7 juillet était au grand complet !

L'atmosphère était pesante, les prises de paroles du Président de l'OGEC, du Délégué à la Tutelle, du Président de l'Association des Parents d'Elèves étaient agressives et pour le moins pas sympathiques du tout. Il m'était reproché d'avoir manqué à mes obligations, de n'avoir pas produit le budget prévisionnel pour l'année suivante. Il est vrai que l'organisme national FNOGEP venait juste de faire une recommandation aux OGEC d'élaborer leur budget prévisionnel avant l'été. J'ai fait remarquer que, de mémoire, depuis seize ans que j'étais dans le Groupe Scolaire, avec le même Cabinet d'Expertise Comptable, le budget prévisionnel avait toujours été élaboré au retour des congés d'été et présenté après la rentrée de septembre… et que j'aurais bien apprécié que l'on m'informât à l'avance de cette demande conforme aux nouvelles recommandations !

J'ai compris que dorénavant tout serait prétexte à me pousser à la faute ou me prendre en défaut. Cette réunion était le début d'un processus qui devait permettre d'aboutir à l'éviction. Il allait s'ensuivre un audit qui a effectivement eu lieu en octobre, avec des conclusions forcément très accablantes. Il fallait disposer d'écrits à charge contre moi et c'est ainsi que toute l'année a été émaillée d'incidents qui ont donné lieu à des courriers utiles pour tenter de justifier le retrait d'agrément et le licenciement.

A ce Conseil d'administration, le Délégué à la Tutelle, dans son incomptéence due à son inexpérience et son ignorance, est bien entendu tombé dans le panneau et a renchéri en affirmant que l'organigramme du Groupe Scolaire était inapproprié et surdimensonné, qu'il fallait supprimer les postes de Responsables de Secteurs. Alors qu'il était totalement incapable de dire quel est leur rôle, quel est le coût de ces fonctions ni de comprendre que cette fonction qui existait depuis des décennies dans l'Institution[1] avait l'avantage de créer une véritable proximité éducative des membres des équipes enseignantes et éducatives dans le lien avec les élèves et les familles.

Injonction est faite au directeur de produire un budget prévisionnel équilibré au Conseil d'Administration exceptionnel du 15 juillet !

Objectif non réaliste et impossible à atteindre sur un laps de temps aussi court et sans la contribution professionnelle de l'Expert-Comptable avec qui j'avais l'habitude de faire un

---

[1] La fonction des Responsables de Secteurs était explicitement détaillée dans le texte des « Règles de fonctionnement et d'organisation du Groupe Scolaire » adopté le 2 juin 1992 ! Le Délégué à la Tutelle n'avait visiblement même pas connaissance de ce document.

travail approfondi sur les questions de budget ! Cela a donc été utilisé comme prétexte pour accabler le directeur et dénoncer son « *impossibilité de présenter un budget prévisionnel fiable[1]* ».

Est-il étonnant de lire dans le compte-rendu du Conseil d'Administration du 15 juillet : « *Nous constatons encore une fois que la situation catastrophique n'est absolument pas prise en compte par le directeur général* » ?

En réalité, à la clôture des comptes, le budget réalisé 2007-2008 fait apparaître un déficit de 17 000 euros au lieu du prévisionnel de 30 000 euros. Catastrophique ?

Nouvelle injonction est faite au directeur de produire un budget prévisionnel équilibré pour le 28 août 2008 : un autre budget prévisionnel a effectivement été élaboré par le directeur avec l'Expert-Comptable, présenté fin août au Conseil d'Administration et approuvé[2]. Il mentionnait un déficit prévisionnel de 19 000 euros.

Une autre injonction est faite au directeur : supprimer les fonctions de « Responsables de Secteur », trop coûteuses est-il affirmé ! Et ce, dès cette rentrée de septembre.

Les personnes en charge de cette responsabilité apprennent cela mi-juillet au moment où elles sont en train de finaliser les emplois du temps des classes et des professeurs pour la rentrée de septembre. Hélas pour Monsieur le Président de l'OGEC, il n'a pas réussi à ébranler la loyauté des responsables de Secteurs, Madame E.G. pour les 6èmes , Monsieur C.L. pour les 5èmes et les 4èmes , Monsieur T.D., adjoint en charge des 3èmes et 2ndes , Madame M.M. pour le Cycle Terminal, les 1ères et Terminales.

---

[1] Extrait de la délibération du Conseil de Tutelle du 4 mai 2009 ayant comme « *Objet : le retrait d'agrément pour M. Arthur Obringer* »

[2] Cf Approbation indiquée au compte-rendu du Conseil d'Administration du 28 août approuvé à la séance du 22 septembre 2008.

Comité d'Entreprise réuni en urgence le 10 juillet 2008 alors que les certains représentatns du personnel sont déjà en congé.

A partir de cette période, les instances - conseil d'administration, bureau du conseil d'administration, comité d'entreprise, association des parents d'élèces -, sont entrées dans un fonctionnement flou soigneusement entretenu, générant beaucoup de confusion dans l'esprit de certains personnels.

Tout cela n'a fait qu'alimenter les rumeurs qui couraient sur la fermeture du Lycée à la rentrée, un courrier officiel a été adressé à toutes les familles pour démentir.

L'atmosphère est devenue lourde, envenimant la vie de l'établissement.

3.2 Règlement de contentieux ?

Il apparaît clairement que Monsieur le Président de l'OGEC a multiplié ses démarches en catimini pour réunir des preuves à charge contre le directeur général.

En reconstituant ultérieurement les événements à partir de documents écrits que j'ai pu réunir, il s'avère que le projet de se débarrasser de moi remontait déjà à fin mai et début juin 2007 !

Première situation très problématique

Le conseil de la classe de fin de Terminale S a attribué au fils du président[1] l'avis « *Doit faire ses preuves* », porté sur le livret scolaire à destination du jury du Baccalauréat. Or, la veille du

---

[1] Le fils du président refaisait la Terminale S après échec au baccalauréat à la session de 2006. Il avait cependant conservé le bénéfice de quelques très bonnes notes obtenues l'année précédente dans le cadre des dispositions réglementaires applicables aux candidats « en situation de handicap » : l'élève étant fortement dyslexique et dysorthographique, un PPS avait été élaboré en lien avec le médecin scolaire et la MDPH lui accordant le bénéfice des mesures particulières appropriées.

conseil de classe, le président téléphone au cadre d'éducation et lui dit sur un ton menaçant qui a d'ailleurs troublé le cadre d'éducation, que *« le conseil de classe n'a pas intérêt à mettre comme avis ''Doit faire ses preuves''* ».

Je peux attester que les membres du conseil de classe avaient longuement délibéré et pris leur décision en pleine responsabilité. L'élève a pris connaissance de cet avis à la remise du livret scolaire en fin de matinée par la professeure principale. Dans l'heure qui a suivi, Madame M.M., Responsable du Cycle Terminal, reçoit un appel téléphonique en salle des professeurs de la part du père de l'élève. Plusieurs professeurs ayant entendu les propos en ont été interloqués. Très en colère, Monsieur le Président de l'OGEC lui annonce son refus d'accepter cet avis et, au cours de l'entretien dit *« De toute façon, je sais bien que c'est de la vengeance personnelle... de la part d'Arthur Obringer »*[1]. Monsieur le Président de l'OGEC, parent d'élève, était dans tous ses états. Dans la foulée, il me laisse un message sur mon téléphone portable.

A 12h30, de retour à mon bureau pour la réunion du conseil de direction, en présence des deux directrices du Primaire, de l'Animatrice en Pastorale, du Directeur-adjoint et du Responsable administratif, je rappelle Monsieur le Président de l'OGEC sur mon portable en ayant activé le haut-parleur.

Il était dans une colère indescriptible, me disant qu'il refusait totalement l'avis du conseil des professeurs, exigeait que je convoque la Responsable de Cycle Terminal pour 14 heures avec lui et son épouse et que je transforme l'avis en « Avis assez

---

[1] Extrait du témoignage écrit adressé par Madame M.M. au Conseil des Prud'hommes : *« Toujours aussi furieux il m'a hurlé que c'était une vengeance personnelle de la part de M. Obringer. En trente-cinq ans de carrière, c'était la première fois que j'étais agressée de la sorte par un parent et j'étais choquée qu'on puisse mettre en doute notre conscience professionnelle ».*

favorable ». J'ai, bien entendu, refusé, tentant d'expliquer que le conseil des professeurs était souverain et que la responsable de cycle terminal avait délégation du chef d'établissement pour présider le conseil. J'ai également essayé de lui expliquer que je compléterai cet avis par une information écrite destinée au président du jury du Baccalauréat afin qu'il prenne bien en compte le handicap de son fils, la dyslexie. J'ai subi cris, insultes et injures. Finalement, il a coupé la communication.

L'après-midi, je reçois un appel téléphonique du Frère Mariste qui était Délégué à la Tutelle Mariste[1] à cette période, qui ne m'a jamais fait l'honneur de me rencontrer au titre de cette fonction. Il me demande ce qui se passe car il avait eu un appel du président de l'OGEC « *complètement hors de lui* ». Je l'ai donc informé des événements.

Deuxième fait : des témoignages accablants

Le soir du 4 juin 2007 avait lieu le concert des chorales du Collège et Lycée et des deux Ecoles du Groupe Scolaire ND de Valbenoîte - Le Rond-Point salle du Majestic à Firminy. Au cours de l'entracte, plusieurs personnes ont été témoins d'une conversation entre Monsieur le Président de l'OGEC et Monsieur le Président de l'APEL, Association des Parents d'Elèves. Ces personnes ont été surprises et choquées par le ton employé par Monsieur le Président de l'OGEC et par le contenu de ses propos. Deux d'entre eux, un professeur du Collège et Responsable de Secteur et un professeur du Lycée, ont confirmé leur témoignage par écrit pour le Conseil des Prud'hommes quant aux propos du président de l'OGEC qui a explicitement exprimé

---

[1] Ce Frère mariste qui avait été auparavant Provincial est quelqu'un qui me connaissait parfaitement et qui avait une très bonne connaissance de l'évolution de notre institution. Au moment de mon licenciement il n'avait plus aucune responsabilité au titre de la Tutelle. Aurait-il accepté que cela se passe ainsi ? Je m'interroge.

sa détermination à « *se débarrasser d'Arthur Obringer, de lui enlever tout pouvoir, de lui retirer la délégation de signature* ».

Un troisième fait très marquant

Mardi 12 juin 2007 : réunion plénière de tous les personnels du Groupe Scolaire.

La vice-présidente de l'APEL fustige publiquement la Direction, la Tutelle et les Equipes enseignantes avec l'aval du Président de l'OGEC.

En effet, j'anime en tant que directeur général, une réunion plénière d'information qui s'inscrit dans la continuité de la réunion plénière du 21 décembre 2006, au cours de laquelle je présentais, en lien avec l'OGEC, la situation économique du groupe scolaire et l'obligation de prendre des mesures d'économie pour la rentrée suivante. J'avais très soigneusement préparé la présentation de la situation à travers un document power-point très détaillé[1].

Cette réunion est précédée d'une rencontre préparatoire avec des représentants des diverses catégories de personnels et des représentants de l'OGEC, de l'APEL et de la Tutelle. Après avoir présenté la situation économique et les mesures prises par l'OGEC pour réduire les charges, mesures présentées au Comité d'Entreprise du 25 mai - fermeture d'un bâtiment, non remplacement de personnels partant à la retraite, redéploiement de certains emplois et probables licenciements -, j'ai ouvert l'échange et les débats avec les personnes présentes. Madame la Vice-présidente de l'APEL prend alors la parole pendant une bonne dizaine de minutes, fustigeant à tour de rôle la Direction, les enseignants du Collège et du Lycée, et la Tutelle. Cette intervention a surpris, voire « assommé » tout le monde, apparaissant hors-sujet. Le ton particulièrement virulent a suscité des réactions de la part de quelques enseignants. Aucun échange n'a été

---

[1] Ce fichier est toujours en ma possession.

possible avec l'intervenante car elle a quitté l'assemblée après son monologue intempestif. Pas un membre de l'OGEC n'a pris la parole, le Président est resté silencieux, les autres membres du Bureau de l'OGEC, en fin de réunion me disant qu'ils désapprouvaient cette intervention, par sa forme et son contenu. Dans les jours qui ont suivi, des enseignants ont réagi auprès de l'APEL et ont échangé des courriels à travers lesquels il s'est avéré que Monsieur le Président de l'OGEC, en aval de cette intervention, était parfaitement au courant, qu'il l'avait même préparée avec la Vice-présidente de l'APEL le matin-même de la fête du Groupe Scolaire qui avait lieu le samedi 9 juin 2007.

Un quatrième fait bien surprenant

Juin 2007, réunion du conseil d'administration de l'UDOGEC[1].

Selon le témoignage d'un collègue chef d'établissement, Monsieur J.-M. L., délégué départemental du SNCEEL, Monsieur le Président de l'OGEC de Valbenoîte critique avec virulence le directeur de Valbenoîte affirmant qu'il ne tenait pas compte des parents pour fixer les jours et les heures des conseils de classe de la fin du 3ème trimestre.

Ainsi le terrain était-il également bien préparé auprès de Monsieur le Président de l'UDOGEC, qui a d'ailleurs ultérieurement participé à l'audit « assassin » du Groupe Scolaire ND de Valbenoîte en octobre 2008.

Justement, concernant les parents d'élèves, pour répondre au souhait le plus important exprimé par nombre d'entre eux, j'ai ré – introduit avec toutes les équipes pédagogiques, à tous les niveaux de classes du Collège comme du Lycée, les rencontres individuelles parents-professeurs pour le bilan de mi-année, qui

---

[1] UDOGEC : Union Départementale des Organismes de Gestion de l'Enseignement Catholique. Son président qui faisait partie de l'Amicale des Anciens de ND de Valbenoîte me connaissait bien.

se sont déroulées de mi-décembre à début février. De cela Monsieur le Président de l'OGEC n'en a pas fait état !

3.3 Demandes répétées et insistantes de retrait d'agrément

Dans ses courriels et lettres, le ton employé est très alarmiste, induisant un sentiment de panique, appelant à des décisions d'une urgence extrême, ce qui crée un véritable sentiment de peur qui se répand dans l'esprit des enseignants, des personnels et d'un certain nombre de parents.

1er octobre 2008

Le président d'OGEC adresse un courriel aux membres du conseil d'administration pour que se tienne un conseil extraordinaire dans les huit jours : « *Baisse d'effectifs*», « *La situation est grave, je demande la tenue du CA extraordianire…* », « *Révision du budget prévisionnel* », etc.

9 octobre 2008

Dans le cadre des deux journées dites « d'évaluation » lors d'une rencontre du Délégué à la Tutelle avec des personnels et des enseignants, il leur dit qu'à la rentrée de novembre, donc au retour des vacances de la Toussaint, il y aurait un nouveau directeur. J'en ai été informé le lendemain matin 2008 par une des secrétaires de l'accueil, qui était présente à la réunion en tant que vice-secrétaire du Comité d'Entreprise. Elle me dit en avoir été « *choquée* » et de « *n'avoir pu en dormir toute la nuit* ».

Quelques semaines plus tard, je demande par téléphone à une professeure du Collège, déléguée syndicale, qui était présente à cette rencontre si elle peut confirmer cette annonce. Ce qu'elle a fait, mais elle n'a pas voulu me la transmettre par écrit. Elle m'a adressé un courrier : « *Suite à ton appel téléphonique du début des vacances [Noël 2009], il m'apparaît impossible de faire ce courrier – même s'il s'agit de dire la vérité – car j'appartiens au CE et à ce titre je ne peux rien faire qui puisse mettre en danger un établissement déjà bien fragilisé.* »

En fait, elle ne souhaitait pas que l'établissement soit financièrement condamné aux Prud'hommes et que j'obtienne gain de cause !

17 octobre 2008, 1er courrier

Lettre d'avertissement du président d'OGEC au directeur pour avoir accepté que les Responsables de Secteur lisent un communiqué à la réunion générale de la journée de prérentrée de septembre.

Cet avertissement a été annulé par la Chambre Sociale de la Cour d'Appel de Lyon par son Arrêt du 10 février 2012 !

17 octobre 2008, 2nd courrier

Lettre du président de l'OGEC au Frère Délégué à la Tutelle Mariste pour nouvelle demande de retrait d'agrément : « *Si le chef d'établissement reste en place avant la fin de l'année civile nous irons à la faillite. Le directeur ayant été nommé par la tutelle, je vous demande de prendre toutes les dispositions pour que cette situation de péril cesse immédiatement et au plus tard durant les vacances de la Toussaint* », écrit-il.

Si situation de péril il y avait selon lui, faut-il être naïf pour croire que l'éviction du directeur l'aurait résolue ?

Il poursuit : « *La reprise temporaire en main de l'établissement jusqu'à la fin de l'année scolaire par une personne compétente et obligatoire, cette personne pourrait être accompagnée bénévolement par l'ancien directeur adjoint Monsieur M.S[1] qui a toujours été dévoué pour l'établissement* ».

---

[1] Quelle ne fut pas ma surprise en lisant le nom de mon ancien adjoint. Il devait donc être dans la confidence du projet imminent de mon

Décidément, tout est prévu et les complices sont volontaires et tout désignés.

N'est-ce pas-là une nouvelle tentative « pour se débarrasser » du directeur en place ? C'est pour moi, a posteriori, la confirmation que j'ai été mis intentionnellement à l'écart par Monsieur le Président de l'OGEC, ce qui explique pourquoi, à partir de cette période, il a tout fait pour m'éviter et ne plus s'adresser à moi.

12 décembre 2008

Courriel du président à la Tutelle, au Trésorier de l'OGEC et au Président de l'UDOGEC

« *Je vous demande de bien vouloir organiser une rencontre pour prendre une décision sur la poursuite de la mission de M. Arthur Obringer. Pour ma part, je souhaite qu'il soit relevé de ses fonctions (...) Il est clair que si M. Obringer n'est pas relevé de sa mission avant le 31/12/2008, les membres de l'OGEC remettront en question leur mandat.* »

Et d'affirmer : « *Depuis sa prise de fonction il (Arthur Obringer) n'a jamais respecté les décisions prises en CA d'OGEC* ». Propos qui relèvent du délire... Jamais ? Qui peut croire cela ? J'ai pris mes fonctions de directeur du Lycée le 1er septembre 1992 et celles de directeur général du Groupe Scolaire le 1er septembre 2003 ! J'aurais donc exercé dans cet état d'esprit durant plus de seize ans ?

Tous ces propos sont absolument édifiants !
Aucun autre membre du CA de l'OGEC n'est informé de cette injonction faite à la Tutelle. Sont-ils mis à l'écart ? Et pourquoi ?

Je relève aussi que ce 12 décembre est le jour de mon anniversaire...

éviction. Cela explique très certainement que je n'ai jamais eu un seul contact de la part de celui-ci depuis mon éviction.

Le 2 janvier 2009

Le président d'OGEC adresse un courriel daté du 2 janvier à la Tutelle, non pas pour lui présenter ses vœux, la courtoisie n'est pas d'actualité ! Son contenu est explicitement dirigé contre le directeur.
L'objet « *Décisions à prendre avant l'assemblée générale du 27 janvier* ».
Quelques extraits pour se faire une idée de la tonalité :
« *De nouveaux éléments à charge apparaissent contre M. le directeur général* ».
« *Il est clair que M. le Directeur général se moque délibérément des décisions de l'OGEC* ».
« *Lorsque j'aurai les éléments factuels en ma possession j'adresserai un avertissement au directeur général* ».
« *Je souhaite que la Tutelle adopte une position tranchée[1] avant l'assemblée générale* ».
Décidément, la demande d'éviction du directeur ne serait t-elle pas devenue une obsession chez Monsieur le Président de l'OGEC ?

21 février 2009 : courrier à Mgr l'Evêque
Je n'ai pas eu connaissance de la teneur de ce courrier. Le Frère Délégué à la Tutelle a écrit à son sujet : « *Il traduit un malaise et une exaspération de plusieurs acteurs de la communauté éducative, dont le Conseil d'Administration de l'OGEC. Il traduit un blocage et une absence de communication entre la direction et l'OGEC. Il montre aussi l'impasse dans laquelle les protagonistes se trouvent. Cet état de fait s'est aggravé progressivement depuis juillet 2008* ».
Des propos « à tomber à la renverse » et l'emploi de termes génériques qui veulent tout dire en ne disant rien !

---

[1] Position concernant la décision de retirer l'agrément au directeur général.

Le Frère Délégué à la Tutelle montre par ces propos son aveuglement, son absence à prendre du recul, son incapacité à percevoir la source du manque de communication entre directeur et président d'OGEC qui est uniquement le fait de ce dernier qui a décidé de ne plus entrer en communication directe avec le directeur. Il entend et admet les dires sans analyser et rechercher la cause !

Par son écrit, Monsieur le Président de l'OGEC sème le trouble, manipule par ses mensonges et réussit à alimenter autour de lui et auprès des autres responsables de l'Enseignement Catholique la croyance que j'étais à l'origine d'une relation conflictuelle et de blocage avec lui.

Ce courrier n'est-il pas une nouvelle expression d'un esprit manipulatoire ?

25 mai 2009 : Comité d'Entreprise Extraordinaire

Dans le Procès-Verbal approuvé de la réunion extraordinaire, pour justifier a posteriori auprès des représentants syndicaux et des personnels le retrait d'agrément et l'éviction du directeur pour « faute grave », je découvre que le président « *précise que l'OGEC avait souhaité et demandé à la Tutelle le départ de A. Obringer depuis le 28.08.2008 suite à des problèmes*[1] *relevés dans l'exercice de sa fonction de chef d'établissement*[2] ».

Pourquoi ces informations ont-elles été tenues secrètes ? Je pense aujourd'hui que les explications apportées a posteriori

---

[1] Encore un terme générique !

[2] Qui pouvait se douter fin juin 2008 de la tournure qu'allait prendre la relation de l'OGEC et de la Tutelle avec le directeur ? Le compte-rendu de la réunion du Conseil d'Etablissement du 23 juin que j'ai publié le lendemain ne faisait état ni d'une situation spécialement alarmante ni de problèmes particulièrement sévères. C'était une réunion riche d'informations et de réflexions échangées dans la sérénité, que j'ai animée dans l'exercice de ma responsabilité comme à l'accoutumée.

étaient déjà présentes dans l'esprit de bon nombre de gens sous la forme de rumeurs.

Cette manière de faire se qualifie de perversion, de manipulation. Cela en dit long sur la personnalité de celui qui exerçait la fonction de Président d'OGEC.

3.4 Ecrits et propos contradictoires

J'ai déjà indiqué précédemment que ces courriels et lettres ont été diffusés à mon insu et s'inscrivent en totale contradiction avec des échanges que j'ai eus avec Monsieur le Président de l'OGEC. La dissimulation et l'hypocrisie caractérisent cette attitude.

Toutes ces années, pour chaque réunion du conseil d'administration ou du bureau du CA, c'est moi qui préparais et proposais immanquablement l'ordre du jour que je soumettais comme il se doit au président avant l'envoi des convocations, envoi que j'effectue moi-même.

Voici deux exemples d'échanges de courriels, le 12 décembre 2008 et le 26 mars 2009.

Message du 12/12/08 10:51
De : "Arthur Obringer - Directeur"
A : [Président de l'OGEC]
Objet : OJ Bureau élargi
L... bonjour,

Comme je te l'ai dit hier soir, je te fais parvenir une proposition d'OJ pour le bureau élargi de lundi que je pourrais joindre à une information de rappel. Qu'en penses-tu ? Faut-il y ajouter aussi les orientations du GS pour les années à venir ? Monsieur B (expert-comptable) m'a informé qu'il a fait des projections financières et qu'il me tient informé dans les prochains jours, dès qu'il a abouti.

Dans l'attente de ta réponse. Avec mes remerciements.
Arthur

De : [Président de l'OGEC]
Date : 12/12/2008[1] 14:09:58
A : Arthur Obringer - Directeur
Sujet : re: OJ Bureau élargi
L'ordre du jour me convient.
Je souhaite que le suivi comptable soit totalement finalisé et exploitable.
[Le Président de l'OGEC]

Message du 25/03/09 21:49
De : "Arthur Obringer - Directeur"
A : [Président de l'OGEC]
Copie à : "Frère Délégué à la Tutelle" , "Secrétaire de l'OGEC."
Objet : Bureau OGEC du 30 mars 2009
[Président de l'OGEC]bonsoir,
Pour la réunion du bureau de lundi prochain, ne faudrait-il pas qu'on établisse un ordre du jour et qu'on rappelle la réunion à l'ensemble des membres du CA ?
Ayant travaillé avec Monsieur B. (expert-comptable) sur le budget estimé au 28 février, je t'ai mis dans ta boîte aux lettres un exemplaire du document qu'il devrait présenter lundi. On envisagerait aussi d'aborder la première ébauche de la projection financière de 2008 à 2012.
Autres points qui pourraient être traités :
- le plan de trésorerie
- le contrôle du budget engagé
- la restauration : fréquentation
- la campagne de réinscription
- ...
- questions diverses.

---

[1] Il est intéressant de constater qu'à cette même date le président de l'OGEC a adressé un courriel à la Tutelle pour demander le retrait de mon d'agrément !

Concernant les CR de CA et d'AG du 24 février reçus de Jean, secrétaire, je pourrais les joindre à l'envoi.

Enfin, j'ai également déposé dans ta boîte aux lettres, le 2ème jeu de clés que tu as souhaité recevoir.

Dans l'attente de ton avis et des données complémentaires que tu souhaites ajouter.
Bien cordialement.
Arthur Obringer

-------Message original-------
De : [Président de l'OGEC].
Date : 26/03/2009 07:21:00
A : Arthur Obringer - Directeur
Sujet : re: Bureau OGEC du 30 mars 2009
Je passe ce matin à Valbenoîte.
Les points que tu as prévus à l'ordre du jour me semblent suffisants avec une attention particulière sur la campagne de réinscription.
Cordialement.

Etonnant, comme le ton qui se dégage des propos échangés avec moi est contradictoire avec celui des écrits mentionnés auparavant ! Quelle triste comédie joue-t-il avec une double attitude, ou quelle attitude joue-t-il facve à moi ?

3.5 Atmosphère lourde

J'ai déjà évoqué combien le climat de l'institution était devenu pesant au fil des mois, d'abord parce que la décision du CODIEC de délocaliser un Lycée stéphanois allait être prise bientôt et que ND de Valbenoîte semblait être concernée au premier chef. Ensuite, surtout à partir de janvier 2009, avec la décision du Rectorat de baisser significativement la DHG – Dotation Horaire Globale – pour la rentrée de septembre, avec les répercussions sur l'emploi des enseignantes et enseignants. Enfin, parce que la vie de l'établissement a connu plusieurs événements fâcheux qui ont été utilisés par certains pour accabler un peu plus la direction, mais bien-sûr pas ouvertement.

Le sentiment d'incertitude n'a ainsi fait que s'amplifier dans l'esprit de bon nombre de membres de la communauté éducative.

Perspective de délocalisation du Contrat d'Association du Lycée

L'étude « Prospectives » réalisée à l'initiative du CODIEC depuis 2006 et dont les recommandations ont été reprises pour être poursuivies par le même CODIEC, a fait l'objet de plusieurs restitutions aux établissements auxquelles j'étais présent ainsi que Monsieur le Président de l'OGEC, et Monsieur le Président de l'Association des Parents d'Elèves.

A la réunion du Comité d'Entreprise du 29 avril 2008, un délégué du personnel « *pose la question de l'avenir du Lycée, ce à quoi A. Obringer répond que celui-ci ne pourrait pas rester durablement en l'état actuel et pourrait évoluer vers une délocalisation sous la forme d'association avec un ou plusieurs autres établissements[1]* ».

Afin de ne pas tenir la commaunauté éducative toute entière dans l'ignorance des changements importants suceptibles de toucher notre institution, j'ai organisé plusieurs réunions plénières pour présenter l'état d'avancement des études de « Prospectives » et des projets d'avenir pour la réorganisation de l'Enseignement Catholique du Diocèse.

Tous les personnels ont reçu une invitation à des réunions plénières de tous les personnels enseignants, d'éducation, de service et d'administration, signée par le Président de l'OGEC, par les directrices des deux Ecoles et par moi-même : le 21

---

[1] Extrait du compte-rendu du Comité d'Entreprise approuvé le 29 mai 2008

décembre 2006, le 12 juin 2007, le 7 novembre 2007 à la journée pédagogqiue Collège/Lycée, le 20 mars 2009.

A travers les échanges s'est dégagé un certain sentiment de peur de l'avenir pour l'établissement, peur amplifiée par le constat de la poursuite de la baisse démographique dans le bassin stéphanois et par conséquent de la baisse des inscriptions qui allait s'ensuivre. Chacun a pris conscience que la situation économique du Groupe Scolaire allait, du fait de cette évolution défavorable, être mise en difficulté. Il faut rajouter à cela la paupérisation du quartier de Valbenoîte.

Baisse de la DHG[1] : emplois des professeurs menacés

Pour la rentrée 2008, il y a déjà eu une baisse très importante au niveau national du nombre de postes (700 d'enseignement et 200 de stagiaires) qui avait entraîné une baisse de la dotation sur notre institution.

Une baissse générale a été appliquée par le Rectorat aux établissements du Bassin stéphanois, qui a touché un peu plus durement le Collège et le Lycée de Valbenoîte en raison des prévisions de baisse d'effectifs.

Le Comité d'Entreprise du 23 février 2009 a été informé que le calcul de l'attribution de l'Inspection Académique, annoncé par l'Inspecteur au cours d'une réunion de chefs d'établissement, se basait sur un effectif de 27/29 élèves par division en Collège.

Le mois suivant, lors de la réunion du Comité d'Entrepise du 26 mars, j'ai informé ses membres de tous les détails ayant une incidence sur les emplois dans chaque discipline, en indiquant nominalement quelles enseignantes et quels enseignants seraient

---

[1] DHG – Dotation Horaire Globale : nombre totale hebdomadaire d'heures d'enseignement attribué par l'Education Nationale à un établissement pour assurer l'ensemble des enseignements.

déclarés à la Comission Académique de l'Emploi en précisant le nombre d'heures en prévision de perte.

Divers événements empoisonnant le climat de l'établissement

Un courriel daté du 15 décembre 2008 émanant du Frère Délégué à la Tutelle, s'ajoute à d'autres, qui montre que chacun se mêle de tout dans la vie de l'établissement, contribuant à empoisonner le climat et à perturber les personnels dans l'exercice de leur fonction et à les détourner du cœur de leur métier normalement orienté vers l'enseignement et l'éducation !

Extrait : « *Il faut absolument qu'avant Noël, il y ait une rencontre entre toutes les parties pour mettre carte sur table...*
Je pense à : Direction, OGEC, Apel, Directeur-adjoint...
J'y tiens... Le 22 décembre, c'est impossible pour moi.
Il faut aborder toutes ces questions qui pourrissent l'ambiance et le climat de ND de Valbenoîte »...

Est-ce le rôle, la fonction d'un Délégué à la Tutelle de se mêler de ces sujets ? De s'immiscer dans les événements de la vie quotidienne d'un établissement scolaire ? En tant que religieux, membre d'une congrégation enseignante, n'avait-il pas d'autre sujets à proposer à quelques jours de Noël que celui du changement de clés ou du déblaiement de la neige dans la cour ?

Ces jours juste avant Noël, j'étais quant à moi plus occupé à rédiger la Lettre aux Familles à diffuser au moment du départ en vacances[1].

Episode du changement des clés

A plusieurs reprises le site de Valbenoîte a reçu des visites malveillantes, la nuit ou en fin de semaine, sans effraction,

---

[1] Lettre d'Informations aux Familles n°3 de décembre 2008 dont je publie mon éditorial en annexe n°4 en fin d'ouvrage.

notamment dans le bâtiment administatif. Dans un premier temps, des portes de sécurité ont été posées pour la protection des bureaux. Malgré cela, des intrusions malveillantes sur le site se sont régulièrement poursuivies. Le sujet a été abordé en Comité d'Entreprise lors de la réunion du 12 février 2008 : « *A. Obringer pose la question de la protection de l'accès au site : trop de clés sont en circulation. Il évoque un projet de badges ou de changer les serrures pour les accès extérieurs.* »

En effet, avec Monsieur J.-L. V., le responsable des travaux et de la sécurité, des devis ont été établis pour la surveillance vidéo des accès extérieurs et pour l'accès au site avec des badges électroniques. Cette solution n'a pas été retenue en raison du coût trop élevé.

Il a été établi un nouvel organigramme des clés, prévu pour entrer en vigueur à la période de Noël 2008. Une note de service a été adressée à tous les personnels enseignants et non-enseignants, datée du 9 décembre 2008 :

« En effet, ces mesures sont prises pour lutter contre les intrusions malveillantes et pour sécuriser certains secteurs sensibles. Cela concerne toutes les portes d'accès au site, au gymnase et au couloir de l'administration du 1er étage.

Les personnels concernés par ces changements se verront remettre la (les) nouvelle(s) clé(s) par Monsieur J.-L. V.. Comme il s'agit de clés « spéciales », la remise de clé sera accompagnée d'une formalité administrative à renouveler chaque année scolaire : formulaire à remplir et versement d'une caution.

Evidemment, l'entrée en vigueur de cette mesure a créé des contraintes et a par conséquent suscité des réactions, curieusement exprimées non pas auprès du directeur mais auprès du Frère Délégué à la Tutelle qui n'a pas manqué de me faire savoir que ce sujet fait partie des quatre qui *« pourrissent l'ambiance et le climat de l'établissement* » ! Merci, cher Frère de vous occuper de tout ! Les yeux fermés devant un point si capital qui noyaute et « pourrit » toutes les instances !

« *Je te téléphonerai cet après-midi* », m'écrit-il dans son courriel du 15 décembre, ce qu'il n'a jamais fait.

Coût : 5 300 € changement des serrures et clés « sécurisées ». Cette dépense a été très normalement actée au Conseil d'Administration de l'OGEC du 15 décembre.

Au sujet de ce changement de clés, j'ai tenu bon car qui peut imaginer que dans toute entreprise, toute institution ou tout commerce tout un chacun peut y entrer comme dans un moulin[1] ? L'anecdote citée ci-dessous pose la question des « sous-marins » qui étaient possesseurs inappropriés de clefs… Pour faire quoi ? Pour qui ? En vue de quoi ? Bien entendu en catimini.

Episode de la neige

Décembre. On est en hiver, la neige est tombée, abondamment. Le personnel de service est fortement sollicité pour assurer le déneigement et créer des cheminements piétons dans l'immense cour de Valbenoîte, si possible tôt le matin avant l'arrivée des élèves et des professeurs.

Une fois encore, un parent, Trésorier du Bureau de l'OGEC, le Président de l'APEL et un autre parent de l'APEL alertent par courriel le Frère Délégué à la Tutelle, sans bien-sûr en parler au Chef d'Etablissement qui pourtant est présent tous les jours du lundi au samedi – six jours sur sept ! - dès 7h30 le matin ! Qui est en possibilité de faire intervenir des personnels d'entretien… mais dont les attributions sont court-circuitées par des personnes non-autorisées qui envahissent les lieux et qui s'attribuent le pouvoir !

---

[1] Anecdote : un document original a été oublié sur le photocopieur de la salle des professeurs durant des vacances scolaires, appartenant à un enseignant qui avait pris sa retraite deux ans auparavant…

Le Président des Parents d'Elèves écrit : « *Je me suis rendu dans la cour de l'école ce matin [vendredi 12 décembre] afin d'identifier le niveau de sécurité de la cour. Un passage a été aménagé, permettant de rejoindre l'entrée de l'Abbaye jusqu'au préau (à gauche) ou de rejoindre les casiers. Un passage permet également de chaque côté de la cour de joindre d'ouest en est, l'entrée avenue de Rochetaillée à la place de l'Abbaye* ».

Le parent d'élève Tésorier de l'OGEC de s'en mêler aussi : « *Je suis très inquiet des conditions actuelles d'accueil des élèves depuis ce mercredi 10/12/2008 au matin. En effet la cour n'a jamais été dégagée ni partiellement ni même un passage. (...) Les conditions de sécurité, n'étant pas respectées, la responsabilité de l'établissement est engagée. Je souhaite vivement que les personnes ayant autorité sur la direction générale s'assurent qu'il n'y ait plus de danger lundi matin. De fortes chutes sont prévues pour dimanche. Dans le cas contraire, l'école devra être fermée, et les élèves prévenus de rester chez eux.* » (Extrait de son courriel daté du 13 décembre)

Tous ces écrits que j'ai découverts bien plus tard démontrent combien ces quelques personnes dites responsables ont pris le pouvoir en catimini et se sont arrogées auprès de la Tutelle une forme de légitimé de gouvernance. Cela s'appelle un « putsh ».

Ainsi donc le Frère Délégué à la Tutelle n'a-t-il pas été en capacité de déceler ni la perversion ni la manipulation que soustendent ces écrits et les intrusions dans le fonctionnement de l'établissement et dans ses locaux de la part de quelques personnes. Lui-même est tombé sous influence, sous emprise.

La neige encore : deuxième épisode

Jeudi matin 11 décembre 2008, en fin de nuit et en tout début de journée, une violente tempête de neige s'abat sur la région stéphanoise. De nombreux personnels et les élèves habitant hors de Saint-Etienne sont bloqués sur les routes ou autoroutes, en raison des congères de neige et des arbres tombés sur la chaussée. Moi-même, parti très tôt de mon domicile, je suis bloqué sur l'autoroute avant Terrenoire, je n'arrive finalement que vers neuf heures trente à mon bureau. Très peu d'élèves étaient présents, très peu d'enseignants aussi. Les adultes présents ont pris en charge, en toute responsabilité, le peu d'élèves arrivés dans l'établissement.

De mon côté, j'ai tout de suite appelé l'Inspection Académique pour m'informer des éventuelles mesures prises ou à prendre pour la suite.

Et, ô surprise, en ouvrant ma messagerie, je découvre un courriel de Monsieur le Président de l'OGEC me demandant par retour de courriel le nombre d'élèves préinscrits en septembre qui ne se sont pas présentés à la rentrée, obsédé qu'il était de la baisse des effectifs !

J'aurais apprécié qu'il m'appelle pour me demander des nouvelles de la situation, et, éventuellement venir en soutien, n'habitant pas très loin de l'établissement, là, il aurait été utile.

Le Frère Délégué à la Tutelle, alerté une fois encore, écrit dans son courriel du 15 décembre : *« Les absences mal perçues des personnels ou éducateurs jeudi dernier ».* Qu'en sait-il vraiment depuis Lyon où il réside ?

On ne peut pas dire qu'il avait un quelconque sens de la réalité.

Encore un événement à charge contre le directeur

Une mesure de « travail d'intérêt collectif [1] » a été prononcée contre trois élèves d'une classe de Première, comme sanction à la suite de leur comportement odieux en classe à l'égard d'une professeure expérimentée de SVT jusqu'à la pousser aux larmes.

---

[1] Ce type de sanction est inscrit dans les textes du Ministère de l'Education Nationale : Circulaire n°97.085 du Bulletin Officiel du 27 mars 1997

Il leur a été demandé de participer au déneigement dans la cour de l'Ecole de Notre Dame du Rond-Point, encadrés par Monsieur J.-L. V., responsable des travaux et de la sécurité. Le déplacement depuis le Lycée jusqu'au Rond-Point s'est effectué dans la fourgonnette conduite par le responsable des travaux et de la sécurité.

Le lendemain, les parents de l'un des élèves a adressé un courrier à Monsieur le président de l'OGEC et au Frère Délégué à la Tutelle pour se plaindre en joignant « *une lettre du médecin à la suite d'une indisposition* » du jeune.

A la suite de cela, j'ai sollicité les parents de cet élève pour une rencontre, ce qu'ils ont refusé. Les parents des deux autres élèves ont répondu à ma sollicitation et ont tout à fait accepté que leur jeune ait été sanctionné.

Cet événement-là a tout particulièrement été utilisé par Monsieur le Président de l'OGEC pour invoquer une faute du directeur. Au conseil d'administration du 15 décembre « *Le président considère que dans ces cas-là, le directeur se doit de délivrer un avertissement à ce personnel pour la faute commise et rappeler les bonnes règles* ». (Extrait du compte-rendu approuvé de cette réunion). J'ai bien tenté de demander qu'on relativise car ce genre de déplacements a déjà été utilisé de nombreuses fois, notamment aux vacances, lorsque des étudiants ont été embauchés pour des déménagements de mobilier. Aucune discussion n'a été possible, on m'a répondu que si je n'obtempérais pas, « *vous allez voir ce que vous allez voir !* ».

Je n'ai donc pas eu le choix.

Je me suis résolu à rédiger cette lettre d'avertissement à l'encontre de ce très proche collaborateur que je lui ai remise en main propre en présence des deux directrices des Ecoles et du Responsable administratif.

Même Monsieur le Directeur Diocésain de l'Enseignement Catholique s'est mis de la partie. Il m'a appelé au téléphone au sujet de cet événement sur un ton réprobateur, mais je lui ai signifié qu'il n'avait aucune légitimité pour intervenir dans la vie de notre établissement et que je n'avais pas de leçon d'autorité et de responsabilité en matière de sécurité à recevoir de sa part.

Chacun peut imaginer l'ambiance au niveau des personnels lorsqu'ils ont appris que j'avais adressé un avertissement à Monsieur J.-L. V. Cela n'a tout simplement fait qu'amplifier la confusion dans les relations et que jeter un profond trouble dans l'esprit des membres du Comité d'Entreprise. Ils avaient du mal à comprendre le pourquoi de ces relations plus que bizarres entre l'OGEC et la direction.

Tout a été fait pour qu'un maximum de personnes se retournent contre le directeur.

Le Frère Délégué à la Tutelle venait de recevoir le courriel du président de l'OGEC demandant une nouvelle fois et avec encore plus d'insistance que jamais, que je sois démis de mes fonctions avant le 1er janvier. Voilà qui explique la demande urgente du Frère Délégué à la Tutelle d'« *une rencontre entre toutes les parties pour mettre carte sur table* » dans son courriel qu'il termine par ces propos :
« *Cela fait beaucoup... Et même trop...*
Il y a vraiment des risques d'explosion ... et si explosion, je ne donne pas cher de la peau de l'ensemble scolaire pour l'an prochain ».

Il n'y a pas eu de rencontre, personne n'ayant compris son urgence et son intérêt.

Voilà autant de faits qui ont habilement été utilisés pour discréditer le directeur aux yeux de la Tutelle et justifier la demande de destitution sans plus attendre. Ce qui n'a fait qu'envenimer davantage le climat de des derniers jours avant les fêtes de Noël et du Nouvel An.

Chapitre 4

Ecarté par la Tutelle Mariste
et par les instances de l'Enseignement Catholique

Mon témoignage sur tous les événements qui ont marqué cette dernière année dans l'institution apporte les éclairages souhaités par celles et ceux qui se sont demandé ce qu'il a bien pu se passer pour que le directeur soit licencié et mis à pied sur le champ avec autant de brutalité au motif d'une « *faute grave* », tout en se demandant quelle faute grave ?

Au soir de ce 19 mai 2009, je me retrouve comme plongé dans le néant, mais avec le recul du temps qui m'a donné de pouvoir relire les événements surtout à l'appui des documents recueillis, je constate que sous les coups de boutoir incessants de Monsieur le Président de l'OGEC, sous l'effet de ses manipulations perverses et de son probable besoin de pouvoir, j'ai été abandonné par les instances et les autorités de l'Enseignement Catholique local et, en tout premier, par la Tutelle Mariste.

Dans la lettre du Président de l'OGEC à la Tutelle du 17 octobre précédent (2008), évoquée plus haut, il affirme déjà, pour légitimer sa demande de retrait de l'agrément au directeur : « *Je note qu'il y a une collaboration totale entre la Tutelle, la DDEC, l'APEL et l'OGEC pour redresser la situation* ».

J'ose affirmer que dans ce climat de confusion et de trouble entretenu, les responsables ont fini par perdre la raison et l'objectivité en me mettant de côté, ce qu'on appelle « une mise au placard ». Hélas pour eux, j'étais tous les jours présent sur tous les terrains de ma responsabilité, du coup je suis devenu gênant, il leur fallait donc trouver les moyens pour m'éliminer.

Ils ont beaucoup communiqué entre eux, vu tous les courriels et courriers échangés, bien-sûr pour me metttre en cause, sans que j'en aie connaissance. Ce qui est également notable, c'est le cercle très restreint des destinataires des courriels et courriers échangés, parcimonieusement ciblés : Monsieur le Président de l'OGEC, Monsieur le Trésorier de l'OGEC, Monsieur le Secrétaire de l'OGEC, le Frère Délégué à la Tutelle, Monsieur le Président de l'APEL, Mgr l'Evêque, le Directeur Diocésain de Saint-Etienne, Monsieur le président de l'UDOGEC.

Cela confirme bien les intentions profondes de Monsieur le Président de l'OGEC dans sa lettre à la Tutelle du 17 octobre : « *La reprise temporaire en main de l'établissement* ».

Ainsi la fonction de direction m'a-t-elle de fait été confisquée. La lettre de mission reçue à ma prise de fonction est par conséquent devenue caduque par décision unilatérale de leur part.

Auraient-ils eu l'idée de me contacter et d'évoquer en dialoguant avec moi ce qu'ils considéraient comme problèmes très graves ? Pas du tout, puisque j'ai été mis hors-jeu.

Seul le Frère Délégué à la Tutelle Mariste établissait encore des contacts avec moi, mais juste pour me dire qu'il a reçu des plaintes[1] et pour me faire comprendre, d'abord à demi-mots, plus tard explicitement, qu'il fallait que je parte.

Quelqu'un de sensé penserait que si l'Institution était si gravement en danger, l'attitude la plus appropriée n'aurait-elle pas été que tous se réunissent en associant le directeur, analysent

---

[1] Cela pouvait concerner un sujet lié à la vie quotidienne de l'établissement comme par exemple la restauration : une mère d'élèves mécontente des tarifs écrit au Directeur diocésain. Mais au lieu de me faire suivre le courrier pour que je puisse porter la plainte devant la commission de restauration qui se réunissait tous les mois en ma présence, il l'a adressé au Frère Délégué à la Tutelle ! Un autre parent s'est plaint d'un problème qui, à l'occasion d'un séjour linguistique en Angleterre s'est posé dans la famille d'accueil. Ce problème avait pourtant été évoqué dans mon bureau avec les parents, en présence de la professeure d'Anglais responsable du séjour.

ensemble dans un dialogue démocratique la situation et réfléchissent à la recherche des chemins de résolution des difficultés ? Hélas, au lieu de cela, tous ont tiré à boulet rouge sur le responsable que j'étais, le bouc émissaire tout trouvé, qualifié de chef d'établissement totalement incompétent ! Une expression d'origine proverbiale du XIIIème siècle ne dit-elle pas « *Qui veut noyer son chien l'accuse de la rage*[1] » ?

Le Frère Délégué à la Tutelle mariste ne m'a-t-il pas désigné explicitement comme responsable de la situation en écrivant dans ses « *notes personnelles* » - notes que j'ignorais alors - suite à des rencontres que j'ai eues avec lui : « *En clair, je redisais (...) qu'il (M. Obringer) ne pouvait pas assurer le renouvellement dans l'état actuel et qu'un changement de direction générale s'imposait* » (Extrait de sa lettre du 17 mars 2009) ?

Dans ses « *notes personnelles*[2] » après m'avoir rencontré le 10 avril 2009, ce même Délégué à la Tutelle à qui j'ai fait savoir que si je n'avais pas de nouveau poste de direction à la prochaine rentrée je refuserais de partir de moi-même, il écrit encore :

« *Réponse de la Tutelle :*
- Il est acquis qu'il est bon qu'il parte pour son bien à lui, et pour l'avenir serein de l'établissement (...)

---

[1] Proverbe qu'on retrouve dans la pièce de Molière « *Les femmes savantes* ».

[2] A la suite de ma rencontre avec le Frère délégué à la Tutelle, celui-ci a rédigé un compte-rendu qu'il a appelé « *notes personnelles* » et qu'il a diffusées sans que j'aie pu en connaître à l'avance le contenu et le valider avec lui. Méthode très étonnante. Notes personnelles dont j'ai eu communication seulement pour l'audience du Bureau du Jugement du Conseil des Prud'hommes de St Etienne dans les conclusions de Maître J.-P. C., avocat de la défense de l'OGEC de Valbenoîte.

- *Qu'il doit accepter la ou les propositions même si non pertinentes à son égard.*
- *Qu'en cas contraire, la Tutelle s'obligera à prendre acte et à engager le retrait d'agrément.*
- *Décision finale à partir du 4 mai lors du Conseil de Tutelle ».*

La relecture de cet écrit fait monter en moi un immense sentiment de dégoût et de colère !

Quel irrespect, quel mépris de la personne, quel non-respect des règles morales et humaines dans une instituion prônant les valeurs maristes ! Et quel non-respect de la procédure officielle pour congédier un directeur…

Ce temps de « mise au placard » correspond aux prémices de l'annonce qu'il n'y a pas d'autre issue que la mise à la porte.

C'est donc bien lui, le Frère Délégué à la Tutelle, complice du Président d'OGEC sous l'emprise duquel il se trouve, qui avait scellé mon sort dès ce 10 avril, m'apportant la confirmation que mon entetien à venir avec le Conseil de Tutelle le 4 mai n'était qu'une mascarade. Un faux semblant de démocratie, de respect mensonger de la procédure normée.

Portrait de groupe des responsables de la Tutelle Mariste et de l'Enseignement Catholique local

Chacune des instances de l'Enseignement Catholique local porte une part de responsabilité dans les turbulences qu'a traversées le Groupe Scolaire et qui ont abouti à mon licenciement : la Tutelle des Frères Maristes, l'Organisme de Gestion de l'établissement, l'APEL – Association des Parents d'Elèves, la Direction Diocésaine et l'Evêché.

Les responsables de ces instances ont tous en commun d'avoir agi à mon insu et de ne s'être jamais intéressés à ma personne entièrement engagée dans les tâches de sa fonction de chef d'établissement, de ne m'avoir jamais contacté pour prendre de mes nouvelles, pour me demander comment j'allais.

1. La Tutelle des Frères Maristes

Après l'évocation du rôle joué par le Frère Délégué à la Tutelle mariste, la responsabilité de la Tutelle dans mon éviction apparaît pleinement et suscite en moi un très profond sentiment d'avoir été trahi et bafoué. La Tutelle a agi à l'inverse de l'engagement qu'elle avait pris dans la lettre de mission, à savoir assurer l'accompagnement du chef d'établissement. C'est un coup de poignard dans le dos, et que signifie le mot « accompagnement » ainsi galvaudé pour la dite Tutelle ?

A cet endroit, il me paraît utile d'éclairer le lecteur qui ne connaît pas les structures de l'Enseignement Privé Catholique sous contrat d'Association, sur le rôle de la Tutelle.

1.1 La Tutelle dans l'Enseignement Catholique ?

Un établissement Privé Catholique d'Enseignement sous contrat d'Association avec l'Education Nationale est placé sous la responsabilité de l'Evêque du Diocèse qui, dans le cas d'un établissement autrefois fondé par une congrégation religieuse enseignante, délègue sa responsabilité au Supérieur Majeur de la congrégation (appelé le Provincial). Le chef d'établissement, homme ou femme, est nommé(e) par l'Evêque pour un établissement diocésain et par le (la) Supérieur(e) Majeur(e) pour une institution congréganiste.

Il me paraît opportun de redire que j'ai été nommé et que j'ai reçu l'agrément comme Chef d'Etablissement par le Provincial des Frères Maristes pour le Lycée d'Enseignement Général ND de Valbenoîte-Le Rond Point en 1992, et, en 2003, pour la Direction Générale du Groupe Scolaire ND de Valbenoîte, recevant à chaque fois une lettre de mission.

Cet agrément est complété par la Déclaration d'ouverture de l'Etablissement effectuée de manière nominale par le Chef d'Etablissement à la Préfecture et par le Certificat académique accordé par le Rectorat au Chef d'Etablissement, qui porte sur l'enseignement placé sous l'autorité du Ministère de l'Education Nationale en vertu du Contrat d'Association. En conséquence, le Chef d'Etablissement a autorité sur les personnels enseignants contractuels, « *agents de service public* » et se voit chargé de l'organisation des emplois des maîtres et des programmes d'enseignement, conformément aux obligations nationales définies par le Ministère et s'appliquant à tout établissement public ou privé sous Contrat d'Association.

La lettre de mission datée du 1er septembre 2003 signée par la Tutelle et par l'OGEC m'est remise en main propre par le Frère Provincial représentant la Tutelle Mariste au cours d'un échange cordial, voire amical, qui m'a permis de prendre toute la mesure de la mission qui m'était confiée. Il était alors en responsabilité dans la Province Mariste[1] locale. Je connaissais bien ce religieux qui avait exercé plusieurs années durant dans mon Lycée, à mi-temps, comme documentaliste contractuel et comme Responsable de la Pastorale du Lycée et Coordonateur de la Pastorale dans l'ensemble du Groupe Scolaire, également à mi-temps.

---

[1] La Congrégation religieuse des Frères maristes à vocation enseignante est organisée administrativement en « Provinces ». Une Province est déterminée par un territoire géographique sur lequel sont implantées des communautés religieuses qui s'organisent dans un regroupement permettant une plus grande concertation pastorale entre elles et le développement des œuvres créées par celles-ci, en référence à l'inspiration du Fondateur exprimée dans le projet initié par lui. A la tête de chaque Province un Supérieur élu et nommé selon les règles spécifiques à la congrégation, appelé le « Frère Provincial ». La Province exerce un « service de tutelle » sur les établissements catholiques fondés par la congrégation afin que le projet éducatif porte la coloration spécifique et s'inspire de l'esprit mariste.

Jusqu'à cette période, depuis mon entrée dans le Groupe Solaire onze ans auparavant, la « présence » mariste à travers la Tutelle était assurée et nourrissante, bien enracinée dans l'esprit des Orientations de l'Enseignement Catholique National et explicitement référée au Statut du Chef d'Etablissement du Second Degré qui précise dans son préambule (article 1) que la fonction de Chef d'Etablissement « *est inséparablement pastorale, éducative, pédagogique, matérielle et administrative* ».

1.2 Projet éducatif porté par l'esprit mariste

L'esprit « mariste » était concrètement présent chez les personnels enseignants et non-enseignants, certains exerçant leur fonction enseignante et/ou éducative en s'inspirant fortement de l'esprit insufflé par le projet fondateur. Nous avions la chance d'être proches du siège de la Province situé à ND de l'Hermitage à Saint-Chamond. Aussi, chaque année, nombreux étaient celles et ceux qui participaient aux actions et animations pédagogiques, éducatives et pastorales proposées à ND de l'Hermitage. Les deux journées annuelles dites « de Tutelle » regroupaient chaque mois de novembre près d'une centaine ou plus de personnes oeuvrant dans tous les établissements maristes de la Province implantés à Marseille, Aubenas, Toulouse, Chazelles-sur-Lyon, Issenheim en Alsace, Bourg-de-Péage, Lagny-sur Marne, etc.

Il existait une vraie dynamique mobilisatrice comprenant même des formations « maristes » destinées à tout membre de l'une des communautés éducatives pour connaître et/ou approfondir le projet fondateur mariste.

C'était principalement sous l'impulsion de Frère Maurice Bergeret, une personnalité exceptionnelle qui, plusieurs années durant était animateur pédagogique rattaché au Secrétariat Général National de l'Enseignement Catholique à Paris.

Il nous a fait croiser le chemin de plusieurs figures pédagogiques ou haut-responsables de l'Enseignement Catholique National comme Madame Christiane Durand, Monsieur Yves Mariani, le Père Jean Marie Petitclerc salésien de Don Bosco, Monsieur Paul Malartre[1] et[2].
Je peux encore ajouter Monsieur Gérard Wiel[3], philosophe et professeur à l'IUFM de Lyon.

Il existait aussi des formations pédagogiques, des temps d'échange de pratiques professionnelles pour les éducateurs ou pour les personnels administratifs et de service ainsi qu'une rencontre annuelle des chefs d'établissements.

Et je n'oublie pas les nombreuses rencontres organisées à ND de l'Hermitage par les animateurs/-trices en Pastorale pour des Temps forts et des journées préparatoires à la Fête de la Foi des jeunes. Une catéchèse enracinée au cœur des terres natales de Saint-Marcellin Champagnat, Fondateur de la Congrégation des Frères Maristes né à Marlhes dans la Loire.

---

[1] Monsieur Paul Malartre a démarré sa carrière de professeur de Français à ND de Valbenoîte, puis il a exercé comme Chef d'Etablissement à Saint-Etienne avant de devenir Directeur de l'Enseignement Catholique du Diocèse de Saint-Etienne. Enfin, il sera nommé par le Conseil de l'Episcopat de France à la fonction de Secrétaire Général National de l'Enseignement Catholique à Paris.

[2] A la Journée du Réseau Mariste du 9 novembre 2002 qui s'est déroulée à ND de l'Hermitage à St Chamond il a fait une intervention sur le thème : « Place, richesses et spécificités des Congrégations dans l'Enseignement Catholique ».

[3] M. Gérard Wiel a été membre de l'Association pour le développement de l'accompagnement des adolescents et des jeunes (ADAJ). Il a publié en collaboration, plusieurs ouvrages à la Chronique Sociale de Lyon : *Sortir du mal-être scolaire, Accompagner l'adolescence, Faire de la classe un lieu de vie, Construire des stratégies de nouveau départ, Penser et pratiquer l'accompagnement, Pratiquer l'humanité, Pratiquer le groupe d'accompagnement.*

J'ai, quant à moi, régulièrement participé aux réunions de la Commission Pédagogique et aux rencontres des Chefs d'Etablissements. C'est dans ce cadre que j'ai apporté ma contribution à l'élaboration du TREM - Texte de Référence de l'Educateur Mariste – que j'ai déjà eu l'occasion d'évoquer.

J'ai même eu l'honneur d'être invité en avril 2002 à participer au Chapître Provincial en tant que représentant laïc. Un des deux thèmes portait justement sur le Service de la Tutelle et son évolution dans un contexte complètement nouveau quant à la présence des Frères Maristes sur le terrain dans les établissements scolaires, notamment en raison du retrait progressif des communautés religieuses maristes implantées depuis leur origine dans les locaux des établissements scolaires maristes.

A Valbenoîte, la communauté des Frères Maristes s'est retirée à l'été 2002. Jusqu'à cette date il existait une forte implication des Frères dans la vie de l'établissement et aussi au SCO – Service Complémentaire d'Orientation - créé par les Frères Maristes, qui jouxtait l'établissement et était dirigé par un Frère Mariste, ancien directeur général du Groupe Scolaire.

1.3 Le Service de la Tutelle Mariste s'est hélas évanoui

L'implication dans la vie du réseau des établissements de la Tutelle Mariste a disparu au début des années deux-mille. Ainsi apparaît-il que « la présence mariste » dans les établissements relevant de la Tutelle Mariste serait à réinventer. A cette période-là s'ouvre la réflexion sur l'appartenance des établissements au Réseau Mariste, une *« appartenance qui engage et qui ne soit pas uniquement subie »*.

Dans les années 2002-2003, les Frères Maristes étaient pleinement engagés dans un questionnement sur les nouvelles manières, entièrement à inventer, pour l'exercice du Service de la Tutelle en direction des établissements scolaires.

En même temps, la congrégation, localement, est en pleine évolution, voire en effervescence, car elle s'est engagée dans une nouvelle organisation des Provinces[1] : « *A la fin de juillet 2002 s'est vécue à Francheville (Lyon) la première assemblée de la future Province Mariste. Deux-cents Frères présents et quelques laïcs invités. La réorganisation mariste pour l'Europe poursuit son chemin, et dès juillet 2003, il y aura donc une seule Province Mariste France-Catalogne. Les dernières rencontres de Chefs d'établissements ont voulu vous sensibiliser sur l'avenir de la Tutelle et son animation dans ce nouveau contexte* ».

Dans la Lettre – Infos du 27 août 2002 on lit dans la conclusion : « *En juillet 2003, il y aura le Chapître Provincial Spécial de la nouvelle Province Mariste qui s'appellera PROVINCE DE L'HERMITAGE et qui réunira les deux Provinces de France et la Province de Catalogne* ».

C'est donc dans ce contexte de mutation non seulement de notre établissement engagé dans une douloureuse restructuration mais aussi des profonds changements qui ont affecté la Tutelle des Frères Maristes que je reçois ma lettre de mission.

Dans ce document, le Frère représentant l'autorité de Tutelle a inscrit ceci[2] : « *Je précise que les Frères et Laïcs, chargés de l'animation du Réseau, et moi-même, nous restons entièrement à votre disposition, pour vous assurer « les orientations générales, le soutien et l'accompagnement auquel vous avez droit et faire avec vous les évaluations nécessaires » prévues par l'article 1.2 du statut du chef d'établissement du 2nd degré* ». Il est question « *d'un partenariat actif* », d'une « *mission partagée* ». Est explicitement abordé le sujet d' « *un contrat d'adhésion au Projet Mariste pour chaque établissement. Cela*

---

[1] Extrait de la Lettre – Infos 8 du 27 août 2002 rédigée par le Frère Provincial

[2] Extrait de la Lettre Infos – 7 du 6 juin 2002 rédigée par le Frère Provincial

permet de rappeler aujourd'hui l'importance de la Lettre de mission du Chef d'Etablissement ».

Et le mot « accompagnement » prend alors tout son sens et toute son importance car pas encore galvaudé !

Je prends mes fonctions de Directeur Général du Groupe Scolaire en septembre 2003.

A la réception de la lettre de mission, c'est la seule et dernière fois que j'ai eu un temps d'échange authentique, simple et sincère avec le Frère Provincial représentant de l'Autorité de Tutelle, car ensuite les représentants religieux de la Tutelle étaient bien trop accaparés par leurs propres préoccupations.

Cette période est pour moi éprouvante : déménagement du Lycée, prise de fonction de la direction générale avec un personnel réduit en raison du plan de licenciement, nouvelle organisation du travail pour les personnels, une équipe pédagogique éprouvée elle aussi par ces changements, obligation pour tous de trouver leurs marques au niveau des locaux, du matériel pédagogique, nouvelle population scolaire sur le site avec l'arrivée des Lycéennes et des Lycéens, etc. Et, en même temps, le responsable administratif, un de mes plus proches collaborateurs, a été en congé de maladie pendant plusieurs mois.

Période éprouvante aussi au plan personnel, mes deux parents qui vivaient à l'autre bout de la France étant décédés à deux mois d'intervalle entre décembre 2003 et février 2004.

Avec le recul des années, je réalise que je n'ai pas reçu de visite d'un quelconque représentant de la Tutelle ni même d'appel téléphonique ou de courriel pour prendre des nouvelles.

A partir de là, la Tutelle est absente. Les contacts sont épisodiques, jamais avec le même représentant. La dernière journée annuelle du Réseau de la Tutelle mariste a eu lieu en novembre 2007.

Une visite de Tutelle triennale a bien lieu en avril 2005, qui s'est déroulée dans une atsmosphère bienveillante et fraternelle. Les visiteurs nous ont fait part des points d'inquiétude, en particulier celui de la baisse des effectifs scolaires, dont nous avions pleinement conscience, mais ils ont aussi perçu les aspects positifs, mettant en relief l'image positive de l'institution dans le Diocèse et auprès des parents d'élèves, la rénovation des bâtiments, les innovations pédagogiques, fruits d'un travail énorme mené au quotidien par tous les personnels.

Cette même année la Tutelle m'a sollicité pour que j'accepte la mise à disposition par le Groupe Scolaire de Madame M.B., Coordinatrice de la Pastorale pour devenir membre du Conseil de Tutelle. Elle a effectivement accepté et bien volontiers exercé ce mandat. Etonnamment, en septembre 2008 il lui a été signifié de ne plus participer à cette instance, sans explication aucune. Etonnant, n'est-ce pas ? Une mise en retrait bien mystérieuse, sa présence devenait-elle gênante ? Elle a eu le droit d'accompagner mais pas d'être accompagnée dans cette mise à l'écart. Cela correspond - coïncidence ? - à la période à partir de laquelle Monsieur le Président de l'OGEC de Valbenoîte a commencé d'envoyer à la Tutelle des demandes pressantes pour que me soit retiré l'agrément. Faut-il penser que la présence de cette personne nuisait à la discrétion nécessaire aux débats au Conseil de Tutelle ?

Tous les établissements du réseau de la Tutelle Mariste reçoivent un courrier de l'Autorité de tutelle, les informant de la nouvelle politique concernant l'exercice du Service de la Tutelle, précisant le nom de ceux qui allaient quitter le Réseau, notre établissement étant classé dans la catégorie de ceux pour qui il y aurait un sursis à statuer. A cette période j'ai eu l'occasion de croiser Mgr l'Evêque au pot de départ du Directeur diocésain qui venait de prendre sa retraite, qui m'a dit « *Quand le Frère est venu m'annoncer cela et que j'ai entendu le nom de certains établissements qui allaient quitter la Tutelle Mariste, j'en suis tombé sur le c... !* » N'était-il pas jusque-là écarté lui aussi des débats de la Tutelle ?

Quant à l'accompagnement du Chef d'Etablissement par la Tutelle, il n'y en a pas eu depuis 2003. Il n'y en a pas eu davantage même lorsqu'a été nommé un autre Frère comme Délégué à la Tutelle en 2007. Certes, il a commencé véritablement d'intervenir pour notre établissement en 2008, mais dans une posture qui n'était pas celle de l'accompagnement.

L'accompagnement du Chef d'Etablissement est un sujet absolument central dont la portée n'a pas été mesurée par le Frère nouvellement nommé Délégué à la Tutelle. Je développerai ultérieurement mes réflexions sur ce concept.

1.4 Interrogations sur la mission du Frère Délégué à la Tutelle ?

Question que je me suis posée : comment ce religieux avait-il été préparé et formé à l'exercice de la fonction de Délégué à la Tutelle ? Lui-même a-t-il été accompagné pour être nommé dans ce rôle qu'il ne connaissait pas ?

Nous nous connaissions depuis les années 1975 lorsque je suis arrivé dans la région lyonnaise et que j'ai pris un poste d'enseignant à St Thomas d'Aquin à Oullins, lui était étudiant, nous logions dans le même foyer mariste où nous étions organisés à la manière d'une communauté mariste. Dans les années suivantes il est devenu Frère Mariste dans la Province dont le siège était à St Genis-Laval et a exercé comme professeur dans un Lycée des Monts du Lyonnais qui avait longtemps été sous Tutelle Mariste avant d'être dévolu au Diocèse de Lyon. Dans les années soixante – dix, la Province Mariste de St Genis – Laval avait décidé de faire une dévolution de la Tutelle aux Diocèses locaux pour l'ensemble de ses établissements sauf un, celui d'Isenheim, en Alsace, en raison du refus du Diocèse local.

Je m'autorise à dire que ce Frère devenu Délégué à la Tutelle n'avait pas la culture de la Tutelle Mariste pour un établissement. Tout comme le Frère devenu Vicaire-Provincial à partir de 2003, dans la nouvelle Province de l'Hermitage, qui était le signataire de la lettre de mon retrait d'agrément. Ce dernier ne m'a jamais contacté, ni par téléphone ni par courrier. Jamais aucune demande de nouvelles, absence et silence total. Même lorsque nous avons voyagé ensemble en avion à destination de Barcelone pour une rencontre de directeurs/trices. Je l'ai juste rencontré à la réunion avec le Conseil de Tutelle du 4 mai 2009 suite à laquelle il m'a été retiré mon agrément – il était le signataire de la lettre - , réunion où il a été très avare de paroles. Une présence à peine « figurative » lorqu'en 2003 il est devenu Vicaire de la nouvelle Province de l'Hermitage…

Le lien avec la Tutelle était devenu administratif, très éloigné des liens « fraternels », sans aucun souci « professionnel », sans la présence constructive qui aurait dû constituer le socle de la relation d'accompagnement chez des maristes. La Tutelle s'est installée dans une posture de contrôle. Le Président de l'OGEC n'avait-il pas écrit qu'il « *fallait une reprise en main* » ?

Lors d'une réunion plénière du Groupe Scolaire, une professeur de Mathématiques du Collège, présente depuis de nombreuses années, attachée à l'esprit mariste, ce devait être le 12 juin 2007, a déploré avec tristesse : « *J'en veux à la Tutelle Mariste, car elle nous a complètement abandonnés* »

Certes, le nouveau Délégué à la Tutelle, à partir de 2008, a régulièrement participé à des réunions du Groupe Scolaire. Il prenait la parole, donnant un avis sans beaucoup de nuances, à la suite de quoi il a presque toujours produit des écrits qui n'étaient en rien un compte-rendu de réunion. C'étaient des courriers ou des courriels avec des recommandations, voire des injonctions. C'étaient des « *notes personnelles* ». J'y reviendrai un peu plus loin.

Il est vrai que celui-ci a consacré beaucoup de temps et d'énergie à notre institution, mais il a beaucoup « brassé » et « survolé », et, comme je l'ai déjà indiqué précédemment, il s'était placé dans une posture qui n'était pas celle attendue d'un Délégué à la Tutelle, surtout en cette période où le Groupe Scolaire était en souffrance. Il se comportait davantage en « inspecteur » peu professionnel, peu au fait de la réalité du quotidien dans la vie de l'Institution..

N'aurait-il pas plutôt dû consacrer son temps à l'écoute des responsables, les premiers engagés sur le terrain, les chefs d'établissements des deux Ecoles, celui du Collège et du Lycée. Il ne s'est pas situé dans une posture d'accompagnateur[1]. En ce qui me concerne, les rencontres et les contacts, bien qu'il y en eût un certain nombre, n'ont jamais été des moments où j'ai pu éprouver la satisfaction et le sentiment d'être « accompagné ». Ma première rencontre avec lui, à ma demande, début 2008, pour faire une évaluation de mes cinq années de direction générale, en référence à la lettre de mission, a été plutôt brève – « *je n'ai pas beaucoup de temps* », m'a-t-il dit - , superficielle et n'a permis ni un vrai échange, ni un partage en profondeur, ni une réflexion constructive... Pour moi c'était du « bavardage ».

Il n'a pas su prendre la mesure de toutes les dimensions de la mission des chefs d'établissement. Enfermé dans des certitudes rigides, il ne s'est interessé qu'aux questions économiques. Jamais un mot sur la dimension pédagogique, éducative ou

---

[1] « *C'est au niveau des attitudes de l'accompagnateur que se situe l'origine d'un très grand nombre de dérives. Manque d'accueil et non-disponibilité, « attitude de jugement », non-écoute, interprétation « sauvage » des comportements ou des paroles de la personne accompagnée* » ...
Extrait de « *L'accompagnement à tous les âges de la vie* », page 25, ouvrage issu du travail d'un groupe réunissant des membres de cinq organismes de formation : ADAJ, ARFOP, CNFETP, Chemin Ignatien, Chronique sociale Formation-recherche, Ed. Chronique Sociale – Juin 2011

pastorale qui sont à la base d'un établissement mariste d'enseignement : pourtant dans les deux Ecoles comme au Collège et au Lycée, les projets étaient nombreux et donnaient à l'enseignement et aux activités catéchétiques un relief et un dynamisme que personne ne peut contester. Pour s'en rendre compte, on peut se référer tout simplement à la Lettre périodique d'Informations aux Familles.

Dès mon entrée dans la fonction de directeur général, j'ai pris à cœur de réfléchir en Conseil de Direction du Groupe Scolaire et en Conseil Pastoral à marquer concrètement la « présence mariste » et l'appartenance du Groupe Scolaire au Réseau Mariste. Ainsi ai-je impulsé auprès de tous les personnels enseignants et non-enseignants, avec les jeunes de toutes les classes, la volonté de rendre l'appartenance visible, plus particulièrement le 8 décembre, Fête mariale par excellence de l'Immaculée Conception, et le 6 juin, Fête de Saint-Marcellin Champagnat. Les parents étaient invités à s'y joindre.

Le 8 décembre, proposition d'une célébration religieuse dans l'Eglise de Valbenoîte à chaque niveau, repas festif à tarif unique, après-midi avec des activités sportives ou culturelles diverses pour toutes et tous, et pour les parents intéressés, une rencontre d'échange sur « l'esprit mariste » insufflé par le Fondateur Marcellin Champagnant lui-même lorsqu'il installa la première communauté de Frères Maristes à ND de Valbenoîte en 1827.

Le 6 juin, faire de ce jour de la Saint-Marcellin Champagnat, principalement sous l'impulsion des animatrices et animateurs en Pastorale, une journée de la Fête de la Foi, en y associant là-aussi les parents qui le souhaitent, journée qui s'achève par une célébration eucharistique à l'Eglise de Valbenoîte. Autant d'évènements qui ont participé à combler les vides laissés par l'éloignement concret de la Tutelle dans le Groupe Scolaire, présence qui ne devenait plus qu'administrative…

Aussi, le 6 juin 2008, ai-je voulu donner une dimension exceptionnelle à cette journée par une invitation à Mgr l'Evêque du Diocèse arrivé l'été précédent, qui a présidé la célébration eucharistique de toute la communauté croyante du Groupe Scolaire. Invitation aussi à M. Paul Malartre qui, ayant pris sa retraite de Secrétaire Général National de l'Enseignement Catholique est revenu à Saint-Etienne, ses terres d'origine. Monsieur le Directeur diocésain, également invité, n'a hélas pu nous honorer de sa présence. Je n'oublie évidemment pas l'invitation faite au Frère Délégué à la Tutelle. Les parents responsables de l'OGEC et de l'APEL ont également reçu une invitation. A l'occasion du repas festif qui nous a tous réunis le soir, j'ai pu faire à Mgr l'Evêque une présentation détaillée du Groupe Scolaire ND de Valbenoîte-Le Rond-Point, son histoire, son évolution, et sa situation présente, ne cachant nullement les difficultés que traversait l'Institution.

Aucune évocation, à aucun moment, de la part de la Tutelle pour une reconnaissance de la valeur ajoutée « mariste » de ces moments voulus par moi dans l'exercice de ma mission pastorale.

Et, bien plus tard, comme j'ai pu l'écrire déjà, j'apprends à ma grande stupéfaction que c'est à la fin de ce mois de juin-là que Monsieur le Président de l'OGEC a sournoisement commencé de me prendre dans son viseur, qu'il a agi en direction du Frère Délégué à la Tutelle, faisant pression sur lui par des écrits répétés.

Celui-ci, dès sa prise de fonction, s'est laissé subjuguer par le chant des sirènes diffusé par ce Président de l'OGEC, le croyant sur parole, lorsque celui-ci affirme que je suis incompétent et que je ne fournis par le travail requis pour assurer la gestion de l'établissement. Il a aussi succombé au chant des sirènes provenant de quelques autres personnes « toxiques » parmi les parents d'élèves, mais aussi au sein des personnels qui avaient des « comptes à régler » avec le directeur. Il était toujours pressé, souvent en retard aux réunions, ne répondait pas au téléphone, ne rappelait pas, communiquait par courriels dans des messages abordant beaucoup de points avec des réflexions quelquefois inachevées, des sous-entendus, avec de nombreux points de suspensions.

Il est probablement déjà entré, dès le départ, dans l'idée qui lui a été soufflée, en tout cas dès le fameux conseil d'administration de l'OGEC de juillet 2009, que la Tutelle aurait à prévoir de se séparer du directeur comme l'a demandé Monsieur le Président de l'OGEC. Comme je l'ai déjà indiqué, c'est à cette période que je pressens que quelque-chose se trame à mon insu.

Pourquoi ?

Parce que le processus de séparation est mis en place et, pour pouvoir le finaliser, il fallait surtout ne pas omettre de réunir des « preuves écrites » si tant est qu'on puisse nommer cela des preuves !

1.5 Lancement du processus de retrait d'agrément au Directeur

La fin de la mission d'un chef d'établissement est régie par des règles : en particulier dans le cas d'une séparation en fin d'année scolaire voulue par la Tutelle ou l'OGEC, l'intéressé doit en être informé avant la date butoir du 31 mars. Cette échéance n'ayant pas été respectée à mon égard, ils n'avaient pas d'autre choix que de passer en force.

Application du protocole conforme aux règles

Les règles statutaires prévoient aussi une visite d'évaluation. Et c'est ce qui s'est passé début octobre : tout comme les rencontres du Délégué à la Tutelle avec le Chef d'établissement, avec des compte-rendus écrits, parfois sous la forme de « notes personnelles » dont je n'ai pas eu communication. Divers courriers, d'abord ordinaires, ensuite recommandés avec accusé de réception, lettre d'avertissement pour alourdir la charge, ce qui a été le cas, une letttre de mission spécifique « *impossible* » en raison du calendrier irréaliste et plus tard, pour boucler le processus, une rencontre avec le Conseil de Tutelle, qui a en effet eu lieu le 4 mai, pour le retrait d'agrément. Tout a été orchestré pour que le protocole officiel soit respecté.

Pour cela et pour une fois, le Frère Délégué à la Tutelle a été très présent et a effectivement accumulé les soi - disant preuves écrites dans une posture d'apparence amicale.

La visite d'évaluation, que j'appellerai « un audit » a été organisée dans la précipitation, je dirai « baclée » car le programme annoncé, tardivement d'ailleurs, n'a donné aucune précision sur sa raison d'être et sur ses objectifs, a subi plusieurs modifications de dernière minute et n'a finalement pas été respecté. L'information aux personnels a de ce fait été chaotique.

La composition du groupe des auditeurs m'a laissé interrogatif. Qu'avait donc à y faire mon ex-collègue cheffe d'établissement retraitée nommée adjointe chargée de mission auprès du Directeur Diocésain, ce dernier venant d'arriver de la région parisienne juste avant, en septembre 2008 ? Cette ex-collègue avait d'ailleurs été assez arrogante à mon égard au moment de ma rencontre avec les auditeurs. Au-delà de leur légitimité, le rapport de l'audit me concernant m'a confirmé dans la perception que j'avais, qu'aucun outil d'évaluation, aucune méthodologie, aucune liste élaborée de critères n'avait été préalablement établie et portée à la connaissance du Chef d'Etablissement. Cela met en évidence une forme d'improvisation et surtout permet d'expliquer pourquoi le rapport qui s'ensuivit était empreint d'une immense subjectivité, voire était orienté.

Peu de personnels ont mesuré l'importance de cet audit et un certain nombre n'ont pas jugé utile de répondre à l'invitation d'y participer. Plus tard, une professeure m'a explicitement avoué qu'elle regrettait de ne pas avoir fait l'effort d'y participer.

Evidemment certains se sont précipités pour rencontrer les auditeurs, tout comme Monsieur le Président de l'OGEC et quelques parents de l'APEL, ils n'ont pas manqué de souligner uniquement les insuffisances et de ne citer que des faits négatifs qu'ils se sont empressés de généraliser, voire d'amplifier. Et c'est tout normalement que le rapport d'audit fut totalement à charge contre le directeur. Les gens positifs et objectifs parmi les personnels étaient peu nombreux à venir échanger avec les auditeurs. Comme je l'ai déjà écrit, le rapport était truffé de fausses informations, d'erreurs, de contre-vérités et de mensonges.

Le déroulement et les suites de l'audit ont confirmé l'absence de cordialité, de volonté constructive et montré que le rouleau compresseur pour la mise à l'écart du directeur était déjà en marche.

J'ai contesté le contenu du rapport d'audit, point par point, dans un long courrier adressé à tous les auditeurs, aucun ne m'a répondu et je n'ai pas eu un seul contact à ce sujet, pas même de la part du Directeur Diocésain ni de chacun des membres du Conseil de Tutelle, à qui j'avais adressé cette lettre. Aussi, conformément au dicton « Qui ne dit rien consent », le contenu du rapport a été pris pour argent comptant et « *Qui veut noyer son chien l'accuse de la rage* » ! A regarder de près, il a constitué le socle qui a permis de fonder les reproches de ces personnes, reproches faits au directeur, reproches qui se sont ensuite accumulés au fil des semaines et des mois, que j'ai retrouvés plus tard dans le compte-rendu de délibération du Conseil de Tutelle du 4 mai sur le retrait de mon agrément

Tous les écrits du Frère Délégué à la Tutelle, très nombreux comme je l'ai indiqué, ont tous repris des éléments à charge issus de ce rapport « torchon » :

« Incapacité totale de manager.

Incapacité d'animer et de faire fonctionner les instances régissant l'institution.

Incapacité de communiquer avec les professeurs, avec les personnels, les élèves, les parents.

Absence auprès de tous ces gens-là.

Refus de voir ou de recevoir les parents.

Tâches administratives et comptables non exécutées.

Etc, etc. »

Pour revenir à la visite *dite d'évaluation* par la Tutelle, que moi j'appelle « audit », je peux ajouter qu'elle visait également le directeur – adjoint du Collège et du Lycée, Monsieur T.D., mon premier collaborateur avec qui je partageais la mise en œuvre du volet enseignement - toutes les activités pédagogiques et éducatives de la 6ème à la Terminale - c'est – à – dire ce qui fait le cœur de l'activité de l'établissement.

Le Frère Délégué à la Tutelle, peu après son entrée en fonction, dès 2008, s'en est pris à l'organigramme, faisant écho aux attaques de Monsieur le Président de l'OGEC. Tant au Conseil de Direction du Collège-Lycée qu'au Conseil de Direction du Groupe Scolaire, nous avions pleinement conscience que l'organisation en place ne pouvait pas être poursuivie pour des raisons économiques. Nous n'avons pas attendu la Tutelle pour prendre conscience de la nécessité d'apporter des changements pour ce motif !

Alors, pourquoi cette attaque en règle ?

Pourquoi la suppression sur décision unilatérale du Président de l'OGEC de la fonction de « Responsables de Secteur » pour la rentrée de septembre 2008 imposée mi-juillet ?

Pourquoi ce travail souterrain de sape « *déguisé en évaluation* » à charge contre la directeur et l'adjoint de direction ?

Et si on avait pris le temps de réfléchir ensemble aux évolutions à prévoir en tenant d'emblée compte de la très probable délocalisation du contrat de notre Lycée ? La décision à ce sujet a d'ailleurs été prise par le CODIEC peu de temps après, début mai 2009.

Que de tensions et de violence inutiles !

Le Frère Délégué à la Tutelle n'a pas cessé d'affirmer que les délégations du Directeur tant aux Responsables de Secteur qu'au Directeur-adjoint n'étaient pas définies, ce qui était faux, totalement faux ! Les attributions et délégations étaient très clairement définies dans les Règles de fonctionnement du Groupe Scolaire. Il laissait entendre que nous faisions n'importe quoi.

A cette période, j'ai dû mobiliser profondément mes compétences de gestionnaire des ressources humaines, m'appuyant sur les acquis engrangés lors des nombreuses journées de formation suivies au fil des années auprès de FORMIRIS, dont la Délégué régionale était Madame N. B.-E., une personnalité au charisme exceptionnel, qui avait fait de cet axe de formation la priorité régionale pendant plusieurs années.

Evidemment, l'absence d'écoute du vécu de l'institution dans les années récentes n'a pas permis au Frère Délégué à la Tutelle d'apprendre que l'organigramme avait été réfléchi en amont au cours de deux journées de formation, qui ont d'ailleurs eu lieu en 2006-2007 à ND de l'Hermitage, avec un consultant extérieur[1] spécialisé dans la gestion des ressources humaines et du management, le financement de cette action étant évidemment incrit dans le Plan de Formation du Groupe Scolaire soumis au Comité d'Entreprise, conformément aux lois régissant la formation continue et tout au long de la vie.

---

[1] Monsieur J-Jacques MONTLAHUC, de l'organisme CROIS-SENS de Lyon.

Pourquoi la modification en profondeur de l'organigramme de la direction du Collège et du Lycée à ce moment-là ?

Parce qu'il m'a fallu renouveler l'équipe toute entière : le Directeur-adjoint du Collège dont j'ai élargi la compétence au Lycée à mon arrivée en 2003, avait fait valoir ses droits à la retraite fin décembre 2005. La même année, les Responsables de Secteurs du Collège en place depuis de nombreuses années ont décidé de ne pas poursuivre, l'un d'eux ayant d'ailleurs demandé et obtenu sa mutation de professeur de Mathématqiues dans un Collège situé dans la commune de son domicile à une quarantaine de kilomètres de St Etienne. Je les ai remplacés par des professeurs expérimentés présents depuis longtemps dans le Collège. Quant au nouveau Directeur – adjoint, je l'ai engagé à partir de janvier 2006, Monsieur T.D., nouvellement formé comme Chef d'établissement, en provenance de Lyon.

Les deux journées de formation nous ont confortés dans la mise en place et dans la consolidation du nouvel organigramme : une Responsable des 6èmes pour l'accueil des élèves en Collège et une bonne articulation de la transition Ecole / Collège, un Responsable des 5èmes / 4èmes, le Cycle Central, pour l'approfondissement des apprentissages du Collège, le Directeur – Adjoint, chargé des deux années d'orientation, le 3èmes et les 2ndes, et une Responsable du Cycle Terminal des 1ères et T^{les}. Cela nous a donné du temps à réfléchir et à travailler à « faire du neuf » pour une équipe construite sur des bases solides, dans le partage des mêmes valeurs, dans l'esprit du projet mariste.

J'avais également programmé deux jours de formation en mai et juin 2006, destinées à tous les personnels chargés de l'accueil dans chaque unité du Groupe Scolaire « *dans le but de vous faciliter la gestion des multiples tâches à assumer dans le service de l'accueil où vous intervenez* ». (Extrait de la convocation remise à chacune des personnes concernées).

Pour compléter les informations sur la nécessité de recourir à la formation – faut-il le préciser, sur temps de travail – en cette période de transformation profonde liée à la restructuration, période traumatisante s'il en est, j'avais également sollicité les services du consultant de CROIS-SENS en 2006-2007 pour animer la formation destinée à tous les personnels administratifs et économiques, d'accueil et de service. Il m'importait que l'on travaillât ensemble à l'élaboration de la meilleure organisation du poste de chacune et de chacun à la suite du déménagement du Lycée et du sévère plan de licenciement qui avait touché ces personnels, avec la volonté et l'objectif de construire une équipe soudée et solidaire. Cette action s'est déroulée les 7 et 28 février 2007, également à ND de l'Hermitage, intitulée : « *Développer ses compétences au sein d'une équipe* ».

Pour moi cela faisait partie des obligations premières de respect des personnes de la part d'un manager, en conformité à la vision chrétienne de l'Homme habitée par les valeurs maristes.

Tous ces changements se sont imposés à une période et sur une durée d'environ trois ans où la Tutelle était complètement absente. Accompagnement et soutien auraient été très appréciés !

Contrairement à ce qu'avait dit le Frère Délégué à la Tutelle, le Directeur n'était pas dans « *une incapacité totale de manager* » ! le Directeur et son équipe n'ont pas fait n'importe quoi !

Ici, il m'importe d'ajouter que l'expérience de ces formations a fait l'objet d'un témoignage écrit publié au niveau national par le SNCEEL, Syndicat National des Chefs d'Etablissement de l'Enseignement Libre, dans les Fiches Syndicales n°626 de Juin 2007 dans la rubrique « *Dites-nous*[1] » sous le titre de

---

[1] Propos recueillis par Hélène Guillaume du SNCEEL et relus par leur auteur. Fiches Syndicales n° 626 – Juin 2007.

« *Construire des équipes performantes* » : *Dites-nous, Jean-Jacques Montlahuc...* (pages 27-29) et *Dites-nous, Arthur Obringer...* (pages 29-32).

Le Directeur – adjoint également visé

Quelques jours après l'audit, le Frère Délégué à la Tutelle fait une restitution orale au Directeur-adjoint, à la suite de laquelle il lui adresse une longue lettre[1] à travers laquelle on s'aperçoit encore une fois qu'il n'a pas été en mesure de s'en tenir à son vrai rôle, à savoir d'exercer une fonction « d'accompagnement » :

« *Au cours de l'entretien, vous avez partagé longuement votre ressenti suite à la visite et comment vous l'avez vécue. Fortement, vous avez exprimé votre impression d'être en position d' «accusé », votre déception des entretiens* ».

« *Vous avez fait une formation de directeur à l'IFCEC – Institut de Formation des Chefs d'Etablissement de l'Enseignement Catholique . Les années passent depuis la fin de cette formation et j'ai souligné combien il devenait dangereux de rester dans la position dans laquelle vous êtes maintenant. Vous additionnez plusieurs handicaps, qui risquent de contrarier une demande de poste* ».

« *Comprenez mon insistance, lors de l'entretien, pour vous rappeler la situation bloquée dans laquelle vous vous êtes mis, dans laquelle vous risquez de rester* ».

« *Je souhaite un dialogue constructif pour envisager l'avenir sereinement pour vous-même, et par-là pour l'établissement* ».

Voilà des propos plus qu'affligeants tenus par quelqu'un qui est chargé d'accompagnement, remplis de jugement, aux ultra-

---

[1] Courrier daté du 30 octobre 2008, rédigé par le Frère Délégué à la Tutelle

antipodes de l'écoute ! Qu'est-ce qui l'autorise à écrire « *combien il devenait dangereux de rester dans la position dans laquelle vous êtes maintenant* » ?

Mon adjoint m'avait donné à lire ce courrier.

Il est révélateur de la posture d'inquisiteur adoptée par ce Frère Délégué à la Tutelle. Mais pour qui se prend-il, ce religieux, pour porter de tels jugements, sans aucune retenue, sur une personne qu'il n'a même pas pris le temps de connaître ? Il ose parler de « *dialogue constructif* » alors qu'il vient de s'adresser à une personne reponsable avec des mots qui portent comme des coups de poignard...

Plus loin, je ne manquerai pas d'évoquer un autre fait très grave de manque de respect de ce Frère Délégué à la Tutelle à l'égard du Directeur – adjoint, lorsque début avril, en public, en réunion de parents, il annonce sans vergogne son licenciement ! Le « dialogue constructif » prôné cède la place à l'humiliation et au mépris !

Comment est-il possible de reconnaître la légitimité de ce Délégué à la Tutelle ?

Où est le respect de la personne ? Où sont les valeurs maristes ?

1.6 « Lettre de mission spécifique » : mission impossible !

A mon grand étonnement, je reçois dans la foulée de l'audit une « Lettre de mission spécifique » pour la période du 24 octobre 2008 au 6 février 2009, d'une durée de huit semaines entrecoupées par deux séquences de vacances d'une durée de quinze jours chacune. Son contenu relève du délire.

Quelques exemples :

- « *Préparer un budget prévisionnel pour un plan triennal à valider en conseil d'administration de l'OGEC le 15 décembre* »

- « *Réécrire l'organigramme du Collège et du Lycée... préciser les fonctions de chaque personnel de l'OGEC avec fiche de poste (...) avant le 15 décembre* »

Quelques mois plus tard, les directrices des deux Ecoles et mon Adjoint pour le Collège et le Lycée, nous recevons un courrier RAR avec des recommandations de la même teneur.

Là, l'incompétence et l'inexpérience de ce Frère Délégué à la Tutelle sont vraiment avérées. Ses demandes correspondent à une injonction de réécriture complète d'un projet éducatif abouti pour le Groupe Scolaire, des projets d'établissement de chacune des unités, deux Ecoles distinctes, du Collège, du Lycée, des Règles de fonctionnement du Groupe Scolaire.

Le Frère délégué à la Tutelle a certes exercé comme professeur pendant un certain nombre d'années, mais a-t-il vécu l'expérience de participer à l'élaboration d'un projet éducatif ou d'établissement ? Quelqu'un d'averti – de formé et d'expérimenté - sait que son écriture ne se réalise pas sur un claquement de doigt, elle nécessite de s'inscrire dans une durée certaine, minimum un an. Elle demande aussi que tous les membres de la communauté éducative soient partie prenante, enseignants, non-enseignants, éducateurs, infirmière, personnel administratif, économique et de service, parents, gestionnaires... Des réunions nombreuses avec une coordination par une équipe de pilotage, à l'instar des réunions de chantier pour une importante construction dans le domaine du BTP.

Il a exigé l'irréalisable dans les délais impartis, par conséquent le bilan à venir est forcément négatif, les conclusions de la Tutelle induisent de fait que la tête de l'établissement doit sauter en raison de son incapacité à atteindre les objectifs fixés.

Cela, curieusement, me fait penser à ce qui se passe dans le milieu du sport professionnel : il faut provoquer un fort électro-choc, et la meilleure manière d'y arriver, c'est de procéder au licenciement « en faisant tomber la tête » du manager ou du coach car c'est lui la cause des mauvais résultats de son équipe[1] !

A ce moment là, comme par hasard, le Frère Délégué à la Tutelle, en effet, n'économisait pas son énergie : il ne manquait pas de mettre au courant de tous les détails les instances diocésaines, l'Evêque, le Direction de l'Enseignement Catholique. Ses écrits partaient tous azimuths :

« *Un courrier du 21 février 2009 a été envoyé à Mgr l'Evêque, au directeur diocésain, au président de l'UDOGEC et au Délégué à la Tutelle. Il n'est pas isolé, ni inopiné* ».

« *Il y a concertation étroite avec le Diocèse. Celui-ci est informé des courriers, des initiatives de la Tutelle. De plus, nous nous impliquons totalement dans la démarche « DEVENIRS*[2] *» et nous coopérons sans réserve aux orientations du CODIEC pour faciliter leur mise en œuvre.* »

Ce sont là des extraits de la lettre du Délégué à la Tutelle du 17 mars 2009.

Ce qui fait écho aux propos du président de l'OGEC dans son courrier adressé à la Tutelle le 17 octobre 2008 dans lequel il parle « *d'une collaboration totale entre la Tutelle, la DDEC, l'APEL, et l'OGEC pour redresser la situation* ».

---

[1] Aussi surprenant que cela puisse paraître, ce genre de propos ont réellement été tenus à mon égard en conseil d'administration de l'OGEC le 15 décembre 2008 par un parent membre du Bureau de ce conseil !

[2] Voilà une affirmation qui n'a jamais été suivie d'effet, qui est contraire à ce qui s'est vécu dans l'établissement, où la question de la délocalisation du Lycée n'a pas fait l'objet de temps de réflexion et d'échange avec la Tutelle, l'OGEC et l'APEL en dehors des deux réunions plénières des personnels animées par moi en tant que Directeur général. Jamais le sujet n'a été abordé en Conseil d'Administration de l'OGEC !

Tout le monde était de la partie sauf le Directeur déjà mis au placard, donc, dès octobre 2008, il y avait entrave totale à l'exercice de ses fonctions. Le Frère Délégué à la Tutelle est complètement manipulé avec habileté pour admettre notamment qu'il y avait un blocage entre le directeur et l'OGEC. Si oui, en réalité ce n'était pas le fait du directeur, c'est bien Monsieur le Président de l'OGEC qui avait décidé à partir de juillet 2008 de ne plus s'adresser directement au directeur ni de venir le rencontrer pour des séances de travail avec lui, un boycott total du Directeur ! Et une prise de pouvoir inappropriée du Président de l'OGEC !

Quel aveuglement de la part du Frère Délégué à la Tutelle ! Il ne vérifie rien de ce qu'on lui dit. A-t-il suivi une formation à l'accompagnement ?

A cet endroit, il me faut aussi évoquer « une petite perle » extraite du courrier du Frére Délégué à la Tutelle daté du 17 mars 2009 :

« J'ai affirmé que la conviction de la Tutelle est que la situation présente ne pouvait pas être améliorée dans les conditions actuelles par les personnes, par les fonctionnements des instances telles qu'elles sont aujourd'hui . (...) Il devrait y avoir une remise en cause obligatoire du positionnement de tous les acteurs de la communauté éducative (professeurs en premier). (...) Le « N-D de Valbenoîte de demain » doit être différent. Nous n'avons plus le temps de discuter et de « tirer des plans sur la comète ». Si je me dois d'anticiper des évolutions je le ferai et j'assumerai au nom de la Tutelle Mariste ».

Voilà que le Frère Délégué à la Tutelle a adopté l'attitude du « sauveur tout-puissant », dans le jugement, sans nuances, à l'inverse de celle d'un accompagnateur qui est fondamentalement de prendre une posture distanciée et de se mettre à l'écoute. Je suis interloqué par la force des mots employé par ce personnage qui se place dans une posture de supériorité ramenant tout à lui seul : « *je me dois* », « *je le ferai* », « *j'assumerai* » sans qu'il se rende compte qu'il est influencé par un Président d'OGEC qui déjà a pris le pouvoir.

Dans l'exercice de sa fonction il est censé se présenter comme représentatif de l'avis du Conseil de Tutelle. Mais, à travers la teneur de ses écrits, je ne peux m'empêcher de penser que ses membres, dont des frères, n'ont peut-être pas été vraiment informés de la réalité de la situation et des événements. Leur silence, les questions déplacées de l'un ou l'autre des membres lors du Conseil de Tutelle et de la Commission de Conciliation me laissent dubitatif.

Au silence des membres de ce Conseil s'ajoute celui du Supérieur Provincial à qui un collègue Chef d'établissement,, Monsieur J.-M. L., délégué départemental du SNCEEL – Syndicat National des Chefs d'Etablissement - a adressé le 4 mai un courrier avec copie à Mgr l'Evêque, au Directeur Diocésain de l'Enseignement Catholique et au Vicaire Provincial.

Il lui a fait savoir, au nom de tous les collègues Chefs d'établissement « *avoir eu connaissance d'un certain nombre de faits qui se sont déroulés à Valbenoîte au cours des derniers mois :*

- Convocation et tenue de réunion de parents par la Tutelle et l'APEL – Parents d'Elèves - dans les locaux de l'établissement sans information au chef d'établissement
- Rencontre d'instances représentatives du personnel en l'absence et sans information au chef d'établissement
- Envoi de compte-rendu aux familles depuis l'établissement sans information du chef d'établissement
- Transmission publique aux familles d'informations erronées ou prématurées par rapport au travail de la commission du CODIEC et de la communauté d'établissement et délocalisation ».

Il poursuit : « *Il est de notre devoir de dénoncer les agissements qui ne respectent ni les textes en vigueur, ni les personnes. Le statut de l'enseignement catholique et le statut du Chef d'établissement donnent un cadre précis et réglementaire au fonctionnement des institutions, il appartient donc à chacun des partenaires de le respecter et de l'appliquer.*

Par ailleurs, la communication officielle des instances de l'enseignement catholique et des tutelles insiste, à juste titre, sur les valeurs évangéliques à mettre en œuvre dans nos projets éducatifs et notre vécu quotidien. Le respect de la personne est une de ses valeurs fondamentales. Qui doit aussi s'appliquer au Chef d'établissement ».

L'absence de réponse par le Supérieur Provincial a rendu assourdissant et aussi inquiétant qu'inacceptable et dangereux le silence de la Tutelle Mariste.

1.7 Le Conseil de Tutelle : à quel jeu a – t – il joué ?

Je me suis en effet beaucoup interrogé sur le niveau d'information – ou d'implication - des membres du Conseil de Tutelle de la part de ce Délégué et sur leur capacité de « conseiller » avant de décider ou de leur possibilité de donner démocratiquement leur avis. A la réunion du 4 mai 2009, un des conseillers m'a posé des questions qui m'ont surpris par l'ignorance qu'il avait du vécu de notre Institution. Tout comme le représentant de la Tutelle à la Commission de Conciliation de juillet 2009, qui découvrait certaines informations concernant l'Institution.

La personnalité de ce Frère lui a fait prendre une posture qui ne correspond absolument pas à ce qu'on peut attendre d'un Délégué à la Tutelle qui se doit de témoigner de l'esprit mariste. Dit vulgairement, « *il était complètement à côté de la plaque* ». En même temps, je me demande si la posture de l'autorité, celle du « Supérieur », celui qui fait respecter la règle de

« l'obéissance » (une des trois règles de la congrégation : pauvreté, chasteté, obéissance) ne s'impose pas de manière naturelle, comme cela a souvent été le cas dans l'Eglise, au détriment du respect de l'humain, de l'autre, mais aussi de l'esprit démocratique.

L'exercice de l'autorité selon un schéma hiérarchique pyramidal n'est pas compatible avec une autorité reposant sur l'intelligence d'un travail organisé et réfléchi en collégialité.

C'est peut-être bien pour cela que l'organisation en équipe de direction qui repose fondalement sur le travail collaboratif en collégialité a si fortement été mise en cause par le Frère Délégué à la Tutelle. Dans son courriel du 26 juin 2008 il écrit : « *Quand je regarde l'organigramme brut, le nombre de personnes de l'encadrement impressionne au regard du nombre d'élèves... Une feuille comme celle-ci tombant dans les mains des parents provoquera forcément des réactions* ». Et pourtant n'est-ce pas une forme de collégialité que vit une communauté de frères ?

Ces propos traduisent une fois de plus son incapacité à comprendre une organisation existante qui n'est pas née du hasard, qui a été pensée par ses auteurs, ancrée dans l'histoire du Groupe Scolaire et que l'évolution à venir de cette organisation ne peut se faire qu'en réflexion institutionnelle structurée et concertée qui n'occulte en aucun cas les impératifs financiers.

Ainsi donc, me demander dans « *une lettre de mission spécifique* » datée du 22 octobre de « *réécrire l'organigramme (...) pour toutes les personnes de la « base » à la direction, la chaîne de décision, de tansmission d'information* » pour le 1er janvier suivant relève soit d'une absence d'expérience soit d'une stratégie préméditée et organisée d'élimination du directeur ! Ne pourrait-on pas affirmer ici qu'il vérifie probalement le Principe de Peter[1].

---

[1] Le principe de Peter est une loi empirique qui affirme qu'un employé qui monte en grade finira par atteindre son seuil

Concernant le Conseil de Tutelle, tout comme je l'ai dit du Vicaire-Provincial, durant toute l'année qui a précédé la réunion, je n'ai eu aucun contact de la part d'un quelconque de ses membres. Aucun coup de fil, aucune parole, aucun échange, aucune demande d'éclaircissement, absence inexplicable.

Silence total.

On est loin de la deuxième valeur du TREM – Texte de référence de l'Educateur Mariste – intitulée « *Esprit de Famille* », qui donne des indications sur les attitudes éducatives à promouvoir : « *Que dans un monde où l'exclusion se pratique chaque jour, notre esprit de famille nous conduise à accueillir le plus largement possible, de façon à conduire chacun au mieux de son potentiel d'homme grâce à un accomagnement professionnel et humain de la meilleure qualité possible* ».

Le 4 mai 2009, j'étais invité à une réunion du Conseil de Tutelle à Lyon « *pour faire le point sur la situation de l'institution et de celle du directeur* ». Accueil sans aucune chaleur, aucun ressenti de fraternité dans un lieu qui aurait dû être imprégné par l'esprit de famille mariste, un esprit de fraternité. Cinq membres dont le Vicaire-Provincial, très peu loquace, le Frère Délégué à la Tutelle, et trois autres membres dont un, qui s'est présenté comme le Secrétaire du Conseil, un Laïc nouvellement arrivé…

Au moment de m'installer à la table de réunion je ressens une sentiment étrange, il règne une atmosphère bizarre : j'ai compris a posteriori que cette réunion avait eu pour seul but la formalisation du retrait d'agrément qui, j'en suis intimement convaincu, était acquis d'avance.

Ce n'était en effet qu'une formalité.

---

d'incompétence. Ce principe doit son nom au pédagogue américain Laurence J. Peter qui l'a formulé dans son livre « The Peter Principe ».

A l'ouverture de la réunion il m'est remis une feuille intitulée « Critères d'évaluation ». Dix critères, sans aucun indicateur pour chacun d'eux...

Je mentionne ici le premier à titre d'exemple : « *L'accord du directeur avec le projet et les structures de l'Enseignement Catholique notamment diocésaine et régionale et de la Tutelle Congréganiste dont il relève* ».

Qui dit critère, dit indicateurs mesurables pour vérifier que le ou les objectifs sont atteints ou non. Rien de tout cela.

Il ne m'a pas été donné le temps de prendre connaissance du contenu de ce document, et je pensais naïvement que les dix critères seraient examinés l'un après l'autre. Ce qui, vu la teneur de chacun des critères aurait sans doute nécessité plusieurs heures d'échange, me demandant comment cela serait possible dans une réunion programmée pour une durée d'une heure et quart.

D'emblée, l'un des membres du Conseil a annoncé qu'il devait partir avant la fin de la réunion parce qu'il avait un TGV à prendre. Je me dis que cela n'est vraiment pas sérieux... Je l'ai ressenti comme une attitude méprisante.

Sur l'ensemble de la réunion, je suis amené à m'exprimer sur seulement deux ou trois points en rapport avec les soi-disant critères d'évaluation. Aussi ai-je été surpris que l'un des membres me pose une question sur le fonctionnement de l'Institution pour laquelle, en tant que membre du Conseil de Tutelle, il aurait dû être précédemment informé par le Frère Délégué à la Tutelle !

Le déroulement de la réunion relevait du pur amateurisme ou d'une mise en scène grotesque et bâclée ! Aucun point n'a été approfondi, justifié, débattu de façon rigoureuse comme cela aurait dû être.

Le soi-disant échange s'est focalisé sur le directeur, son incompétence et son incapacité à assurer l'avenir de l'Institution. J'ai perçu à ce moment-là que les membres du Conseil de Tutelle, en leur for intérieur, avaient déjà décidé que cet avenir ne pourra être assuré qu'en démettant le directeur de ses fonctions, et tout de suite. J'ai même éprouvé le sentiment qu'ils avaient l'envie d'en finir au plus vite !

Les membres du Conseil de Tutelle ont donc pris leurs responsabilités considérant sans doute que c'était là la décision qui s'imposait, conclusion inéluctable des observations et analyses effectuées par le Frère Délégué à la Tutelle depuis un peu plus d'un an, inscrites dans les très nombreux écrits qu'il a produits : Valnenoîte, il en a fait sa cause ! N'a-t-il pas écrit : « *Le N-D de Valbenoîte de demain doit être différent.* » ?

Curieusement et d'une façon très remarquable un sujet essentiel n'a pas été traité – je dis bien un sujet essentiel – , tout comme il n'a pas été abordé par le Frère Délégué à la Tutelle tout au long de l'année : l'étude « Prospectives » menée à la demande du CODIEC depuis 2006, donc depuis deux ans, qui a projeté, entre autres perspectives, la délocalisation du Contrat d'Association d'un lycée stéphanois à Montrond-lès-Bains. Il se trouve que c'est le Lycée ND de Valbenoîte qui a été désigné par le Conseil d'Administration du CODIEC du 6 mai, séance à laquelle le Frère Délégé à la Tutelle, membre de droit de ce Conseil, était absent ! Etonnant, non ? Il devait bien être informé de l'importance de l'un des points à l'ordre du jour, celui de la délocalisation du Lycée ND de Valbenoîte.

Surprenant ?

Comment est-il possible de justifier cette absence à une réunion d'une importance aussi capitale pour la Tutelle Mariste ? Mais aussi pour un tel nombre de familles et élèves, de personnels… Quel « esprit de famille » !

Le sujet de la délocalisation du contrat d'Association du Lycée ND de Valbenoîte était quand même brûlant depuis des mois, j'avais préparé la communauté éducative à cette perspective depuis plus d'un an, à l'occasion de plusieurs réunions plénières dont j'ai fait état plus haut, mais cela ne semblait pas préoccuper la Tutelle Mariste.

Déni total de la part de la Tutelle, là aussi, silence.

Ce Conseil de Tutelle a donné lieu à deux compte-rendus dont aucun ne m'a été transmis. Totalitarisme ou démocratie ?

C'est à travers ces deux documents dont j'ai pris connaissance seulement lors de la première audience au Conseil des Prud'hommes que je découvre la décision du retrait d'agrément prise le jour de ma rencontre le 4 mai avec le Conseil de Tutelle. Ce jour-là je n'avais aucun indicateur me permettant de penser qu'on était déjà passé du réquisitoire directement à l'accusation, au verdict et à la condamnation.

Le premier compte-rendu, établi par le Secrétaire du Conseil, reprenait chacun des dix critères, alors que la plupart n'ont pas du tout été abordés. Le second compte-rendu, très officiel, intitulé « Délibération du Conseil de Tutelle – Séance du 4 mai 2009 », avait pour objet « Le retrait d'agrément pour M. Arthur Obringer », signé du Secrétaire du Conseil et du Frère Délégué à la Tutelle, daté du 4 mai.

Ce dernier document très dense de deux pages évoque accessoirement la réunion avec le Conseil de Tutelle, ne fait pas référence à la liste des dix critères d'évaluation, et porte sur la plupart des aspects et événements de l'année écoulée pour lesquels on retrouve la liste des griefs et reproches faits au directeur. Etonnament, on y retrouve de nombreux éléments issus du compte-rendu de l'audit que j'avais contesté à travers un écrit très détaillé pour lequel le Conseil de Tutelle et chacun de ses membres n'ont pas daigné me répondre ou me contacter pour en échanger.

Mon écrit de contestation n'a donc pas du tout été pris en compte !

La densité et la nature de « la délibération du Conseil de Tutelle - datée du jour-même de la réunion ! - me fait supposer que ce document a été pensé, voire rédigé en amont.

En conclusion, je peux affirmer avec certitude que le Conseil de Tutelle du 4 mai n'avait d'autre but que de formaliser, entériner une décision déjà prise autoritairement de longue date. Ainsi les propos du Frère Délégué à la Tutelle tenus en réponse à une question d'un parent à la réunion du 4 avril – donc un mois auparavant ! – réunion qu'il avait organisée avec le Président de l'APEL, sont-ils confirmés : « *Oui, le 4 mai il y aura un nouveau directeur et le directeur-adjoint est licencié* ». Propos tenus en ma présence !

Quelle délicatesse, quelle élégance de la part du Frère Délégué à la Tutelle !

Et voilà, à présent la procédure du retrait d'agrément est définitivement bouclée !

La décision officielle de retrait d'agrément m'a été notifiée dans une lettre signée par le Frère Vicaire-Provincial, datée du 15 mai, remise en main propre le 19 mai 2009 à 19 heures par le Frère Délégué à la Tutelle. La date et l'heure de ce rendez-vous m'ont été indiquées la veille seulement, le 18 mai au soir, par le Frère Délégué de la Tutuelle lui-même, me demandant s'il était possible qu'on se rencontre, sans aucune précision sur le motif.

Monsieur le président de l'OGEC ayant enfin obtenu ce qu'il réclamait déjà depuis un an de la Tutelle a ainsi pu mettre à exécution les modalités précises de mise à la porte sans délai du Chef d'Etablissement, je dirais plutôt, de « sa mise à mort ».

Ici me vient à l'esprit un extrait de l'Evangile selon Saint Marc, chapitre 3, verset 6 : « *Alors les Pharisiens sortirent et aussitôt ils tenaient conseil avec les Hérodiens contre Jésus pour voir comment le faire périr* ». Je ne me confonds pas avec le Christ, mais voilà qui me permet de comprendre pleinement la souffrance de la crucifixion.

Au moment d'achever ce chapître descriptif du portrait de la Tutelle Mariste, il m'importe de dire que depuis mon licenciement brutal il y a une quinzaine d'années, aucun religieux mariste de ceux qui avaient l'habitude de me côtoyer depuis 1992 dans l'exercice de ma fonction à ND de Valbenoîte – le Rond-Point et de mes activités au service de la Tutelle Mariste ne m'a contacté. Sauf deux frères[1], des amis, des VRAIS, à l'amitié indéfectible, ceux qui incarnent vraiment l'esprit du fondateur, qui n'ont d'ailleurs pas compris la décision de mon éviction et surtout pas admis la brutalité avec laquelle elle s'est déroulée.

Hélas, ils n'avaient pas leur mot à dire.

Une question toute simple : si le « *ND de Valbenoîte de demain doit être différent* » selon le Frère Délégué à la Tutelle, la Tutelle Mariste ne devrait-elle pas réfléchir démocratiquement, chrétiennement et humainement à la définition de l'esprit mariste de demain ?

1.8 Un service de la Tutelle Mariste idéal : juste un rêve...

Au moment d'écrire ce chapitre sur le Service de la Tutelle Mariste tel qu'il s'exerçait à cette période, je me surprends à rêver de ce qu'il aurait pu être dans l'idéal...

Et si le Frère Délégué à la Tutelle avait pris le temps de la présence à notre Institution et de cheminer aux côtés de celui qui

---

[1] Il s'agit pour le premier de Frère M.F., ex-directeur général du Groupe Scolaire, puis directeur du Service Complémentaire d'Orientation à St-Etienne au sein duquel mon épouse avait exercé comme Psychologue, et, pour le second, de Frère M.B., le directeur du Collège Champagnat en Lorraine dans lequel j'ai démarré ma carrière d'enseignant en 1970.

a reçu une lettre de mission pour exercer sa fonction de direction ?

Et s'il avait pris la précaution d'écouter pour entrer dans une connaissane approfondie de l'histoire de l'Institution et de comprendre la complexité de sa situation et de son environnement ?

Et s'il avait cherché à porter un regard bienveillant sur les actions des responsables de la communauté éducative et sur l'engagement des équipes au travail – équipes enseignantes, d'éducation et de service - pour faire vivre, dynamiser et donner une âme à leur présence auprès des jeunes ?

Et s'il avait partagé ses observations approfondies, ses interrogations, ses craintes avec l'ensemble des acteurs responsables du Groupe Scolaire ?

Et si la conduite des affaires s'était appuyée sur une concertation animée par la bonne volonté de tous à faire face ensemble à la situation de crise ?

Alors, les événements auraient peut-être pris une autre tournure…

2. Les dirigeants de l'OGEC – Organisme de Gestion

Il m'importe de pousser plus loin mon témoignage afin de dénoncer les dérives et les pratiques humiliantes, déshumanisantes que j'ai vécues, ces mêmes phénomènes qui aujourd'hui se multiplient dans le monde du travail, générant beaucoup de violence et de souffrance. Que ces dérives et ces pratiques plutôt connues dans des entreprises s'invitent dans l'institution scolaire, voire privée catholique, qui ne s'apparente en aucun cas à une entreprise tant au niveau du fonctionnement que des objectifs, une institution éducative, me paraît d'une extrême gravité, remettant en question les fondements et le fonctionnement de l'institution scolaire catholique.

Ici, je veux très précisément dénoncer les pratiques des responsables de l'OGEC ND de Valbenoîte-Le Rond-Point, organisme-employeur, mais seulement des personnels de droit privé, pas des professeurs qui sont agents de droit public relevant du Ministère de l'Education Nationale.

2.1 Double-jeu du président de l'organisme de gestion

La présidence de l'OGEC de ND de Valbenoîte-Le Rond-Point était assurée par un parent d'élèves engagé bénévolement, conformément aux règles statutaires liées au régime d'une Association Loi 1901 à but non lucratif.

Il se trouve que le parent exerçant comme président de l'OGEC a été investi de cette fonction en janvier 2006.

Professionnellement, il exerçait un emploi de cadre dans la plus grande entreprise de téléphonie française à une période où celle-ci traversait une profonde crise qui a donné lieu à une restructuration très sévère dont les répercussions sur les personnels ont eu des conséquences catastrophiques. Dans ces années 2008 – 2009, plusieurs dizaines de salariés de cette entreprise ont mis fin à leur vie en raison de la pression insupportable qu'elle a fait peser sur leurs épaules à la suite de quoi le PDG de l'entreprise a été remplacé. Un procès à l'encontre de ce dernier a d'ailleurs eu lieu récemment, largement relayé par les médias, un procès régi par les règles du Ministère de la justice, donc de la loi.

Curieusement, ce parent président de l'OGEC était aussi délégué syndical d'une grande centrale syndicale dans l'entreprise où il travaillait, et, à ce titre il a fait valoir son droit à des journées d'absence accordées à un dirigeant bénévole d'association pour sa formation. Ce pourquoi il m'a demandé de lui établir une attestation de statut.

Cela peut paraître paradoxal : d'un côté, délégué syndical, de l'autre côté, « président - patron » de l'OGEC, organisme employeur des personnels de droit privé du Groupe Scolaire. Je me suis aperçu à plusieurs reprises, surtout à l'occasion des dernières réunions du Comité d'Entreprise auxquelles j'ai participé, d'une attitude ambigüe à l'égard des délégués du personnel ou syndicaux, attitude empreinte d'une étonnante connivence avec eux.

Ambiguïté aussi dans le fait de se considérer comme « le chef d'entreprise-employeur », oubliant que dans le cas présent l'employeur était l'OGEC, une association gérée par un Conseil d'Administration dont il n'était en définitive que « le responsable en dernier lieu » agissant au nom des administrateurs, ce qui n'est pas une posture de PDG, de patron. Et pourtant la posture de « patron » dans laquelle il aimait à se présenter était perceptible la dernière année dans sa manière de « diriger » les conseils d'administration, et aussi, c'était vraiment très marqué, à travers la lettre de licenciement et la convocation à l'entretien préalable au licenciement ou encore lors de l'entretien préalable. J'ai déjà eu l'occasion de parler du langage employé, langage très procédurier, voire stéréotypé.

Sa personnalité laissait en effet apparaître l'image de quelqu'un de procédurier qui connaissait bien les règles, les obligations et les lois. Par exemple, en février 2009, à l'issue d'un conseil d'administration, il disait autour de lui sur un ton « très remonté » qu'il allait déposer plainte contre l'Université car elle n'avait pas appliqué les mesures particulières pour les examens destinées à son fils, candidat en situation de handicap en raison de sa dyslexie.

Il a su faire un usage habile de sa connaissance des règles et lois pour élaborer les écrits destinés à la Tutelle et les expédier aux dates opportunes pour faire pression, voire harceler, afin de donner du crédit à ses arguments, et ainsi de pouvoir justifier la demande de retrait d'agrément du directeur. Il a su « tirer toutes les ficelles » pour aboutir. Dommage pour l'institution qu'il n'ait pas eu la même rigueur pour déposer à la bonne date un dossier de subvention importante comme cité antérieurement dans cet écrit.

A travers sa personnalité, j'ai également cru percevoir une facette d'apparence quelque peu manipulatrice. En effet, à de multiples reprises au cours de la dernière année, ne voulant plus avoir affaire à moi, il s'adressait par courriel et par téléphone à un de mes plus proches collaborateurs, mon responsable administratif, pour obtenir les informations et les documents dont il avait besoin, tant au niveau de la trésorerie que concernant les personnels. C'était plus qu'une simple tentative d'instrumentalisation de mon collaborateur, qui heureusement me mettait au courant, et, dans sa loyauté à mon égard, rappelait au président, mais en vain, que ce qu'il lui demandait ne relevait pas de lui mais du Directeur.

Il a aussi su « rallier » quelques personnes à sa cause, toujours en catimini[1] : le trésorier de l'OGEC, mais au-delà, à l'intérieur de l'institution, la Tutelle des Frères Maristes, le Président et la Vice-présidente de l'Association des Parents d'Elèves et quelques autres parents. Et à l'extérieur, le Directeur Diocésain de l'Enseignement Catholique et son Adjointe, chargée de mission, Mgr l'Evêque et le Président de l'UDOGEC. Le terrain était facile pour lui, la plupart de ces personnes étant arrivées assez récemment dans leurs fonctions à Saint-Etienne.

Ce qui est caractéristique, c'est le nombre très restreint de personnes qu'il a « soudoyées », toutes habitées cette dernière année par une hypocrisie phénoménale car elles étaient au courant des intentions de Monsieur le Président de l'OGEC. C'est sans doute grâce à ce procédé qu'il a réussi à préserver si

---

[1] Extrait du PV Approuvé de la réunion extraordinaire du Comité d'Entreprise du 25 mai 2009 : « *Il (Monsieur le Président de l'OGEC) précise que l'OGEC avait souhaité et demandé à la Tutelle le départ de A. Obringer depuis le 28.08.2008 à la suite des problèmes relevés dans l'exercice de sa fonction de chef d'établissement* ».

longtemps le secret concernant son projet d'évincer le Directeur, laissant libre-cours à des rumeurs, rumeurs qu'il a lui-même alimentées dès octobre 2008 en affirmant dans une réunion de personnels qu'après les prochaines vacances de Toussaint il y aurait un nouveau directeur[1].

Je ne résiste pas à faire part du témoignage que Madame C.G., professeur à l'Ecole Maternelle de ND de Valbenoîte, m'a adressé en me faisant parvenir la copie d'une lettre qu'elle a adressée à la Tutelle Mariste le 10 juillet 2009 :

« *Je suis déçue de voir des personnes, ayant fait le choix d'appartenir à l'Enseignement Catholique, pratiquer des méthodes de gestion du personnel propres à n'importe quelle entreprise (...)* ».

« *L'année se termine dans un climat tendu, j'aurais apprécié une prise de position plus claire des différents acteurs de l'Enseignement Catholique : le directeur diocésain, la tutelle mariste, l'évêque de Saint-Etienne. Les rumeurs ont couru et rien n'a été fait pour assainir la situation* ».

Dans les chapitres précédents j'ai souvent évoqué la personnalité du président de l'OGEC dans sa manière d'agir et de faire adhérer les responsables de l'Enseignement Catholique à sa vision des événements contre le Directeur, qui, facilement, sont entrés dans son jeu. Ils ne se sont même pas questionnés sur ce que ce Président d'OGEC affirmait, ils ont pris pour argent comptant sans aucune vérification ce qu'il disait ou écrivait et se sont laissés subjuguer.

---

[1] Petite anecdote : le jour de la reprise scolaire après les vacances de la Toussaint, une enseignante d'EPS, en congé de maladie, est venue dans la salle des professeurs. En la voyant, la Responsable du Cycle Terminal pensait qu'elle allait reprendre le travail. « Pas du tout », lui dit-elle, « on m'a dit qu'à cette rentrée il y aurait une nouvelle direction, alors je suis venue voir qui est la nouvelle personne ».

Il lui a été d'autant plus facile de les atteindre qu'en 2007 et 2008, les responsables de l'Enseignement Catholique venaient seulement d'arriver à Saint-Etienne et n'avaient aucune connaissance de l'histoire, même récente de ND de Valbenoîte – Le Rond-Point.

Mgr l'Evêque est arrivé en 2006 et n'avait pas l'expérience des relations avec des Etablissements Catholiques d'Enseignement. C'est moi, comme je l'ai écrit plus haut, qui lui ai présenté le Groupe Scolaire lors de l'invitation que je lui avais faite pour la Saint Marcellin Champagnat le 6 juin 2008.

Le Directeur Diocésain de l'Enseignement Catholique a pris ses fonctions à Saint-Etienne à la rentrée 2008, arrivant d'une autre région, découvrant seulement l'histoire et la culture de l'Enseignement Catholique du Diocèse, très différente de celle de son Diocèse d'origine.

Le Frère Délégué à la Tutelle des Frères Maristes a pris ses fonctions en 2007, n'ayant comme expérience professionnelle que celle d'enseignant dans un Collège-Lycée des Monts du Lyonnais sous tutelle diocésaine, autrefois sous la Tutelle des Frères Maristes. Il était totalement extérieur au vécu et à la culture des établissements maristes de la Province de Notre – Dame de l'Hermitage dont le siège est à Saint-Chamond.

Même le Président de l'Association des Parents d'Elèves, qui exerçait un emploi dans la même grande entreprise que le président de l'OGEC, découvrait les mutliples facettes de l'organisation de l'Enseignement Catholique. L'Association était de création récente par un groupe de parents et ne voyait pas l'intérêt, malgré mon invitation insistante, à adhérer à UDAPEL - Union Départementale des Associations de Parents d'Elèves - qui aurait pourtant pu être d'une grande utilité pour ses dirigeants novices dans les diverses fonctions, notamment pour leur formation de responsables associatifs bénévoles. J'apporterai plus loin un développement à ce sujet.

Comment ces responsables pouvaient-ils se douter que ce personnage, Monsieur le Président de l'OGEC ND de Valbenoîte, jouait un double-jeu ?

Il faut dire clairement que ce Président de l'OGEC de Valbenoîte, en faisant naître délibérément un sentiment de panique quant à l'avenir de l'Institution, en faisant endosser la responsabilité de cette situation financière soi-disant désastreuse au seul directeur, a agi avec perversion à des fins narcissiques comme on a pu le découvrir dans l'un ou l'autre passage de mon témoignage, il a exercé un véritable harcèlement moral à mon égard, oui, il s'agissait bien d'un harcèlement moral.

Voici comment Marie-France Hiriguyen définit le harcèlement moral au travail dans son ouvrage intitulé : « *Le harcèlement moral – La violence perverse au quotidien*[1] ».

Extrait page 67 : « *Par harcèlement sur le lieu de travail, il faut entendre toute conduite abusive se manifestant notamment par des comportements, des paroles, des actes, des gestes, des écrits, pouvant porter atteinte à la personnalité, à la dignité ou à l'intégrité physique ou psychique d'une personne, mettre en péril l'emploi de celle-ci ou dégrader le climat de travail.* »

2.2 Acharnement contre le directeur : pourquoi ?

A de nombreuses reprises j'ai pu observer que cette personne était habitée par un grand besoin de pouvoir.

Selon Marie-France Hirigoyen « *Le pouvoir constitue une arme terrible lorsqu'il est détenu par un individu (ou un système) pervers*[2] ».

Au moment de ma nomination par la Tutelle Marise au poste de Directeur général alors que le Groupe Scolaire était

---

[1] Editions La Découverte et Syros, Paris, 1998.
Suite du premier tirage : Ed. Pocket, Paris, 2004

[2] Id, Extrait page 104

pleinement engagé dans la restructuration, il était trésorier de l'OGEC, faisant déjà une fixation sur les aspects uniquement économiques, s'imaginant sans doute pouvoir déployer pleinement sa toute-puissance et se présenter comme « le sauveur de l'institution ». Ah, le pouvoir, une quasi obsession ! Lui serait en capacité d'enrayer la « *faillite assurée si nous suivons votre* [le mien] *projet*[1] ». La compétence de l'Expert – Comptable et du Commissaire aux comptes n'effleuraient et n'ébranlaient pas son esprit.

Avec le président en exercice à ce moment-là, il avait même contacté des candidats à la Direction générale pour la rentrée 2003, demandant en secret à la secrétaire du Lycée de lui fournir des documents à leur transmettre dans la perspective d'un entretien d'embauche.

N'était-il pas l'homme de la situation puisqu'il avait l'expérience d'une entreprise plongée dans une démarche de restructuration sur son lieu de travail ? Le commandant de bord chargé de sauver le navire !

Il y avait d'autres signes à travers lesquels se manifestait son besoin de pouvoir et son ambition.

C'était en avril 2003 : il s'était opposé à ma nomination à la Direction générale, tout comme le président de l'OGEC d'ailleurs, menaçant de démissionner ! N'ayant pu aboutir dans cette opposition, je crois qu'il ne l'a jamais « digérée» et cela a sans doute renforcé sa détermination à vouloir montrer un jour qu'il avait raison de dire qu'Arthur Obringer était incompétent et qu'il fallait le remplacer sur le champ. Trois ans plus tard, en janvier 2006, il devient président de l'OGEC et c'est ainsi qu'à partir de là, il a pu nourrir son projet d'évincer le directeur, dès l'année suivante, selon le procédé que j'ai décrit précédemment.

---

[1] Extrait de ma lettre de licenciement.

Dans son courrier du 12 décembre 2008 à la Tutelle Mariste, le Président de l'OGEC utilise décidément la même forme de chantage en direction de la Tutelle Mariste, menaçant de la démission de l'OGEC, pour exiger la destitution sur – le – champ du directeur, et en tout cas au plus tard le 1er janvier 2009 !

De plus, je crois qu'il y avait une autre raison à cet acharnement.

Comme président de l'OGEC, d'une institution en difficulté financière, il devait sans doute avoir trop peur d'être accusé d'incapacité à gérer la situation, ce qui lui aurait été insupportable et aurait tellement dévalorisé son ego.

Il était atteint de l'obsession financière, extrêmement contagieuse, comme c'était devenu le cas pour certains dirigeants-gestionnaires dans certains établissements catholiques d'enseignement.

Cette obsession a été dénoncée par Madame Martine Laval[1] dans une publication intitulée « *L'argent érigé en maître suprême* » dont j'ai extrait deux citations :

« *Notre monde économique confond les moyens et les buts, ce qui lui permet de se tromper éternellement de direction. L'argent n'est qu'un moyen, et il est érigé en unique but* ».

« *L'argent érigé en maître suprême, accompagné d'une obsession de productivité de plus en plus tenace, fait passer l'être humain au second plan. Beaucoup y perdent leur âme, leur*

---

[1] Mme Martine LAVAL : Consultante en management, intervient dans des actions d'audit, de conseil, de coaching, de formation au sein d'entreprises, privées ou publiques, de secteurs variés. Elle s'est notamment spécialisée dans l'accompagnement d'équipes de direction dans la gestion du changement, la création de cohésion d'équipes ou la création de visions stratégiques.

joie d'être, et au final leur santé. Les conséquences humaines de cette dérive économique deviennent lourdes ».

Pour ce président d'OGEC il était également insupportable, en tant que parent d'un jeune en situation de handicap – porteur d'une dyslexie sévère –, d'être impuissant face à l'équipe pédagogique qui refusait à l'unamité d'optempérer face à ses injonctions comme par exemple lorsqu'il exigeait du conseil de classe et même du directeur d'émettre un avis favorable pour le Baccalauréat sur le livret scolaire de son fils. Eh oui, les professeurs comme le directeur respectent les règles démocratiques qui régissent le conseil de classe.

Quelques années auparavant, il avait déjà été blessé qu'un autre conseil de classe, avec un autre directeur à l'époque, propose pour cet élève une orientation vers une filière noble de l'enseignement technique qu'il méconnaissait en vue d'une meilleure réussite et adaptation à son handicap. Mais ce parent avait alors réussi à faire le forcing en faveur de l'enseignement général par l'intermédiaire de la Commission d'Appel.

Impuissance, donc impossibilité d'exercer un quelconque pouvoir y compris pour faire obtenir un « passe-droit » à un président d'OGEC pour son fils, ce qui a immanquablement nourri un esprit et une volonté de vengeance qui a fini par devenir pathologique[1] et lui a fait inverser les rôles en utilisant une accusation mensongère : c'est bien lui qui a affirmé à la Responsable du Cycle Terminal que le refus de modifier l'avis pour le baccalauréat était « *une vengeance personnelle de la part d'Arthur Obringer* ». La suite des évènements a démontré qui s'est vengé de qui...

---

[1] Je peux parler de « paranoïa », dont certains symptômes se traduisent par une tendance à garder rancune, et/ou à interpréter les actions des autres comme étant hostiles ou encore à se sentir persécuté.

C'est tout cela, selon moi, qui a nourri et enraciné le projet de faire tomber le directeur.

2.3 Autres membres du Conseil d'Administration de l'OGEC

La fonction de trésorier de l'OGEC était assurée à partir de janvier 2008 par un parent d'élèves qui travaillait dans une banque stéphanoise. Il ne m'a jamais sollicité pour lui donner l'occasion de travailler avec moi sur le budget, tant pour la préparation du budget prévisionnel que pour le suivi mensuel et la clôture des comptes annuels. Ce travail qui me prenait beaucoup de temps et d'énergie je le faisais en lien direct avec l'Expert-Comptable d'un Cabinet extérieur et notre Secrétaire comptable. Je n'ai pas pu m'appuyer sur lui pour faire ce travail.

Dans « *La délibération du Conseil de Tutelle du 4 mai 2009 – Retrait d'agrément pour Monsieur Arthur Obringer* », je découvre bien plus tard des propos on ne peut plus étonnants : « *...la clarté et la rigueur de la gestion financière de l'Etablissement pour ce qui relève de la responsabilité de M. Obringer ont été mises en doute ...* »

Et pourtant, sans aucune contribution de la part de ce Trésorier, ce qui aurait pu me soulager et me conforter dans mon travail, je fournissais à la fin de chaque mois un suivi détaillé de la trésorerie (recettes, dépenses et montants restant disponibles par rapport au budget prévisionnel de l'année) : d'une part, à partir des extraits du Grand Livre que me communiquait la secrétaire-comptable par un tableau excel très fourni mis au point par moi, intitulé *Contrôle budgétaire général à partir du 01/09/2008 - Extrait GL le 7 avril 2009*, comportant d'autre part, un tableau synthétique actualisant en temps réel, l'état des charges et des produits d'exploitation.

Par contre, il m'arrivait d'apercevoir souvent Monsieur le Trésorier de l'OGEC dans une certaine pénombre au bout du couloir sur le palier du 1er étage, la plupart du temps au moment de la récréation en milieu de matinée, observant par la fenêtre ce qui se passait sur la cour : drôle de façon de m'aider à superviser les comptes…. Etait-il mandaté, si oui par qui, pour un autre objectif de supervision ? A plusieurs reprises on m'a rapporté par l'intermédiaire de l'Association des Parents d'Elèves qu'il y avait vu des bagarres entre élèves et que l'éducateur tardait à intervenir. Il a fait partie des parents qui, lors de l'audit, ont faussement affirmé que le directeur n'était pas présent aux élèves…, affirmation que les auditeurs ont pris pour argent-comptant et inscrit dans leur rapport !

Je m'aperçois vite que cette personne a apporté sa contribution, spontanément ou de façon manipulée, à la confusion des rôles entre membres administrateurs de l'OGEC et membres du Bureau de l'APEL.

C'est lui aussi qui, dans les minutes qui ont suivi mon explusion le 19 mai au soir, a procédé au changement de serrure de mon bureau en compagnie de Monsieur le Président de l'OGEC.

Dans le Bureau du Conseil d'Administration de l'OGEC il y avait une troisième personne, celle-ci étant investie de la fonction de Secrétaire, également assurée par un parent d'élèves. Il s'impliquait peu dans les échanges et les débats. C'est quand-même lui, le Secrétaire, qui avait dit lors de la réunion du Conseil d'Administration du 15 décembre 2008 que, comme cela se passe en sport, « *si on veut créer un éléctrochoc il faut faire tomber la tête du manager* » !

Il se limitait à rédiger une ébauche de compte-rendu des réunions, me le soumettait pour la compléter, ensuite, c'est moi qui faisais l'envoi des convocations et comptes-rendus par publipostage aux membres de l'OGEC.

A cet endroit, je ne peux pas m'empêcher d'indiquer que j'ai regretté le départ de l'OGEC de trois personnes qui, si elles avaient encore été présentes la dernière année, n'auraient probablement pas objectivement accepté que les décisions de me licencier soient prises et n'auraient certainement pas cautionné la violence utilisée.

La première, mère de deux élèves du Lycée, qui exerçait une profession avec d'importantes responsabilités au sein d'une collectivité territoriale locale. Elle assurait la fonction de Trésorière de 2006 à 2008. J'ai beaucoup apprécié sa disponibilité pour travailler avec moi à la négociation d'un nouveau contrat avec la société de restauration. Hélas, sa profession prenant une place de plus en plus grande dans un nouveau poste à responsabilité, elle a arrêté son mandat d'administratrice de l'OGEC à l'issue de la réunion houleuse du Conseil d'Administration du 7 juillet 2008.

La deuxième personne, père d'une lycéenne, s'est retirée de l'OGEC fin juin 2008 par manque de disponibilité et parce que sa fille a quitté le Lycée après l'obtention du Baccalauréat. Sa présence avait été très appréciée surtout en raison de son regard « expert » en tant que chef d'une entreprise d'informatique. A ce titre, j'ai personnellement apprécié ses conseils pour la mise en place de l'informatique à usage pédagogique mais aussi pour l'informatique administrative à une période où la généralisation des nouvelles technologies s'imposait. Son expérience a permis à mon prédécesseur et à moi-même d'élaborer les demandes de subventions et d'obtenir les financements nécessaires auprès de la municipalité pour les Ecoles, du Département pour le Collège et de la Région pour le Lycée. De plus, cette personne s'était fortement impliquée quelques années durant dans l'Association *Allons Z'enfants* pour aider à l'organisation des représentations de comédies musicales dans lesquelles jouait sa fille, représentations qui étaient des créations de cette association.

Il me faut aussi évoquer la mémoire d'une autre personne qui a été administrateur de l'OGEC, investi de la fonction de vice-président à partir de 2006, « un ami » de ND de Valbenoîte, son épouse ayant longtemps animé des groupes de catéchèse au

Collège : retraité de l'industrie, il est venu enrichir le travail de l'OGEC en apportant sa disponibilité, son expérience et sa contribution très pertinente dans le domaine technique . Sa présence en particulier au moment de la restructuration et du déménagement du Lycée a été très précieuse. Durant toute l'année scolaire 2002-2003 il était présent avec moi et avec le responsable des travaux à chaque réunion hebdomadaire de chantier, discret et de bon conseil. Il n'était pas présent à la réunion de l'OGEC qui a décidé de mon « expulsion » la veille de mon licenciement. Il a même été surpris et choqué d'apprendre la nouvelle et a aussitôt démissionné. Il faisait déjà partie d'un groupe de retraités de ND de Valbenoîte, groupe d'amis que j'ai rejoints en 2010. Avant ma première rencontre avec ce groupe, j'ai eu un long échange avec lui sur les événements que j'ai subis, m'expliquant qu'il s'était senti « piégé » et qu'il n'aurait jamais imaginé s'être ainsi fait manipuler. C'est quelqu'un qui est devenu un ami parmi tous les autres du groupe qui vit une journée de rencontre cinq ou six fois par an, et c'est encore le cas aujourd'hui. Lui, hélas est décédé il y a deux ans, emporté par la maladie.

Enfin, je tiens à évoquer, également avec beaucoup de regret, le souvenir d'un autre personne, qui avait effectué deux mandats comme Trésorier de l'OGEC, qui tenait une place importante dans le Groupe Scolaire en assurant la présidence de l'Amicale des Anciennes et des Anciens de ND de Valbenoîte. Il s'impliquait fortement dans la réflexion sur l'évolution du Groupe Scolaire à la période de la restructuration et du déménagement du Lycée. Il était régulièrement présent aux réunions hebdomadaires de chantier. Aussi s'impliquait-il intensément auprès des lycéennes et des lycéens en organisant minutieusement la correction et la soutenance des rapports de stage des élèves de Terminale ainsi que la remise officielle des prix aux lauréats à l'occasion de la réception donnée à la fin de la Matinée Etudes-Carrières du Lycée. C'était une personne réfléchie, très disponible, sympathique, fort assidue aux réunions jusqu'à son décès suite à une crise cardiaque en 2007.

Pour en terminer sur le Conseil d'Administration de l'OGEC, on peut hélas regretter que dans les mois qui ont précédé mon licenciement sa composition était plutôt pauvre pour ne pas dire peu consistante avec un fonctionnement très tumultueux les derniers mois. En janvier, des réunions du Conseil d'Administration ont été annulées en dernière minute, le lieu de plusieurs réunions de Bureau changé sans prévenir, en janvier, la décision de reporter l'Assemblée Générale Annuelle prise la veille. Et cela sur décisions unilatérales du président de l'OGEC.

De : [Président de l'OGEC]
Date : 26/01/2009 19:12:43
A : direction@valbenoite.fr
Le conseil d'administration et l'assemblée générale de demain 27 janvier 2009 sont annulées.
Merci de prévenir les personnes qui auraient été invitées ainsi que les directrices des écoles primaires de même que J-F D.
Les membres de l'OGEC, le commissaire aux comptes et le comptable sont prévenus.
CLDT

Enfin, concernant le Conseil d'Administration du 18 mai qui a décidé « à l'unanimité » de me licencier, j'ai appris plus tard par un administrateur que le nombre de présents[1] était seulement de trois membres et que l'unanimité a été acquise par les « bons pour pouvoir »… Qui avait ces pouvoirs, combien y en avait-il ? Le compte-rendu de cette réunion contient sans doute les

---

[1] A l'entretien préalable du licenciement, quand j'ai demandé au président : « Quand la décision du licenciement a-t-elle été prise ? », il m'a répondu : « Le 18 mai au soir, par une délibération du CA de l'OGEC, à l'unanimité avec les bons pour pouvoir ».

réponses à ces questions. Je n'ai pas eu connaissance de ce document...

2.4 Des compétences en gestion économique et financière : parlons-en !

Ici, je dois réaffirmer plus que jamais qu'une école n'est pas une entreprise ! Bien-sûr que pour exister, une école a besoin de reposer sur un socle économique solide et stable, assuré par une gestion rigoureuse avec l'aide d'un Expert-Comptable et d'un Commisaire aux Comptes comme une entreprise à but lucratif. La rigueur économique est une nécessité mais la rentabilité n'est pas le but premier de l'institution, la rigueur est au service de la mise en œuvre du projet éducatif qu'elle doit encadrer et favoriser, ici, en l'occurrence du projet éducatif mariste en pleine conformité à l'esprit du projet fondateur, tout en respectant bien-sûr les contraintes de cette rigueur.

Dans le cas présent, le Frère Délégué à la Tutelle Mariste, a complètement perdu de vue qu'il était là pour encourager et veiller à la promotion du projet d'éducation et il s'est laissé entraîner sur les seuls chemins des questions financières même si ces chemins perdaient complètement de vue le projet fondateur mariste. Quant au Président de l'OGEC, il passait à côté de l'essentiel du projet de l'Institution en se targuant de ne se concentrer qu'au seul rôle de gardien de la pérennité de l'établissement au plan financier ! Peu lui importait que N-D Valbenoîte perde son âme ancrée dans une longue histoire qu'il a gommée.

Quelles étaient les véritables compétences économiques de ce parent d'élève devenu président de l'OGEC du Groupe Scolaire ? Peut-on admettre qu'elles soient garanties, suffisamment confirmées par le seul fait d'occuper un emploi de cadre dans une grande entreprise ?

En tout cas, ses compéténces de gestionnaire économique, je l'affirme avec une grande assurance, n'atteignaient pas un niveau d'expertise lui permettant de mettre en doute les compétences de gestionnaire que j'avais moi-même acquises en vingt-cinq ans de direction d'établissement scolaire.

Chacun comprendra que l'affirmation du président de l'OGEC dans la lettre de licenciement est complètement mensongère, délétère et profondément malveillante quand il affirmait : « *Nous avions déjà été interpelés sur les raisons profondes de votre défaut manifeste et incompréhensible de maîtrise de la gestion de notre établissement* [1] ».

Mon expérience de gestionnaire économique et financier repose, d'une part, sur la formation solide de chef d'établissement suivie de 1985 à 1987 à l'ISPEC d'Angers avec des responsabes nationaux de l'Enseignement Catholique, et, d'autre part, sur mon expérience de responsable d'établissement scolaire au sein d'ensembles scolaires, de 1985 à 1992 à Ste Marie de Saint-Chamond, puis à partir de 1992 à ND de Valbnoîte – le Rond Point à St Etienne.

A quoi il me faut ajouter qu'en tant adhérent au SNCEEL – Syndicat National des Chefs d'Etablissements de l'Enseignement Libre - , je participais chaque année à au moins une action de formation continue, en particulier en ce qui concerne les questions financières et de gestion des personnels.

Toutes ces expériences ont irréfutablement consolidé ma connaissance et ma pratique de la gestion financière d'un établissement catholique d'enseignement sous Contrat d'Association !

En-dehors de l'expérience en milieu scolaire, je peux aussi faire valoir celle de président d'une association qui, en 1989, a fondé une crèche halte-garderie dans la Vallée du Gier, sous

---

[1] Extrait de la lettre de licenciement du 3 juin 2009.

l'égide de la Direction de la Protection Sociale du Département de la Loire et avec l'appui de Monsieur A. C., ancien maire de La Grand-Croix et ancien député, j'ai piloté le projet de construction de nouveaux locaux destinés à la Crèche Halte-Garderie Coline et Colas qui avait préalablement ouvert dans des locaux provisoires loués à partir de début mai 1989 dans le quartier du Sardon à Genilac.

Chacun comprendra aisément que je n'avais pas de leçon de gestion à recevoir, surtout qu'à la Direction Générale du Groupe Scolaire je travaillais en lien étroit et régulier et avec Monsieur l'Expert – Comptable, et Monsieur le Commissaire aux Comptes.

Aussi me paraît-il opportun d'indiquer ici que le Président de l'OGEC de ND de Valbenoîte, champion de la gestion financière, est quand même fautif de la perte d'une subvention accordée par la Région Auvergne-Rhône-Alpes pour le Lycée, d'un montant de 21 480 euros, pas moins !

En effet, il s'agissait de la subvention dite « Falloux » qui avait été allouée par le Conseil Régional pour aider au financement de travaux de rénovation de plusieurs locaux à usage d'enseignement. Les travaux étaient achevés, la facture réglée, ensuite le Lycée pouvait demander le versement de la subvention accordée. Pour l'obtention du versement, la Direction des Lycées auprès du Conseil Régional demandait la copie du bail souscrit avec l'organisme propriétaire. Mais le Président d'OGEC avait décidé plus d'un an auparavant, de court-circuiter le directeur dans sa relation avec le représentant de l'Association Immobilière du Gier, organisme propriétaire[1], et de traiter lui – même ce dossier ! Hélas, il a transmis trop tardivement le document signé, la subvention ne pouvait plus être versée ! Ne peut-on pas sans

---

[1] Le siège était à ND de l'Hermitage sous le nom d'*Association Immobilière du Gier*, et c'est un frère Mariste qui en assurait la gestion par délégation de son président.

ironie s'autoriser à parler dans ce cas d'une faute grave avérée du Président d'OGEC ?

Voici la copie du message que j'ai reçu de la Responsable de la Direction des Lycées du Conseil Régional :

-------Message original-------
De : DLY
Date : 21/10/2008 09:52:24
A : direction@valbenoite.fr
Sujet : à l'attention de Mr Obringer
Bonjour,
J'ai reçu le 20 octobre la copie du bail actualisé, document qui manquait pour le traitement éventuel d'un dossier de la campagne 2008 sur la fin de l'année.
Malheureusement, ce document est arrivé après que le rapport pour la dernière commission permanente de 2008 soit bouclé.
Le dossier ne pourra donc être traité sur la campagne 2008, mais si vous le souhaitez, vous pouvez le présenter pour 2009.
Quoi qu'il en soit, le bail reçu sera utile pour les éventuels dossiers de 2009.
Cordialement.
Madame ...
Chargée d'établissements
Direction des Lycées

Monsieur le Président de l'OGEC s'est bien gardé de diffuser cette information auprès des responsables des établissements catholiques, des administrateurs de l'OGEC et de l'APEL et aux instances représentatives des personnels.

Comment se fait-il que personne ne lui ait demandé de rendre des comptes au sujet de cette perte de subvention ?

A propos des relations avec l'Association Immobilière du Gier, propriétaire des locaux sur le site de Valbenoîte, la Tutelle Mariste m'a reproché dans la délibération du Conseil de Tutelle du 4 mai, pour justifier le retrait de mon agrément : « *En dehors du champ de la gestion, d'autres éléments marquent la perte de confiance progressive à l'égard de M. Obringer : la signature d'un document concernant le propriétaire sans en référer à ce dernier (Association Immobilière du Gier) pour une convention avec la Ville de Saint-Etienne* ».

En effet, la Ville de Saint-Etienne a engagé dans le lit du Furan d'énormes travaux de pose de deux imposantes conduites de collecte des eaux usées. A cette occasion, la Municipalité nous a adressé une demande d'autorisation pour effectuer les travaux en traversant la cour du Lycée sur une très grande profondeur (5 à 8 m), afin de rejoindre le lit du Furan plus en amont, ce qui leur économisait de procéder au creusement de tunnels pour la pose des conduites[1].

En contre partie, il nous était proposé à titre gracieux la reprise complète des réseaux d'assainissement qui étaient dans un état très dégradé, en séparant les eaux usées des eaux de pluie, à l'intérieur de la grande cour jusqu'au Furan en traversant le parking. C'est Monsieur J.-L. V., responsable des travaux du Groupe Scolaire qui assurait l'interface avec les Services Techniques de la Ville, ce qui faisait partie de ses attributions. Aussi, nous fallait-il donner notre accord dans les quelques jours suivants, il y avait urgence. Or, comme le Président de l'Association Immobilière du Gier n'était jamais joignable directement, il fallait passer par le Frère Econome de N-D de l'Hermitage, nous avons pris la décision de donner notre accord, et j'ai en effet signé la convention. Si ces travaux[2] avaient dû être financés par le Groupe Scolaire, leur montant se serait élevé

---

[1] Travaux d'assainissement du Furan réalisés début 2008. Les photos de ce chantier que j'ai prises sont spectaculaires.

[2] Travaux d'assainissement pour le compte du Groupe Scolaire réalisés en juillet 2008.

à plusieurs dizaines de milliers d'Euros, hors de portée pour le Groupe Scolaire à cette période !

Comme d'habitude, le Président de l'OGEC, pour ce qui relevait de la réalisation de travaux, était aux abonnés absents, tout comme le Trésorier, d'ailleurs ! Le président disait toujours : « Je viendrai voir les travaux une fois achevés » ...

Et le Frère Délégué à la Tutelle ? Egalement aux abonnés absents.

Que d'absents aux moments opportuns, mais c'est au directeur présent sur le terrain qu'on adresse des reproches...

Par conséquent, dans l'intérêt des finances de l'OGEC, j'ai pris mes responsabilités en donnant mon accord pour des travaux indispensables et bénéfiques, sans bourse délier, en faveur du Groupe Scolaire en signant la convention avec la Ville, tout comme je le faisais d'ailleurs déjà chaque année pour les travaux relevant des obligations du locataire ainsi que pour les demandes de subventions Falloux et de Sécurité (toitures, rénovation du gymnase, rénovation de locaux, etc.) auprès du Conseil Départemental pour le Collège et de la Conseil Régional pour le Lycée.

N'aurait-il pas été plus indiqué que l'on m'adressât pour cette économie des félicitations ou des remerciements, de même qu'au responsable des travaux, Monsieur JLV ? Nous sommes deux à avoir compensé les lacunes de ces messieurs.

Tous ces sujets, je les ai pourtant abordés en Conseil d'Administration de l'OGEC. Voilà pourquoi je suis étonné que l'on puisse me faire des reproches. Peut-être n'ai-je pas, pendant ce conseil, mis suffisamment en exergue le silence du Président d'OGEC et l'absence du Délégué à la Tutelle au moment d'une décision urgente à prendre ?

A propos de la signature du nouveau bail dont Monsieur le Président de l'OGEC a voulu se charger auprès du Président de l'Association Immobilière du Gier, je trouve intéressant qu'il ait fait l'expérience des difficultés de contact auxquelles j'ai moi-même été régulièrement confronté avec divers organismes partenaires.

Une bonne leçon reçue par Monsieur le Président de l'OGEC, qui a tout de même occasionné une perte de 21 480 euros !

Pour ne pas en rester sur ce seul sujet, j'ajouterai que Monsieur le Président d'OGEC a aussi commis une autre grande faute : celle de n'avoir pas régularisé mon contrat de travail qui n'a pas été établi ni signé au moment de ma prise de fonction comme Directeur Général du Groupe Scolaire au 1er septembre 2003. En janvier 2008, j'ai alerté par écrit le Frère Delégué à la Tutelle sur ce manquement, à la suite de quoi ce dernier a adressé un courrier au Président de l'OGEC lui demandant explicitement que la régularisation soit réalisée. Cela ne s'est pas fait... Pourquoi ? Ne peut-on pas qualifier cela d' « acte manqué » ? Une faute grave qu'on pourrait nommer « vice de procédure » de sa part ? Une de plus...

Ce manquement a d'ailleurs fait partie de l'Arrêt rendu par la Cour d'Appel de Lyon condamnant, entre autres mesures, *« l'OGEC de Valbenoîte – Le Rond – Point à verser à Arthur OBRINGER la somme de 3 000 euros de dommages et intérêts pour exécution déloyale du contrat de travail*[1] *».*

Finalement, la Tutelle Mariste n'a jamais remis en cause ce Président de l'OGEC, elle a cédé à ses multiples coups de boutoir pour obtenir le retrait d'agrément du directeur, elle a cautionné toutes ses décisions. L'institution les a payés très cher, en particulier au plan financier puisque l'OGEC a perdu le procès que j'avais intenté contre lui au Conseil des Prud'hommes et à la Cour d'Appel des Prud'hommes de Lyon. J'ai su que plusieurs autres personnels ont saisi le Conseil des

---

[1] Extrait de l'Arrêt du 10 février 2012 de la Cour d'Appel de Lyon – Chambre Sociale C.

Prud'hommes et obtenu gain de cause. Que d'argent jeté par les fenêtres !

Pour l'anecdote, lorsque l'avocat de l'OGEC a évoqué l'OGEC ND de Valbenoîte à l'audience publique du 12 janvier 2012 à La Cour d'Appel de Lyon, Madame la Présidente l'a tout de suite interrompu, lui disant qu'elle connaissait déjà l'OGEC N-D de Valbenoîte. En fait, elle avait déjà eu, semble-t-il, à présider une séance qui concernait un cadre d'éducation de l'établissement, lequel a d'ailleurs obtenu gain de cause lui aussi.

Le Groupe Scolaire N-D de Valbenoîte-Le-Rond-Point n'aurait-il pas plutôt eu besoin de tout cet argent gaspillé pour mieux faire face à la situation difficile dans laquelle il se trouvait à cette période ? Cela ne lui aurait-il pas facilité son évolution en allant dans le sens des projets de réorganisation des établissements catholiques d'enseignement du Diocèse de St-Etienne ? L'OGEC, à cette époque difficile, n'a-t-il pas saboté les chances d'un avenir possible grâce à une nouvelle réorganisation pour tout le Groupe Scolaire de Valbenoîte, un des plus anciens de la Tutelle Mariste, un établissement pilier de son histoire ?

N'aurait-il pas été plus raisonnable, plus sage, de la part de la Tutelle Mariste et de l'OGEC d'étudier et suivre ma préconisation, à savoir, qu'elle m'accompagne pour l'obtention d'un nouveau poste à la rentrée de septembre 2009 et qu'elle s'évertue à rechercher un nouveau directeur, une nouvelle directrice, qui aurait eu comme principale mission de préparer le Groupe Scolaire à bien traverser la période de la délocalisation du Lycée, avec comme double objectif, d'une part, de travailler à la construction de l'avenir de l'Institution dans sa nouvelle configuration sur le site de Valbenoîte, et, d'autre part, à l'implantaton du Lycée nouveau sur le site prévu au départ à Saint-Galmier.

En fin de compte, en dépit du déni et du silence de la Tutelle Mariste, de son laisser-faire face à l'OGEC et à l'APEL, la délocalisation du contrat d'Association du Lycée ND de Valbenoîte-Le-Rond-Point a fini par se réaliser à Montrond-lès-Bains, et non à Saint-Galmier, selon le programme piloté par le CODIEC conformément aux préconisations de l'étude prospective.

Cette délocalisation du contrat du Lycée ND de Valbenoîte-Le Rond-Point a été confirmée le 12 mai 2009, en ma présence, en réunion plénière de tous les personnels du Groupe Scolaire par une annonce faite de vive voix par Monsieur le Directeur Diocésain lui-même, en présence du Frère Délégué à la Tutelle Mariste, en précisant une réalisation sur trois ans à partir de la rentrée de septembre 2010. De fait, elle s'est effectuée avec quelques années de report, à la rentrée 2015.

Un courrier daté du 14 janvier 2015, intitulé « *Notre Dame de Valbenoîte-Le-Rond-Point – Un groupe scolaire qui évolue* » destiné aux familles a été adressé par le Monsieur le Délégué à la Tutelle des Frères Maristes en exercice et le Directeur Diocésain, dont voici un extrait : « *(...) après avoir étudié les différentes solutions, les décisions suivantes ont été prises pour la renetrée 2015 :*
- Déplacement des classes de Seconde du fait d'une poussée démographique sur la commune de Montrond-lès-Bains, à la rentrée 2015-2016,
- Maintien des classes de Première et de Terminale sur le site de Valbenoîte où les élèves pourront terminer leur scolarité, (...) ».

Le sujet de la délocalisation du contrat du Lycée était vraiment très important dans les années 2008 et 2009, sujet qui, de manière étonnante n'a pas été abordé comme sujet essentiel ni par la Tutelle Mariste, ni par l'OGEC, et refusé par l'APEL, ce que j'ai déjà abordé plus haut : et voilà que les responsables de l'institution ont été rattrapés par l'obligation de réfléchir à son avenir. S'ils avaient gardé la tête sur les épaules, ils auraient sans doute trouvé les chemins de la réflexion aux côtés du directeur, en travaillant ensemble à bien informer toutes les personnes concernées, personnels, enseignants, familles, élèves, à échanger et réfléchir sur les changements à venir, à les comprendre et à tenter de garder un minimum de sérénité.

Ne doit-on pas parler ici de fautes commises par les responsables de la Tutelle Mariste et de l'OGEC ? Erreurs graves qui ont coûté très cher au plan financier et qui ont très fortement abîmé l'image du Groupe Scolaire N-D de Valbenoîte – Le Rond-Point !

N'aurait-il pas dû y avoir des sanctions pour ces gens fautifs, n'auraitent-ils pas dû rendre des comptes ? Se pose la question de savoir à qui ?

C'était bien plus commode de désigner un bouc émissaire et de faire porter la responsabilité au directeur pour que les vrais responsables soient dédouanés.

Pour finir sur tous ces points, ne peut-on pas dire que la Tutelle Mariste et l'OGEC sont les responsables de ce que j'appellerai « *un loupé magistral et d'ampleur* » dans l'histoire de l'Institution ! J'ai eu la décence de parler « *d'erreurs graves* » à leur sujet sans employer leur expression à mon égard « *faute grave* », le mot faute ayant une connotation morale reconnue qui laissait tout imaginer concernant ma personne en tant que directeur.

3. Les responsables de l'Association des Parents d'Elèves

L'APEL de N-D de Valbenoîte-Le Rond-Point – Association des Parents d'Elèves de l'Enseignement Libre - a longtemps fait le choix de garder son autonomie en n'adhérant pas à l'UDAPEL – Union Départementale des Associations de Parents d'Elèves – , ce que j'ai trouvé fort dommage. Je pense que cela la privait de l'expérience, des conseils et des formations destinées à des responsables associatifs ce qui lui aurait permis de prendre du recul par rapport au vécu de l'Institution, notamment durant ces années difficiles.

3.1 Une Association à la recherche de son identité

Il est vrai que cette association a traversé de fortes turbulences à partir de l'automne 1995 suite au décès d'un professeur d'Anglais du Lycée, aboutissant à sa dissolution quelques mois plus tard.

Pourquoi ?

Parce que l'Association était l'organisme porteur, depuis des années, de l'organisation de deux séjours linguistiques en Angleterre dirigés par ce professeur chaque été en juillet et août, en toute indépendance sur le plan organisationnel et financier de l'établissement et sans la caution morale de celui-ci.

Le décès de ce professeur est intervenu brutalement en octobre 1995 au moment où il faisait l'objet d'une enquête préalable effectuée par la Brigade des Moeurs à la demande du Parquet de St Etienne auquel j'avais transmis un signalement par l'intermédaire d'avocate.

A cette période, les responsables de l'Association ont « tiré à boulets rouges » sur l'établissement en laissant entendre que le directeur l'avait poussé au suicide avec le soutien du Directeur Général et la Tutelle.

Le Lycée a vécu une semaine très agitée, les responsables de l'Association ayant même organisé une manifestation dans la rue devant l'entrée du Lycée. Comme par hasard, certains élèves et médias ont été manipulés. Comment ? Par qui ? Le corps professoral, quant à lui, très soulagé qu'une enquête préalable soit ouverte, était aux côtés et solidaire de son directeur.

Je reviendrai ultérieurement sur ces événements douloureux et violents, notamment en raison des menaces de mort qui m'ont été adressées par téléphone, par écrit et taguées sur le mur d'enceinte de l'établissement, menaces également proférées à l'encontre de la directrice-adjointe du Lycée, du Directeur Général du Groupe Scolaire et d'un représentatn de la Tutelle.

Le président de l'OGEC en exercice à cette période a immédiatement demandé aux administrateurs que la présidente de l'APEL qui siégeait au titre de sa fonction au Conseil d'administration en soit exclue. Ce qui a été fait.

Des parents adhérents à l'APEL se sont retirés, refusant de cautionner l'attitude de ses responsables. L'APEL a ensuite procédé à sa dissolution.

Des mois plus tard, sous l'impulsion de Monsieur R., parent d'une élève du Lycée, un groupe de parents « de bonne volonté », s'est organisé pour créer une nouvelle association qui a souhaité garder son autonomie vis-à-vis de l'UDAPEL.

La nouvelle équipe de responsables de l'Association a noué des liens constructifs avec la direction de chacune des quatre unités du Groupe Solaire.

L'équipe suivante des responsables de l'Association a poursuivi dans le même état d'esprit, elle s'est montrée particulièrement dynamique, notamment pour l'organisaton de la fête annuelle du Groupe Scolaire qui se déroulait un samedi du mois de juin. Seule fausse note, le président s'est fâché avec le Groupe Scolaire au sujet du montant de la contribution familiale au point de quitter la présidence et de retirer ses enfants de l'établissement.

Une troisième équipe a pris le relais, avec laquelle nous avons pu travailler en Conseil d'Etablissement sur des sujets éducatifs : la fonction de parent-correspondant de classe inscrite dans une charte, la représentation des parents au Conseil d'Etablissement, au Conseil Pastoral, aux Conseils des deux Ecoles, au Conseil de discipline, etc.

J'ai de nouveau évoqué à plusieurs reprises avec le président l'intérêt pour l'APEL d'adhérer à l'UDAPEL, proposition qui a fini par être entendue en 2008.

Hélas, un grain de sable est venu se glisser dans les rouages des relations de l'APEL avec moi comme directeur général.

Le Bureau de l'APEL avec l'appui du président de l'OGEC demandait que l'adhésion des parents à leur Association soit indiquée sur la fiche d'inscription annuelle des élèves et son montant inscrit sur la première facture trimestrielle en plus de la contribution familiale, en précisant aux familles qu'elles devraient à ce moment-là confirmer ou non leur adhésion. J'ai alerté l'Association sur le caractère illégal de ce procédé, conforté dans cet avis par l'Expert-Comptable et le Commissaire aux Comptes que j'ai consultés. Je me suis donc tout naturellement, en conformité avec la loi, opposé à la mise en place de ce mode d'adhésion à l'APEL.

Les relations avec l'établissement de certains parents responsables se sont hélas tendus la dernière année, phénomène que j'ai eu du mal à comprendre, aucune récrimination ou raison ne m'ayant été formulée explicitement.

Les tensions étaient palpables à diverses reprises.

L'intervention agressive de la Vice-présidente à une réunion plénière des personnels du Goupe Scolaire, comme je l'ai évoqué plus haut, en a été une expression.

La même personne a contesté une décision prise démocratiquement à la fin d'un Conseil de Discipline au Lycée, auquel elle avait participé en tant que représentante des parents, membres de la Commission Permanente.

Le président et un autre parent sont venus « contrôler » l'état de la cour à la suite des importantes chutes de neige début décembre, après quoi des courriels ont été adressés en catimini au Frère Délégué à la Tutelle et au Président de l'OGEC...

Quinze jours avant, à ma grande surprise, Monsieur le Président de l'Assocation m'informe que l'APEL a décidé de se retirer de sa participation à l'Equipe d'Animation Pastorale. Je lui ai adressé une réponse écrite dont voici quelques extraits :

« *Lundi 17 novembre dernier je suis entré en possession de ton courrier concernant l'EAP – Equipe d'Animation Pastorale –, dans lequel tu m'informes de la décision de l'APEL de ne pas participer à cette instance.*

J'ai été surpris, en effet, car lorsque vous affirmez « *par notre absence nous voulons montrer que notre place n'est pas reconnue au sein de votre équipe », je lis une certaine contradiction avec les propos du président de l'APEL adressés quelques jours auparavant, le 13 novembre, aux parents - correspondants du Collège et du Lycée :* « *Dans notre école, nous avons de la chance car nous sommes reconnus par la direction et nous participons aux diverses instances du Groupe Scolaire* ».

Le sentiment de déception, quant à lui, je l'ai éprouvé par rapport à l'ordre du jour de la réunion de l'EAP, qui portait justement sur les nouvelles orientations diocésaines, promulguées le 5 septembre. Le but recherché par Madame M.B., coordinatrice de l'EAP, et moi-même lorsque nous avons inscrit ce point à l'ordre du jour, était de permettre aux membres de l'EAP de mieux s'approprier les points qui portent sur la pastorale scolaire et la catéchèse, et ainsi, de s'assurer que dans notre ensemble scolaire nous œuvrons bien dans le sens de ces orientations de l'Eglise du Diocèse ».

Il est arrivé que l'un ou l'autre parent ait vécu une difficulté avec l'établissement, j'en ai évoqué plusieurs plus haut et, à cette occasion, ils ont été poussés à adresser un courrier soit à l'APEL, soit à l'OGEC, soit même à la Tutelle et au Directeur Diocésain. Pour la plupart de ces courriers, je n'en ai eu connaissance que bien après mon éviction, au moment de la Commission de Concilation et même plus tard lors du procès au Conseil des Prud'hommes. Ce n'est donc pas faux d'affirmer que cela avait pris des allures d'une cabale contre le directeur avec un refus total de franchise mais une volonté délétère incontestable.

Il m'importe d'exprimer un certain écoeurement en pensant que les responsables de l'APEL étaient très certainement au courant dès 2008 des demandes répétées et de plus en plus insistantes du Président de l'OGEC auprès de la Tutelle de me retirer l'agrément, ce qui explique sans doute les relations très troubles que certains parents ont entretenues entre l'Association des Parents d'Elèves et l'OGEC et avec le Frère Délégué à la Tutelle.

Sentiment d'écoeurement ressenti parce que je réalise que les relations de ces responsables à l'égard de la direction étaient habitées par une profonde hypocrisie qui explique mon ressenti très désagréable durant ces mois.

Aussi, n'était-il pas anormal que l'APEL organise le 2 avril 2009, avec la Tutelle, une réunion d'informations des parents pour parler de l'avenir de l'établissement sans en avertir le directeur ? N'était-ce pas inquiétant car contraire aux règles élémentaires de fonctionnement d'un établissement scolaire et au respect mutuel à observer par chacun des partenaires de Institution ?

Les responsables de ces deux instances sont sortis de leur rôle perdant totalement de vue que la rentrée scolaire d'un établissement relève de sa direction et de son administration, conformément :

- aux directives de l'Education Nationale publiées dans un Bulletin Officiel en respect du Contrat d'Association portant sur l'enseignement, l'orientation scolaire et l'encadrement éducatif des élèves ;
- aux orientations éducatives et pastorales définies dans le projet éducatif validé par la Tutelle Mariste en raison de son appartenance au réseau mariste ;

- aux orientations définies par le statut de l'Enseignement Catholique ;

- aux orientations financières et budgétaires arrêtées par l'Organisme de Gestion en lien avec la Tutelle et le Chef d'Etablissement.

3.2 L'APEL associée pour l'exercice du pouvoir

La réunion du 2 avril était organisée sans que j'en sois informé, dont j'ai pris connaissance par la lettre d'invitation adressée aux familles[1] par l'intermédiaire des professeurs principaux.

Extraits : « *L'information sera faite par le service de la Tutelle Mariste dont dépend l'établissement :*

- Implication de la démarche diocésaine pour l'établissement de Valbenoîte

- Rentrée scolaire 2009/2010 : quels changements dans le quotidien scolaire de vos enfants ? ».

Cela traduit explicitement ma mise à l'écart car de tels sujets relèvent d'abord et avant tout de la direction. Ironie du sort, je me suis rendu à cette réunion, et, comme à l'accoutumée, c'est moi qui ai accueilli les parents et ouvert la réunion, le Frère Délégué à la Tutelle étant arrivé avec près d'une demi-heure de retard. Cela ne faisait pas très sérieux…

Cela traduit aussi la prise et dérive de pouvoir effectives du Frère Délégué à la Tutelle qui a ainsi montré sa posture autoritaire, aux antipodes de ce qu'aurait dû être celle d'un

---

[1] Après avoir reçu une copie de cette invitation faite aux parents, considérant cela comme une grave dérive, j'en ai fait part au Collègue délégué départemental du SNCEEL et à M. Paul Malartre, ancien Directeur Diocésain à Saint-Etienne et ex-Secrétaire Général National de l'Enseignement Catholique : les deux étaient outrés de cette déviance.

« accompagnement » par la Tutelle de l'établissement et de sa direction. Quelle dérive !

Cela traduit enfin l'incapacité des responsables de l'Association de Parents d'Elèves à prendre leurs distances et à comprendre qu'ils ont été instrumentalisés.

C'est lors de cette réunion, dont l'atmosphère était détestable, que le Frère Délégué à la Tutelle a fait preuve d'une absence totale de retenue en annonçant sans aucune hésitation le licenciement du directeur-adjoint et l'arrivée d'un nouveau directeur à la rentrée de septembre. Très grave erreur de calendrier puisque les intéressés n'avaient préalablement reçu aucune information légale officielle. Il était devenu explicite pour moi que le retrait d'agrément était acté, mais sans penser que je serais « jeté comme un malpropre » un mois plus tard. J'ai simplement rappelé que j'étais en emploi à durée indéterminée et qu'il y aura un changement de direction seulement si je suis engagé dans un autre établissement puisque j'étais entré dans le mouvement de la mobilité des Chefs d'établissements. Ce qui s'inscrit dans une procédure légale.

La relecture de ces événements m'amène à dire que la détermination du Frère Délégué à la Tutelle « à me faire dégager », consolidée et surtout impulsée par celle de Monsieur le Président de l'OGEC, apparue lors de cette réunion était annonciatrice de la violence avec laquelle mon éviction s'est passée. Un fort pressentiment a pris naissance au plus profond de moi-même.

Les responsables de l'Association des Parents d'Elèves étaient complices de ce qui était en train de se jouer à l'encontre du directeur et de son adjoint. L'ensemble des parents étaient loin de mesurer la gravité de ce qui se tramait alors. En temoignent les nombreux courriers et que j'ai reçus ultérieurement par des parents ou la copie des lettres qu'ils ont adressées aux autorités de l'Enseignement Catholique.

Un parent d'élèves qui était directeur d'une Ecole Catholique du Diocèse, a adressé un courrier à la Tutelle le 7 juillet 2009 : « (...) J'ai été particulièrement choqué par les événements qui se sont déroulés tout au long de cette année scolaire au Groupe Scolaire Notre Dame de Valbenoîte à Saint-Etienne qui appartient au réseau mariste. En particulier, je n'ai pas compris la décisions des Frères Maristes de faire intervenir un huissier pour présenter un retrait d'agrément au chef d'établissement et de soutenir l'OGEC dans le licenciement pour faute grave. Je suis conscient que je ne connais pas les faits de façon très précise mais je reproche la brutalité de la méthode employée. Je suis un Directeur qui partage les valeurs que l'Enseignement Catholique que je souhaite transmettre et je ne me retrouve absolument pas dans ce qui se passe dans cet établissement où sont scolarisés mes enfants ».

L'épouse de ce parent, qui exerçait comme professeur à l'Ecole Maternelle de Valbenoîte, écrivait elle aussi dans sa lettre à la Tutelle : « *Les valeurs maristes, que j'ai pu approfondir lors des rencontres de réseau, permettent-elles de « jeter » une personne ? De quel droit, et au nom de quoi, peut-on traiter une personne de cette manière ? Quelles peuvent être les conséquences d'un tel acte pour la personne ? pour sa famille »* ?

« *On reproche aux directeurs de chaque unité la baisse des effectifs, (...). Je suis enseignante en Maternelle (...). On se savait dans la tourmente, était-on obligé de déclencher une tempête ? On a l'impression qu'il fallait un bouc émissaire[1]* ».

Dans la continuité de la réunion du 2 avril 2009, le Frère Délégué à la Tutelle et Monsieur le Président de l'APEL ont

---

[1] A ce sujet, je peux citer un propos tenu en 2010 par Jean-Jacques Bourdin, journaliste à RMC Info : « *En période de crise il faut trouver des boucs émissaires. Le pouvoir en joue et c'est dangereux. C'est une forme de manipulation que je crains* ».

adressé un compte-rendu à tous les parents, toujours sans information préalable au directeur. Cela a pu donner l'impression aux familles que c'était bienveillance de leur part de les prévenir des changements à venir.

A propos du contenu de ce document, les deux extraits qui figurent ci-dessous appellent de ma part plusieurs observations.

Premier extrait :

« *D'ici juillet 2009, le Direction de l'Enseignement Catholique, en lien avec les Congrégations religieuses, réorganisera le réseau des établissements sur l'ensemble du Diocèse. Des communautés d'établissements seront mises en place. L'Ensemble Scolaire Notre-Dame de Valbenoîte est concerné par cette démarche au même titre que tous les autres établissements scolaires du Diocèse, ni plus ni moins.* »

Cette communication, très générale et en même temps très vague, n'apporte aucune information précise et n'a certainement pas manqué d'interoger plus d'un parent sur ce que cela changera concrètement pour l'établissement. Et voilà qui ne rassure guère pour inscrire ou réinscrire des enfants à la prochaine rentrée.

C'est en fait une évocation très imprécise du projet déjà bien avancé du CODIEC de délocaliser le contrat d'un Lycée stéphanois à St Galmier à partir de la rentrée 2010 : le Lycée N-D de Valbenoîte était l'établissement concerné en premier par cette perspective.

Ce qui me stupéfie, c'est que le sujet a, quelques rares fois, été évoqué par le Frère Délégué à la Tutelle mais il n'a jamais fait l'objet d'une réflexion approfondie, d'un dialogue et d'une communication très formelle avec les partenaires des instances du Groupe Scolaire, sauf à deux reprises, à mon initiative à moi comme Directeur Général, lors d'une réunion plénière de tous les personnels animée par moi-même, à laquelle les responsables de l'Assocaition des Parents et de l'OGEC ont d'ailleurs participé ! A cette occasion je donnais des informations officielles en provenance de l'étude « Prospectives » et du CODIEC que lesdits responsables avaient eux aussi reçues aux réunions diocésaines organisées par le CODIEC pour faire état de l'avancement de la réorganisation des établissements sur le Diocèse.

Deuxième extrait :

« *En parallèle à cette réorganisation, la communauté mariste a la volonté d'améliorer, dès la rentrée prochaine, le fonctionnement du Groupe Scolaire de Notre-Dame de Valbenoîte. De nouvelles structures seront mises en place (...)* ».

Voilà qui est également bien flou : réorganisation ? Volonté affichée par la communauté mariste ? De nouvelles structures ? De quoi, de qui est-il concrètement question ?

Encore une fois, était-ce là un bon procédé pour attirer familles et élèves ?

Des annonces faites sans implication des responsables pédagogqiues des quatre unités, donc sans les Directrices des Ecoles, ni le Directeur, ni le Directeur- Adjoint. Cela ne pose-t-il pas question ? N'est-ce pas de nature à susciter l'inquiétude des parents ? A un moment plus qu'inopportun ?

Tutelle et responsables de l'Association ont ainsi largement contribué à jeter le trouble sur le fonctionnement du Groupe Scolaire et à le plonger dans une énorme confusion des rôles, à donner libre-cours à toutes sortes de rumeurs…

Les familles étaient dans une ignorance totale de ce qui se tramait.

Comment pouvaient-elles comprendre quelque chose lorsque, de surcroît, elles reçoivent quelques semaines plus tard une lettre datée du 25 mai, signée du Frère Délégué à la Tutelle, de Monsieur le Président de l'OGEC et de Monsieur le Président de l'APEL, les informant sans explication aucune, j'insiste, sans explication aucune, du changement de directeur en utilisant ce que l'on appelle familièrement « la langue de bois » ?

« Afin de mieux répondre aux attentes des familles et des élèves dans notre établissement, Madame… assurera désormais la fonction de directrice générale du Groupe Scolaire Notre-Dame de Valbenoîte.

Elle remplacera Mr Arthur Obringer jusqu'à l'arrivée du nouveau directeur général ».

Que pouvaient donc vraiment compendre les parents et les élèves ? Surtout que le journal local « *La Gazette de la Loire* » a mentionné sur sa Une « Que se passe-t-il à Notre-Dame de Valbenoîte ? » et a parlé de mon « *licenciement pour faute grave* »[1], propos confirmé dans l'interview de Madame …, la directrice nouvellement nommée pour me remplacer. Elle affirmait : « *M. Obringer a été licencié pour faute grave et pas pour faute lourde* », ajoutant plus loin : « *L'établissement fonctionne à merveille avec plus de 1300 élèves* ».

On peut en effet s'interroger sur ce que les parents pouvaient comprendre de la situation. La porte était dorénavant très grande ouverte à toutes sortes de rumeurs à mon sujet ! Rumeurs dans tous les domaines…

Pourquoi toute cette agitation, puisque « *l'établissement fonctionne à merveillle* » ?

C'est sur ces propos que j'achève mes réflexions sur le rôle trouble et complice pour mon « assassinat professionnel » joué par les responsables de l'Association de Parents d'Elèves la dernière année de ma présence à la direction générale du Groupe Scolaire.

---

[1] La Gazette de la Loire, N°457 – Du 19 au 25 juin 2009 – Page 9

Ainsi, concernant le rôle de l'APEL à ND de Valbenoîte – Le Rond-Point, la boucle fut bouclée : rôle plus que trouble et très intrusif déjà juste après mon arrivée en 1992 dans le Groupe Scolaire lors de l'instruction du dossier qui m'a conduit à faire un signalement au Procureur de la République concernant le comportement d'un professeur du Lycée, et encore rôle trouble et intrusif dans la préparation de mon « assassinat professionnel » en 2009 : 17 ans écoulés pour… « *régler les comptes* » ?

4. La Direction Diocésaine de l'Enseignement Catholique

4.1 Un nouveau Directeur Diocésain

Au moment de mon licenciement, l'Enseignement Catholique du Diocèse de Saint-Etienne avait un directeur qui avait pris ses fonctions en septembre 2008, en provenance d'une autre région, professeur de Philosophie de formation devenu ensuite Chef d'Etablissement.

C'était le cinquième Directeur que j'ai connu au Diocèse de Saint-Etienne, après Frère J.R., mariste, puis M. Paul Malartre, devenu plus tard Secrétaire Général National de l'Enseignemant Catholique, ensuite, Monsieur P.G. ancien collègue Chef d'Etablissement à Lyon, enfin Monsieur J.-C. S., également ex-Chef d'Etablissement.

Tous ont marqué de leur empreinte le vie des établissements du Diocèse, de la Maternelle au Post-Bac, contribuant chacun au développement d'une culture éducative, d'enseignement et de pastorale profondément imprégnée des valeurs adossées à une vision de l'Homme référée à l'Evangile : accueil de tous, chaleur humaine, respect de chaque personne, unique et irremplaçable, partage de la confiance et de la foi en l'avenir de chacune et de chacun, acceptation de la personne quel que soit l'endroit où elle se situe sur le chemin de la foi chrétienne.

Lors de son arrivée, le nouveau Directeur avait affirmé à plusieurs reprises que, fort de l'expérience de l'exercice très exigeant et souvent éprouvant de la fonction de Chef d'établissement, il serait toujours aux côtés des Chefs d'établissements.

A travers mon expérience, j'ai hélas vécu le contraire dans ma relation à ce nouveau Directeur Diocésain.

Peu après son arrivée, c'est tout naturellement, en tant que Chef d'établissement d'un Ensemble Scolaire sous Tutelle congréganiste, que je l'ai sollicité pour une rencontre afin de lui présenter notre Institution comme je l'ai fait peu après l'arrivée des deux précédents directeurs.

Tout comme je l'ai fait le 6 juin 2008, auprès de Mgr l'Evêque, lorsque je lui ai fait une invitation pour la Saint-Marcellin Champagnat et que nous avons célébré ce jour avec lui.

Démarche qui me paraissait s'imposer au-delà du caractrère protocolaire pour marquer l'appartenance de l'établissement à l'Enseignement Catholique Diocésain et pour manifester notre volonté d'apporter notre contribution active au partage de la vie, des valeurs et des orientations communes.

Démarche aussi pour témoigner de notre volonté de participer à la réflexion et au travail sur les orientations nationales et de l'observatoire de pédagogie dans le cadre des Assises Nationales pour l'année 2008-2009 sur le thème de « Choisir la Rencontre ».

Démarche également pour partager avec l'ensemble des établissements le questionnement piloté par le CODIEC sur la réorganisation de l'Enseignement Catholique du Diocèse de Saint-Etienne et de la Loire.

Le Directeur Diocésain était secondé par une adjointe, Madame ..., chargée de mission, ex-collègue Cheffe d'Etablissement, retraitée.

Aussi me semble – t – il utile d'indiquer ici que mon épouse, Psychologue et Conseillère d'Orientation, était employée par l'OGEDEC dans le Service de Psychologie et d'Orientation de la Direction Diocésaine, sous l'autorité du Directeur.

Le SPO – Service de Psychologie et d'Orientation a été créé en 2000 au moment du départ à la retraite de son directeur, Frère M.F. – un frère acteur authentique de l'esprit mariste – par la fusion-absorption du SCO – Service Complémentaire d'Orientation – et du Service de Psychologie de la Direction de l'Enseignement Catholique.

A cette occasion mon épouse devenait co-responsable du SPO en tandem avec son collègue Psychologue, responsable de l'ancien Service de Psychologie.

Ce cadre étant posé, je peux à présent revenir sur ma relation avec ce nouveau Directeur Diocésain telle que je l'ai vécue à partir de ma première rencontre avec lui, à ma demande comme je l'évoquais, le vendredfi 3 octobre 2008.

Accueil peu chaleureux.
Sentiment qu'il n'est pas à mon écoute.

A peine ai-je fait une présentation rapide de mon parcours professionnel qu' « il prend la main sur l'entretien », sans me laisser le temps de lui faire une présentation succinte du Groupe Scolaire. Présentaton pour laquelle j'avais préparé un document détaillé et exhautif, que je lui ai tout de même remis à la fin de la rencontre.

D'emblée, j'entre-aperçois, déposée devant lui sur son bureau, une feuille avec un courriel édité que lui avaient adressé le Président et le Trésorier de l'OGEC de Valbenoîte, document sur lequel il avait surligné plusieurs passages.

Ils lui ont fait part « *de l'incapacité du directeur à gérer l'établissement et qu'ils allaient eux-mêmes prendre en main la gestion pour redresser la situation en atendant le remplacement du directeur actuel* ».

J'étais donc déjà « fiché » !

Bien entendu, j'ai pu apporter quelques explications sur l'évolution défavorable de la situation de notre Institution et évoquer superficiellement le sujet de la délocalisation du contrat d'un Lycée stéphanois et que je n'excluais pas que le choix du CODIEC se porte sur le Lycée de notre Ensemble Scolaire.

J'ai pu lui dire combien la Tutelle Mariste était absente depuis plusieurs années et que le nouveau Délégué à la Tutelle ne m'inspirait pas confiance dans son incapacité à être à mon écoute et à celle de notre Institution, notamment parce que je m'apercevais que la préparation de la Visite dite d'Evaluation qu'il avait programmée pour la mi-octobre me paraissait mal engagée.

C'est alors que le Directeur Diocésain m'a proposé de le rencontrer ultérieurement et d'assurer une sorte d'accompagnement pour pallier la défaillance de la Tutelle, ce que j'ai accepté.

Hélas, avec lui j'ai vécu un accompagnement galvaudé, d'abord par le nombre restreint de rencontres, ensuite par la non-prise en compte de mes propos lorsque je dénonçais l'attitude des responsables de la Tutelle, de l'OGEC et d l'APEL à mon égard et à l'égard de l'Institution.

Au cours de la seconde rencontre, vendredi 28 novembre, je reviens avec lui sur le rapport de la Visite du Tutelle, ou plutôt de « *l'audit* », truffé de mensonges et de fausses informations me concernant, rapport que j'avais dénoncé dans un long courrier très détaillé dont je lui avais adressé la copie. Aucune prise en compte de mes propos écrits dans ce courrier.

Le mardi 16 décembre, il est venu, à mon invitation, dans l'établissement que j'envisageais de lui faire découvrir au cours d'une petite visite, mais il devait partir plus tôt que prévu. Avec les membres du Conseil de Direction du Groupe Scolaire, nous avons tout de même pu évoquer succintement avec lui les perspectives d'avenir du Lycée au cas où il serait choisi par le CODIEC pour la délocalisation.

J'ai eu une troisième et dernière rencontre individuelle avec lui fin février 2009 au cours de laquelle je lui ai fait part de mon entrée dans le mouvement de la mobilité des chefs d'établissements, lui indiquant que je lui adresserai ma candidature pour la direction d'un autre établissement à la rentrée de septembre. Ce que j'ai fait ultérieurement dans un courrier détaillé. Ayant déjà le pressentiment que le Lycée N-D de Valbenoîte allait être désigné par le CODIEC pour la délocalisation à Saint-Galmier, il me paraissait judicieux que ce soit une nouvelle direction qui assume cette opération avec un regard neuf, une nouvelle énergie et une dynamique relancée.

Concernant ma candidature que je lui avais envoyée, je l'ai contacté par téléphone le mercredi 13 mai. Quels ne furent pas mon étonnement et ma déception lorsqu'il me dit qu'il y a bien des postes vacants dans le Diocèse, mais qu'il n'envisageait pas de me solliciter, me disant « vu la situation dans laquelle vous vous situez actuellement ».

Huit jours après, je suis mis à la porte selon une procédure entâchée d'une extrême violence, violence décuplée lorsqu'on m'annonce que je suis remplacé au pied levé par Madame ..., l'adjointe du Directeur diocésain.

Je pense que lors de mon échange téléphonique quelques jours auparavant avec le Directeur Diocésain, ce dernier était déjà au courant de ce qui venait d'être décidé me concernant, avec sa pleine complicité.

Lors de ma première rencontre avec lui en octobre, j'étais à cent lieues de me douter que les rencontres ultérieures avec le Directeur Diocésain allaient être stériles, mais très vite j'ai perçu qu'il s'était rangé aux côtés de la Tutelle et de l'OGEC contre le directeur et qu'il était partie prenante dans le projet de mon éviction, dans le secret. Cela s'est confirmé. La complicité était rampante depuis des mois. Il était destinataire de tous les courriers et courriels de la Tutelle et de l'OGEC depuis la rentrée de septembre ! Ils ne les a pas contredits. Il était destinataire de courriers de deux ou trois parents mécontents sur des questions de coût de la restauration scolaire ou de problèmes de famille d'accueil survenus pendant un séjour de découverte de l'Angleterre organisé par une professeure d'Anglais, qu'il a fait suivre à la Tutelle alors qu'ils relevaient de la responsabilité de la direction. Lui aussi m'avait donc déjà mis hors-jeu.

Complicité encore.

Plus tard, quand il s'est agi de se positionner en réponse à des questions posées par les Chefs d'établissements et par le Délégué départemental du Snceel, ou encore de parents d'élèves ou des amis qui lui ont adressé des courriers au sujet de mon licenciement, sa réponse était selon l'expression familière de « botter en touche » en disant que la responsabilité en revenait à la seule Tutelle Mariste.

A la complicité s'ajoute l'hypocrisie.

Oui, quelle hypocrisie de sa part lorsqu'il a affirmé « *qu'il serait toujours aux côtés des Chefs d'établissement* ».

Je n'ai jamais ressenti de la sympathie de sa part.

J'ai siégé à la CAD – Commission Avenir et Développement – en tant que représentant du SNCEEL – Syndicat de Chefs d'Etablissement. A l'occasion d'une réunion début 2009, au cours de laquelle nous devions étudier la dotation horaire globale attibuée par l'Académie à chaque établissement, il s'est montré arrogant à mon encontre. En effet, lorsque je lui ai adressé une demande d'éclaircissement, exprimée unanimement par mes collègues chefs d'établissement, sur l'écart à la baisse de la dotation annoncée par l'Inspecteur d'Académie qui nous a réunis quelques jours auparavant et celle qui est arrivée dans les établissements, il s'est mis en colère et m'a adressé des propos désagréables sur mon Syndicat en disant que « *le Snceel fait et dit n'importe quoi, c'est bien connu !* ». Il a montré le visage de quelqu'un de très contrarié. Avec mes collègues des autres syndicats nous avions perçu qu'il semblait déjà contrarié à son arrivée, il nous a rejoints avec plus d'un quart d'heure de retard… C'était surprenant d'avoir à traiter de sujets aussi esentiels pour les établissements avec un responsable docésain sujet à de telles sautes d'humeur.

Aucune sympathie non plus sur un tout autre plan.

Comme déjà évoqué, mon épouse[1] travaillait sous sa direction au Service de Psychologie et d'Orientation. On aurait pu imaginer qu'en tant que responsable il pouvait « amicalement » évoquer avec elle la situation difficile que traversait l'établissement que je dirigeais, surtout que des psychologues du SPO y faisaient des interventions. Il aurait pu lui demander comment moi je vivais cette période éprouvante. D'après ma longue expérience de direction, je n'aurais pas trouvé déplacé dans cette situation professionnelle que le responsable demande des nouvelles à l'une de ses collaboratrices dont le conjoint traverse une période professionnelle difficile.

Non, cela ne s'est pas passé ainsi, au contraire, à plusieurs reprises, il s'est montré désagréable à son encontre. Très odieux même un jour où, dans son bureau il s'est mis en colère et lui a

---

[1] Mon épouse est Psychologue de l'Education et Psychothérapeute, également intervenante en situation d'urgence/de drame/de crise en milieu professionnel, formatrice pour la gestion de situations d'urgence (ANPEC), co-auteur de :
- « *Drames en milieu scolaire : Protocole pour évaluer, soutenir, communiquer* », Edition Masson, 2009
- « *Intervenir en situation de violence : du choc à la réponse adaptée* », Edition La Chronique Sociale, 2015

hurlé, je dis bien hurlé, des reproches au point que les occupants des bureaux voisins l'ont entendu et ont dû se demander ce qu'il se passait. C'est sans doute parce qu'il a dû réaliser que le voisinage professionnel a été témoin de cette scène, qu'ensuite il lui a adressé un courriel d'excuses.

Odieux aussi un certain lundi 5 mars 2012, jour où il l'a convoquée à son bureau et lui a fermement reproché de n'avoir pas empêché son mari de publier un article sur une page départementale toute entière du journal La Tribune- Le Progrès qui a annoncé sur la Une avec ma photo et comme titre : « *Après son licenciement abusif, l'ex-directeur de Valbenoîte témoigne* ». Cette fois-ci, il s'autorisait à lui parler de son mari… Comme cette publication a été diffusée le samedi 3 mars 2012, jour des Portes Ouvertes des Etablissements Catholiques du Diocèse, il a affirmé à l'encontre de mon épouse que j'ai délibérément choisi ce jour. Ce qui n'était que pure interprépattion de sa part. En effet, lorsque j'ai posé la question de la date de publication à la rédactrice en chef du journal, celle-ci m'a précisé que cela se décide au dernier moment en fonction des actualités.

Je peux aussi témoigner qu'au cours des années qui ont suivi, trois Chefs d'Etablissement de Collège que je connaissais bien, très impliqués dans la vie du Diocèse, appréciés par leurs collègues, ont été malmenés au point de ne plus pouvoir exercer leur fonction et de devoir reprendre un poste d'enseignant pour assurer la suite de leur carrière.

Humiliant.
J'appelle cela faire « carrière à l'envers ».

Il est vrai que le Directeur Diocésain avait une certaine vision de l'éducation et tenait quelques fois des propos étonnants à travers lesquels il prônait ce qu'il appelait « *la pratique de l'humiliation positive* ».

Enfin, au sujet de l'implantation d'un lycée dans la Plaine au nord de Saint-Etienne par la délocalisation du contrat d'un lycée stéphanois, j'ai été informé par une ex-collègue cheffe d'établissement que le Directeur Diocésain s'était emporté lors d'une rencontre avec un responsable d'OGEC d'un établissement des Monts du Lyonnais qui s'inquiétait des conséquences que cette nouvelle implantation pourrait avoir sur son établissement à lui. Surtout qu'à cette période s'est ouvert un nouveau Lycée public sur le même secteur géographique.

4.2 Promotion de l'adjointe du Directeur Diocésain

J'ai donc appris à ma grande stupéfaction par le courrier que m'a remis Monsieur le Président de l'OGEC de Valbenoîte le soir du mardi 19 mai 2009 que c'est Madame … , adjointe du Directeur Diocésain, chargée de mission, qui a été désignée pour me remplacer du jour au lendemain à partir du 20 mai 2009 à la suite de ma mise à pied sur le champ ce soir-là.

J'ai déjà évoqué cet événement à plusieurs reprises.

D'emblée, j'ai ressenti un sentiment indescriptible de trahison de la part de cette personne. Au milieu des années quatre-vingt-dix, elle avait été une collègue cheffe d'un établissement post-bac à Saint-Etienne. Nous avions même travaillé ensemble avec plusieurs autres Lycées stéphanois au projet de création d'une classe préparatoire au post-bac implantée dans mon établissement, destinée à des bacheliers souhaitant affiner leur projet personnel d'études supérieures avant d'effectuer leur choix définitif d'une filière de formation. Avec une de mes collègues directrice de Lycée à Saint-Etienne j'avais présenté le projet à la Direction des Lycées du Conseil Régional, qui l'avait accueilli favorablement. Hélas, la Région ne s'engageant que sur la durée d'une année pour le financement de cette création dans une démarche de soutien et d'encouragement, ce projet n'a jamais vu le jour.

L'établissement de cette ancienne collègue ayant ensuite été absorbé par un Lycée privé stéphanois spécialisé dans le domaine para-médical avec des formations post-bac, elle a quitté Sant-Etienne pour ensuite assurer la direction d'un établissement professionnel du Diocèse de Lyon jusqu'à sa retraite et jusqu'à son arrivée comme chargée de mission à la Direction de l'Enseignement Catholique de St-Etienne.

Peu après, je la retrouvais régulièrement dans sa fonction de chargée de mission à Saint-Etienne, en particulier au sein de la CAD – Commission Avenir et Développement.

Par ailleurs, je siégeais avec elle dans un groupe de travail constitué par le Conseil Départemental, avec des représentants de Collèges de l'Enseignement public pour l'expérimentation de la mise en place et du financement d'un ENT – Espace Numérique de Travail.

En effet, pour cette expérimentation, le Collège ND de Valbenoîte avait été choisi par le Département pour représenter l'Enseignement Privé Catholique. Il est vrai que les responsables de la Direction des Collèges du Conseil Départemental me connaissaient bien. Plusieurs années durant, j'avais co-animé, d'abord avec le Principal du Collège Fauriel de Saint-Etienne, ensuite avec la Principale du Collège Honoré d'Urfé, la formation d'Agents de Prévention et de Médiation mis à disposition des établissements[1] par le Conseil Départemental.

Ainsi avions-nous souvent, Madame … , chargée de mission de la DDEC et moi, l'occasion de nous rencontrer. Nous nous connaissions bien et je peux dire qu'on s'appéciait mutuellement.

---

[1] Je représentais également notre Collège au CLP - Comité Local de Prévention des Violences – réunissant régulièrement les responsables des structures scolaires et sociales de Saint-Etienne Sud : chefs d'établissement, CPE, animateurs de centres sociaux, éducateurs spécialisés et éducateurs de rue, etc.

Comment est-il possible que cette personne ait joué le jeu orchestré par la Tutelle Mariste et l'OGEC de Valbenoîte dès l'automne 2008, notamment en acceptant de participer à la fameuse visite d'audit que je qualifie d'assassine ? Et ensuite d'être secrètement complice durant les mois qui ont précédé mon licenciement ?

Comment est-il possible que, me connaissant bien et de longue date, cette personne n'ait pas été en capacité d'interpeler ni son supérieur hérarchique, ni la Tutelle Mariste, ni l'OGEC de Valbenoîte sur la mise en œuvre d'un projet aussi cynique !

Comment est-il possible qu'elle ait accepté de me remplacer ?
Ambition personnelle ?
Perversité ?
Infâme traîtrise.

Elle travaillait dans les mêmes locaux que mon épouse qu'elle côtoyait à la Direction de l'Enseignement Catholique ! Il n'est pas difficile de s'imaginer ce que mon épouse pouvait éprouver comme sentiment en croisant cette personne.

Au sujet de la prise de fonction de Madame ... pour me remplacer au pied levé comme Chef d'établissement du Collège et du Lycée, on est en droit de s'interroger aussi sur la régularité de la procédure. En effet, le Chef d'établissement doit être agréé par l'Education Nationale pour diriger un établissement scolaire : avant sa prise de fonction, une démarche administrative s'impose. Il doit procéder à « la déclaration d'ouverture » de l'établissement auprès de la Préfecture sous la forme d'une demande qui est directement liée à la personne physique du Chef d'établissement, l'établissement ayant auparavant fait l'objet d'une " déclaration de fermeture" par la direction sortante.

En ce qui me concerne, il n'y a pas eu de déclaration de fermeture d'établissements du Collège et du Lycée. Etonnant. Juste un courrier de l'OGEC au Rectorat !

Certes, Madame ... avait été Cheffe d'établissement, mais cela pouvait-il l'éxonérer de procéder à « *la déclaration d'ouverture en Préfecture* » de deux nouveaux établissements ?

La procédure de « déclaration d'ouverture » a été appliquée me concernant en 1992 en accédant à la direction du Lycée N-D de Valbenoîte – Le Rond-Point, puis en 2003, pour ajouter la direction académique du Collège.

Lors de l'entretien préalable de licenciement lorsque j'ai interrogé Monsieur le Président de l'OGEC sur ma « dé-nomination » auprès du Rectorat, il m'a indiqué que l'OGEC N-D de Valbenoîte l'avait informé par courrier que je n'étais plus Chef d'établissement. Une information qui vous fait tomber à la renverse !

C'était donc aussi simple que cela ? De quelle autorité ?

Un parent investi de la fonction de président d'OGEC décide de « dé-nommer » un chef d'établissement de sa fonction ! Quelle légitimité, quelle autorité, quelle reconnaissance un président d'OGEC a-t-il auprès des instances du Rectorat ? Dans quel monde est-on ?

Voilà un point « administratif » très important qui pose la question du fonctionnement de l'Enseignement Privé sous Contrat : quelle compétence pour un président d'OGEC ou pour un Délégué de la Tutelle pour nommer ou congédier un directeur dont la responsabilité n'est pas seulement administrative mais aussi pédagogique ? Et qui plus est pastorale dans un établissement catholique !

Dans le cadre du Contrat d'Association liant un établissement à l'Education Nationale, le directeur a autorité sur les enseignants contractuels, agents de Service Public !

Il m'importe aussi de préciser qu'à la date de mon éviction je suis également Chef de Centre d'Examen pour le compte de la Division des examens et des concours du Rectorat de Lyon au titre des Epreuves Anticipées de Français du Baccalauréat de la série Littéraire, de l'écrit et de l'oral, concernant tous les candidats du département de la Loire, du public comme du privé : donc une compétence reconnue par des instances supérieures à celles de l'enseignement dit catholique.

Dans la journée du 19 mai, à peine quelques heures avant mon évicition, j'avais conditionné avec mon assistante de direction les descriptifs d'activités de tous les professeurs de Français de tous les lycées privés et publics du département à destination des interrogateurs. Les enveloppes avec les descriptifs étaient déposées dans mon bureau au moment de mon départ. La session officielle était déjà ouverte.

Ces documents n'ayant pas été expédiés à temps aux examinaterurs, le Rectorat s'en est vivement inquiété. La nouvelle Directrice n'ayant pas fait les envois – erreur ou faute grave dès la prise de fonction ? – et, n'étant pas reconnue compétente pour exercer la fonction de Chef de Centre d'Examen du Baccalauréat, c'est Monsieur T.D., mon adjoint, reconnu comme tel et contacté par le Rectorat de Lyon, qui a dû assumer cette responsabilité « *par empêchement du chef d'établissement* ».

Il s'en est fallu de peu que les élèves du Première L de tous les établissements du Département de la Loire, publics et privés, soient pénalisés par les « conneries monumentales » de la Tutelle Mariste et de l'OGEC de Valbenoîte ! Il m'importe que ces informations soient portées à la connaissance du grand public afin qu'il sache qu'il y a des gens qui ont joué les « *apprentis sorciers* ».

Dans les semaines qui ont suivi mon limogeage, j'ai abordé le sujet de ma " dé-nomination" avec une représentante de la Division des Personnels du Rectorat : comment se fait-il qu'un nouveau chef d'établissement puisse "ouvrir" administrativement un établissement à la Préfecture alors que celui-ci n'a pas été régulièrement « fermé » ? Embarras de mon interlocutrice qui reconnaît qu'il y a peut-être là un problème… Elle me dit qu'elle a reçu un courrier de l'OGEC l'informant que je n'étais plus le chef d'établissement de l'établissement.

Au départ, en abordant ce sujet avec mon avocat défenseur au Conseil des Prud'hommes, j'avais envisagé de demander des comptes à l'OGEC ND de Valbenoîte et à la Tutelle Mariste, mais plus tard, après réflexion, j'ai renoncé à engager des poursuites judiciaires à leur encontre car cela aurait nécessité une nouvelle action en justice, longue et pesante.

La relecture des événements et des relations vécus avec la Direction de l'Enseignement Catholique local m'a ainsi amené à témoigner de quoi ont été capables le Directeur Diocésain et son adjointe – deux personnes exerçant des reponsabilités importantes dans l'Enseignement Catholique. Elles étaient bel et bien impliquées durant près d'un an dans le projet de mon éviction et n'ont à aucun moment empêché l'OGEC de Valbenoîte et la Tutelle Mariste d'agir en catimini et d'utiliser une méthode on ne peut plus violente à mon encontre.

Dès le lendemain de mon lienciement, le Délégué Départemental du SNCEEL-Loire a rencontré en urgence le Directeur Diocésain pour lui faire part « *de notre désaccord et de notre écoeurement* » et que « *le choix de la personne chargée d'assurer l'interim n'était pas forcément le plus judicieux* »[1] ». Ce dernier a simplement pu lui préciser par une réponse bien banale que « *le Groupe Scolaire Valbenoîte était sous Tutelle Mariste et que la décision et le choix des méthodes avaient été du seul ressort des Maristes* ».

La belle excuse !

---

[1] Extraits du « Point sur Valbenoîte », compte-rendu rédigé par mon ancien collègue Délégué Départemental du SNCEEL-Loire, qu'il a envoyé à tous les collègues Chefs d'Etablissement.

C'est par les mêmes propos que le Directeur Diocésain s'est exprimé au sujet de mon licenciement à l'ouverture de la réunion plénière de fin d'année des Chefs d'Etablissement du Diocèse à laquelle assistait mon épouse !

Est-il possible à quelqu'un de réaliser combien la violence des faits vécus par moi a eu un retentissement foudroyant sur mon épouse en entendant de tels propos tenus par quelqu'un qu'elle côtoyait quotidiennement à son travail ?

Le soutien que j'ai reçu de mon épouse était premier, immense, indéfectible, mais elle a énormément souffert et dû « encaisser » tant et plus. Au fil des mois et des années, l'absence d'empathie de son directeur, ses remarques désagréables, le peu d'intérêt pour le travail accompli au sein du Service de Psychologie et d'Orientation, le soutien inexistant accordé à ce Service qu'il semblait considérer comme étant quasiment inutile, le manque de reconnaissance, ont fini par devenir insupportables. Cela s'est terminé mi-décembre 2012 par une rupture conventionnelle demandée par mon épouse. Pas de « pot de départ », le dernier jour, elle a quitté son bureau, selon l'expression familière, « comme si de rien n'était ».

Pas d'au revoir, pas de merci.
C'est cela l'Enseignement Catholique ?

Le climat de la Direction Diocésaine s'était bien détérioré, cette dernière n'était plus habitée par la culture qui s'était développée plusieurs décennies durant, telle que je l'évoquais plus haut.

Ce directeur diocésain a quitté Saint-Etienne à la rentrée de septembre 2015.

Il a exercé sa fonction de Directeur Diocésain de 2008 à 2015 avant de devenir le directeur de Saint Jean de Passy dans le 16ème arrondissement de Paris.

Ironie du sort, en avril 2020 j'apprends à ma grande surprise par les médias[1] qu'il est mis à pied, convoqué pour un entretien préalable au licenciement. Ce dernier est confirmé le 12 mai par Mgr Aupetit, archevêque de Paris, en raison de « *pratiques managériales dysfonctionnelles mises en œuvre au sein de l'établissement* et des « *graves souffrances générées* » constatées par un cabinet indépendant puis par une seconde enquête menée par un autre cabinet indépendant.

Extrait d'un article publié dans la Croix du 12 mai 2020 :

Mgr Aupetit a annoncé par communiqué être parvenu à sa « *propre conviction, en conscience et indépendamment de toute pression* ». Selon lui, « *il a été constaté de graves souffrances générées par les pratiques managériales mises en œuvre au sein de l'établissement* ». « *Je le dis avec fermeté*, insiste Mgr Aupetit, *ces pratiques ne sont pas tolérables, et le sont encore moins au sein d'un établissement catholique d'enseignement.* » Sur la base de ces faits, l'archevêque de Paris a donné « *[son] accord au licenciement du chef d'établissement* ».

Au mois de novembre, le Procureur de la République de Paris a classé « sans suites » les accusations contre le directeur pour harcèlement moral[2].

Il est certain que l'ancien directeur diocésain de Saint-Etienne a dû vivre cet événement comme une rude épreuve. Cela lui a peut-être donné l'occasion de faire l'expérience de vivre une situation semblable à celle que j'ai traversée, d'être victime d'une violence inouïe, dans un établissement catholique. Violence d'une ampleur que la décision de la justice, bien que favorable, n'effacera jamais.

---

[1] Articles parus dans plusieurs journaux nationaux dont La Croix, Le Figaro Magazine Rhône-Alpes, etc.

[2] Information extraite d'un article publié dans le magazine Challenges du 8 janvier 2021, rubrique Education

5. Mgr l'Evêque de Saint-Etienne

Je ne peux pas éviter de témoigner de ma relation à Mgr l'Evêque de Saint-Etienne, le reponsable en dernier lieu de l'Enseignement Catholique du Diocèse de Saint-Etienne.

Pourquoi ?

Parce qu'il a été destinataire de courriers et courriels me concernant de la part de la Tutelle Mariste et de l'OGEC de Valbenoîte durant les derniers mois, sans que j'en sois informé. Ce que j'ai découvert à travers les documents produits par la défense de l'OGEC au Conseil des Prud'hommes.

Comme je l'ai évoqué plus haut, je l'ai invité le 6 juin 2008 pour célébrer avec nous la Saint-Marcellin Champagnat et lui faire renconter les représentants des différentes composantes du Groupe Scolaire, faire leur connaissance et d'échanger avec eux au cours d'un repas convivial. J'ai déjà écrit que j'avais également invité M. Paul Malartre, ex-Directeur Diocésain et ex-Secrétaire Général National de l'Enseignement Catholique.

A cette rencontre, je lui ai fait une présentation exhaustive du Groupe Scolaire et de sa situation à cette époque, mettant en évidence ses atouts mais aussi, sans complaisance, ses faiblesses et ses fragilités, tout en précisant que notre Institution tient malgré l'évolution actuelle défavorable, à tenir toute sa place dans le paysage diocésain de l'Enseignement Catholique.

J'ai évoqué, conformément au projet fondateur, notre volonté de rester des Ecoles, un Collège et un Lycée ouverts à tous, présentant d'ailleurs la sociologie des familles des élèves fortement marquée par la diversité[1] de celle des quartiers du sud de Saint-Etienne. Dans son propos, il nous avait surpris en nous

---

[1] Quelques temps avant mon licenciement, la mère d'une élève de l'Ecole du Rond-Point, au moment d'inscrire sa fille au Collège, m'a dit : « Voulez-vous savoir pourquoi certains parents n'inscrivent pas leur enfant chez vous ? Parce que vous avez « trop de colorés » dans votre Collège. »

disant qu'en matière d'accueil de tous il nous fallait aller encore plus loin pour rendre vivantes les valeurs évangéliques et rejoindre le projet de l'Eglise diocésaine.

Mgr l'Evêque a répondu plusieurs fois à l'invitation de la Responsable de l'Equipe d'Animation Pastorale pour rencontrer des élèves à l'aumônerie du Groupe Scolaire. Un jour d'ailleurs où il partageait le repas avec un groupe de lycéennes et de lycéens j'ai été étonné de voir à ses côtés Monsieur le Président de l'OGEC : c'est donc ce dernier qui s'était substitué au chef d'établissement pour accueillir les autorités ecclésiastiques ?

Preuve supplémentaire du besoin de pouvoir de Monsieur le Président de l'OGEC et de la mise à l'écart par lui du Directeur.

Ma déception en direction de Mgr l'Evêque après mon licenciement a donc été d'autant plus grande d'apprendre qu'il était au courant des intentions de l'OGEC de Valbenoîte et de la Tutelle Mariste et qu'il n'ait pas interpelé leurs responsables sur la gravité de leurs décisions et de leurs actes, totalement contraires aux valeurs humaines et évangéliques les plus élémentaires.

L'absence de condamnation par Mgr l'Evêque de la violence et des conditions de mon licenciement m'a choqué. Et je ne suis pas le seul à en avoir été scandalisé.

5.1 Soutien de mes amis : correspondances avec Mgr l'Evêque

De nombreux amis lui ont adressé des courriers, dont des anciens chefs d'établissement, des parents, pour lui faire part de leur incompréhension, de leur colère.

Premier exemple, un extrait de la lettre envoyée par Monsieur J.V., un ami, ancien Chef d'établissement d'un important

Ensemble Scolaire de la Vallée du Gier puis d'un autre Ensemble Scolaire de Saint-Etienne[1] :

> « *Tout chef d'établissement connaît des périodes difficiles, se trouve affronté à des choix délicats et, en conscience, se doit de trancher, dans le respect des individus en veillant au bien commun. Monsieur Obringer a eu à prendre de telles décisions*[2], *il a avec tact assumé cette charge, bien conscient de ce que des inimitiés profondes persisteraient, mais il était de son devoir d'agir comme il l'a fait à l'époque. Ensuite, le retour du Lycée du Rond-Point sur le site de Valbenoîte, entre autres pour des raisons financières, lui a été reproché. Il faut noter ici que les Frères Maristes, loin de lui tenir rigueur de ce transfert, lui ont renouvelé leur confiance en lui demandant de prendre en charge la totalité de l'établissement de Valbenoîte. Les ambitions de plusieurs ont été exacerbées par cette décision. Je pense qu'il devenait l'homme à abattre.*
>
> *(...) Je pense que mes propos peuvent vous permettre de mieux découvrir la personnalité de Monsieur Arthur Obringer. Pour cet homme passionné par son métier, soucieux du devenir de ses élèves, quel plus grand affront, quel plus grande insulte pouvait-on infliger ? Pour sa famille, quel plus grand déshonneur ?* »

Dans la réponse à l'auteur de cette lettre, aucune prise de position de la part de Mgr l'Evêque[3]. Des propos d'une grande banalité, comme :

> « *Ce qui arrive actuellement à Mr Arthur Obringer ne signifie nullement une mésestime pour toute sa carrière au sein de*

---

[1] Extraits de la lettre de Monsieur J.V. envoyée le 26 mai 2009.

[2] Evocation du signalement transmis au Procureur de la République de Saint-Etienne, concernant un professeur qui est décédé quelques mois plus tard, en octobre 1995.

[3] Extraits de la lettre de réponse de Mgr l'Evêque datée du 2 juin 2009

l'enseignement catholique. Je veux croire qu'il s'agit là d'un accident de parcours dont, cependant, il faut mesurer la gravité.

(...) Il est bon que dans ces circonstances, il puisse compter sur des amis fidèles qui lui permettent d'affronter le mieux possible l'épreuve qui est la sienne. J'essaierai d'y apporter ma participation ».

Contrairement à ce qu'il a écrit, il ne m'a pas apporté son soutien.

Second exemple, extrait de la lettre de réponse[1] de Mgr l'Evêque adressée à Monsieur A.J., un autre ami ex-Chef d'établissement de Collège dans la Vallée du Gier, puis d'un Lycée Professionnel dans la banlieue sud-ouest lyonnaise :

« *Vous avez bien fait de vous ouvrir à moi de votre indignation au sujet de Monsieur Arthur Obringer. Cela honore et votre œuvre au service de l'enseignement catholique et l'enseignement catholique lui-même.*

(...) Comme vous l'indiquez, vous ne semblez pas connaître les motifs de la sanction qui a été prise ni, sans doute, les efforts accomplis par de nombreuses personnes, dont la tutelle et la direction de l'enseignement catholique, dans les mois qui ont précédé pour ne pas en arriver là. Il ne m'appartient pas de les porter à votre connaissance, mais je peux simplement en témoigner globalement.

(...) Cela dit il faut bien distinguer ce que nous appelons « faute professionnelle » et faute morale.

(...) J'imagine que vous êtes de ses amis. Dans un tel cas, il me semble important qu'il (Arthur Obringer) puisse être écouté sans que, nécessairement, il soit conforté dans son appréciation personnelle de sa situation professionnelle ».

---

[1] Lettre de Mgr l'Evêque datée du 28 mai 2009.

Trois ans plus tard, après la condamnation définitive de l'OGEC par la cour d'Appel des Prudhommes de Lyon, ce même ami a de nouveau écrit[1] à Mgr l'Evêque :

« *Je ne sais pas si vous vous souvenez de la lettre que je vous avais adressée au moment douloureux où Monsieur Obringer, directeur de l'institution Valbenoîte, a fait l'objet d'un licenciement pour faute grave dans des conditions particulièrement humiliantes.*

(...) Vous m'aviez répondu que je n'avais sans doute pas toutes les informations pour apprécier la situation. (...) Fort heureusement, ce que n'a pas reconnu l'institution enseignement catholique, la justice des Prud'hommes l'indique : il s'agit bien d'un licenciement abusif.

(...) Comment se fait-il qu'un seul homme, le président d'OGEC, appuyé il est vrai par des décideurs, puisse ainsi engager des milliers d'euros qui seront sans doute payés par les familles et les subventions de l'Etat ?

(...) Si je me réjouis de la réparation morale et matérielle dont fait l'objet Monsieur Obringer, je reste triste que dans l'enseignement catholique que j'ai servi pendant 40 ans, il puisse se vivre de telles situations ».

Réponse de Mgr l'Evêque :

« *Votre courrier au sujet de M. Arthur Obringer m'incline à penser que vous continuez à l'entourer. Et si je puis dire, je m'en réjouis.*

(...) Comme je vous l'écrivais, c'est sa souffrance et celle de sa famille qui m'inquiétait le plus. Vous et d'autres, y compris au sein de l'enseignement catholique, ont fait de leur mieux ».

Des propos d'une banalité affligeante...

Troisème exemple à partir du courrier de réponse adressé le 8 juin 2009 par Mgr l'Evêque à une lettre que lui a adressée

---

[1] Lettre de Monsieur A.J du 15 février 2012

Madame E.C., mon ancienne adjointe de direction du Lycée au nom d'un goupe d'enseignants-tes et de directeurs retraités du Groupe Scolaire ND de Valbenoîte-Le Rond-Point :

> « *Je comprends votre vive émotion devant la crise ouverte au Groupe Scolaire Notre-Dame de Valbenoîte et que personne ne souhaitait ni M. Arthur Obringer, ni la Tutelle Mariste, ni le corps enseignant, ni la direction diocésaine de l'enseignement catholique, ni l'OGEC, ni l'APEL.*
> *Vous me parlez d'un licenciement qui, à ma connaissance n'a pas eu lieu. Je crains que les bruits qui circulent, qu'il ne convient pas de reproduire ni d'amplifier, ne contribuent pas à une solution sereine et amiable* ».

Ces propos sont tout simplement délirants et traduisent un déni total de la situation et surtout une entière mise hors de cause de l'OGEC et de la Tutelle Mariste. Mgr l'Evêque avait pourtant déjà été destinataire auparavant des courriers évoqués ci-dessus !

Voici un dernier exemple de lettre à Mgr l'Evêque de Madame J.L[1]., une amie retraitée ayant enseigné toute sa carrière dans une Ecole Catholique du Diocèse :

> « *J'ai connu des directeurs qui ne faisaient pas leur travail correctement et qui n'ont jamais été sanctionnés. Là, un directeur plus que consciencieux, plus que professionnel, soucieux du bon déroulement de son établissement, respectueux des valeurs de l'Enseignement Catholique est accusé de faute(s)*

---

[1] Lettre du 7 juin 2009 de Madame J.L. avec copie aux diverses instances : direction diocésaine, CODIEC, Tutelle Mariste, OGEC, APEL. Madame J.L. qui avait été animatrice au CPM – Centre de Préparation au Mariage – du Diocèse. Elle était également responsable nationale et régionale de la prévention contre les maltraitances à enfants au sein de l'Association « Enfance et Partage » dont elle a été présidente nationale à Paris pendant trois ans.

grave(s)..., je n'y crois pas ! Je suis outrée et en colère devant un tel acte d'injustice, d'inhumanité !

C'est grave de conséquences pour Monsieur Obringer et pour sa famille.

C'est grave de conséquences pour l'image de l'Enseignement l'Enseignement Catholique et pour l'Église qu'elle représente.

C'est grave de conséquences pour les élèves, leurs parents, leurs professeurs.

Quelle valeur chrétienne veut-on faire passer par une telle injustice ? »

Réponse de Mgr l'Evêque à Madame J.L. (extraits) :

« *Chacun d'entre nous doit s'efforcer, dans une situation de crise, de bien mesurer ses propos malgré des inquiétudes légitimes. Vous me parlez d'un licenciement comme s'il avait eu lieu. Or, au 7 juin 2009, ce n'était pas le cas. Je ne sais qui vous a donné cette information. L'employeur de Monsieur Obringer, à ma connaissance, a bien l'intention de respecter la loi et les règlements* ».

Une fois encore, il apparaît que Mgr l'Evêque, soit ne veut pas « se mouiller », soit semble habité par une grande naïveté, hors de la réalité du monde, n'ayant encore pas perçu que l'univers professionnel est d'une grande cruauté car lorsque quelqu'un reçoit une convocation à un entretien préalable, « les dés sont jetés », l'entretien n'est plus qu'une formalité. Soit, enfin, et c'est ce que je pense vraiment, il n'a pas du tout mesuré l'ampleur de la brutalité, de la violence, de la soudaineté de ma mise à pied – un tsunami ! – et par conséquent se montre donc incapable de manifester une quelconque compassion !

Cela m'amène à penser que, décidément, l'Eglise passe à côté de la vie des gens.

Madame J.L. ayant adressé la copie de ce courrier à diverses instances, il est intéressant de relever que Monsieur le Directeur

Diocésain lui a également répondu, expliquant bien entendu que ce n'était pas son affaire, mais celle de la Tutelle Mariste. Une fois encore, la belle excuse !

Dans sa réponse, il lui a aussi fait une leçon d'exégèse sur la phrase du Christ qu'elle avait cité dans son courrier « *Que celui qui d'entre vous est sans péché lui jette la première pierre* » en écrivant : « (...) *Il me semble que la phrase du Christ sortie de son contexte sous-entend alors que nous sommes dans l'impossibilité de porter un quelconque jugement sur les actes et les missions. Or, comme vous le savez probablement, l'accompagnement des personnes et des institutions présuppose la posssibilité d'évaluer les missions et donc les actes posés en cohérence avec la mission confiée* ».

Voilà des propos que je qualifie comme étant hors sujet, à travers lesquels il se garde bien de porter un jugement et de condamner la méthode utilisée pour mon licenciement. Il choisit de parler d'accompagnement en exposant d'ailleurs une conception de l'accompagnement que je qualifie de déviante. L'accompagnement dont il parle est de l'ordre de la tutelle – mise sous tutelle, de l'exercice d'un tutorat. Accompagnement et tutorat ne sont pas synonyme.

Cela va à l'encontre de ma conviction qui considère que le véritable accompagnateur reste infailliblement dans une posture d'écoute et non de jugement : l'absence de jugement constitue un des éléments essentiels du socle éthique sur lequel repose toute démarche d'accompagnement.

Voici un extrait significatif d'un ouvrage consacré au sujet de l'accompagnement[1].

---

[1] « *L'accompagnement à tous les âges de la vie* » Chemin d'évolution personnelle et nécessité sociale.
Ouvrage collectif – Edition Chronique Sociale – 2011 – Extrait page 24

« *Le regard éthique sur l'autre est esentiellement accueil et reconnaissance de l'autre comme « devoir-être », c'est-à-dire appel à exister comme une personne.*

Quand l'approche de l'accompagnateur se situe (consciemment ou non) dans le registre du pouvoir sur l'autre, en dehors d'un amour réel pour la liberté-responsable d'autrui, il ne se situe pas encore dans l'ordre de l'accompagnement, mais dans celui de la tutelle. Contraire à l'exigence fondamentale de liberté, qui est le cœur de la personne, une telle approche favorise et renforce tous les mécanismes psychologiques qui enferment et verrouillent l'être humain dans ses aliénations. »

Je m'attarderai ultérieurement un peu sur le sujet de l'accompagnement, un terme très fréquemment galvaudé alors qu'il s'agit d'un concept et d'une démarche devant obéir à des règles et des exigences précises – certes, aux facettes multiples et diverses selon le cadre dans lequel il est pratiqué. Je voudrais apporter des précisions sur les règles de base et les exigences requises pour une pratique de l'accompagnement au service d'une personne, d'un groupe, d'une organisation professionnelle ou d'une institution.

Pourquoi développer un peu le sujet de l'accompagnement ?
Parce que celui qui m'était dû dans le cadre de la mission pour laquelle il m'a été remis une lettre à mon entrée en fonction a été inexistant et perverti. Il devait être le pilier sur lequel je devais pouvoir m'appuyer pour avancer dans le contexte difficile où se trouvait l'institution.

La Tutelle Mariste était consciente des difficultés et des enjeux mais n'a pas su se hisser à la hauteur de la situation. C'est moi qui en ai fait les frais.

5.2 Entetien avec Mgr l'Evêque

Pour revenir au rôle tenu par Mgr l'Evêque de Saint-Etienne dans cette période traumatique que j'ai vécue, je lui ai adressé un long courrier le 10 juin, dont voici quelques extraits :

« Je tiens à partager avec vous que je vis ces événements comme un très grave accident dont les conséquences se traduisent par une blessure extrêmement profonde, ressentie par moi-même et mes proches, comme une atteinte inqualifiable à la dignité, une authentique trahison.

Quelqu'un peut-il s'imaginer ce que l'on peut ressentir en étant renvoyé - sans qu'il n'y ait eu aucun signe précurseur - en moins de dix minutes, en présence d'un huissier, avec l'obligation de rendre les clés, la coupure des connexions à l'internet et au serveur informatique ayant été programmée pour la même heure, les clés du bureau changées dans les minutes suivantes.

C'était le 19 mai à 19 heures : à cet instant me sont revenues les images nées dans mon esprit lorsque mon père m'a raconté son arrestation par la Gestapo en mai 1942 parce qu'il était réfractaire au STO.

Le directeur de Valbenoîte est « vidé » comme un malfaiteur, un tueur, un violeur, un malfrat ».

Dans ce courrier je lui ai exposé le déroulement calamiteux de l'année scolaire et les rôles tronqués et pervers joués par les reponsables de la Tutelle Mariste, de l'OGEC, de l'APEL, de la Direction Diocésaine, aboutissant à mon licenciement brutal en cours d'année dans une démarche menée en catimini selon une procédure plus que violente, en contradiction totale avec les valeurs maristes et évangéliques prônées par la Tutelle Mariste, par l'Enseigement Catholique et par l'Eglise.

Il m'a proposé qu'on se rencontre.

Avec mon épouse, nous nous sommes rendus à l'Evêché le samedi 20 juillet où il nous a reçus dans son bureau.

Nous n'avons pas perçu d'empathie de sa part. Je lui ai détaillé le déroulement des événements que je lui avais déjà présentés dans ma lettre.

A aucun moment il n'a exprimé son étonnement ou son désaccord avec les décisions prises à mon encontre. Il a banalement déploré que dans le monde du travail, il arrive en effet ce type d'accident et que des personnes en soient victimes, et qu'il est souhaitable qu'elles puissent s'en relever.

J'ai été étonné qu'il se soit inquiété de savoir si c'était moi qui étais à l'origine de la publication de l'article paru fin juin dans La Gazette de la Loire[1]. Cela m'a posé question qu'il ait pu penser que c'était moi qui avais sollicité la presse, surtout ce magazine plutôt à sensation. Je ne suis pas homme à rechercher ou à provoquer des scandales ! Nous lui avons dit que nous n'avons répondu à aucune sollicitation des médias et notamment de la presse quotidienne régionale. J'avais appris à tirer les leçons de l'expérience vécue en 1995, quand, après le décès du professeur d'Anglais, les médias avaient « utilisé » cet événement et instrumentalisé notre institution et ses responsables, ils en avaient fait « leurs choux gras ».

Mon épouse et moi, nous gardons un souvenir désagréable de cet entretien, qu'on ne peut pas qualifier de « rencontre ».

Absence d'empathie.
Cautionnement tacite de ce qui s'est passé.
Incapacité à dénoncer l'ignominie.
Grande déception.

Aucun contact avec moi depuis ce jour-là. Il avait pourtant terminé sa lettre de réponse à mon ami J.V., le 2 juin 2009 : « *Il est bon que, dans ces circonstances, M. Arthur Obringer puisse*

---

[1] « La Gazette de la Loire » a mentionné sur sa Une « Que se passe-t-il à Notre-Dame de Valbenoîte ? » N°457 – Du 19 au 25 juin 2009 – Article page 9.

compter sur des amis fidèles qui lui permettent d'affronter le mieux possible l'épreuve qui est la sienne. J'essaierai d'y apporter ma participation ».

Cette participation n'est jamais venue, même au cours de cette rencontre…

Quel changement dans l'attitude et les propos de Mgr l'Evêque entre le 8 juin de l'année précédente, jour de sa visite à Valbenoîte, mais aussi depuis l'automne lorsqu'avec confiance et familiarité il me confiait « *être tombé sur le c…* » en apprenant par les Maristes qu'ils abandonneraient la Tutelle de certains établissements du Diocèse ! Comment expliquer ce changement ? Un vent de manipulations extérieures aurait-il transformé son comportement à mon égard ?

6. Accompagnement galvaudé

Dans la lettre de licenciement que m'a envoyée Monsieur le Président de l'OGEC de Valbenoîte, je lis une phrase pour le moins surprenante : " *Nous devons en effet parallèlement faire le constat de l'échec de l'accompagnement de la part de la Tutelle qui avait été mis en place depuis octobre 2008* ".

Quel crédit accorder à cette phrase écrite par un responsable d'organisme de gestion qui emploie le mot "accompagnement", un concept qui recouvre des facettes multiples, dont il ne connaît qu'une signification très réductrice, un mot fréquemment employé aujourd'hui « à tort et à travers » dans de nombreux domaines ?

Qu'est-ce qui lui permettait « *de constater l'échec de l'accompagnement* » ?

Existe-t-il des critères et des indicateurs pour évaluer un accompagnement en terme d'échec ou de réussite ?

Dans le cas présent, on ne peut que constater que le Président de l'OGEC a employé le mot « *accompagnement* » sans savoir de quoi il parle.

L'accompagnement dont je devais bénéficier selon les termes de la lettre de mission reçue en 2003, comme je l'ai déjà écrit, était inexistant, et le soit-disant accompagnement que m'aurait assuré le Frère Délégué à la Tutelle depuis octobre 2008 n'était qu'une mascarade.

Il est intéresant de relever qu'à ce sujet mon collègue Délégué du SNCEEL-Loire, le lendemain de mon licenciement, a interpelé le Directeur Diocésain :

« *Les décisions prises (retrait de mission et procédure de licenciement) faisaient fi du comportement antérieur inadmissible de l'OGEC et de l'incohérence ou l'absence d'accompagnement de la Tutelle que nous avions dénoncés dans un courrier resté sans réponse*[1] »

A la suite de quoi le Directeur Diocésain lui a répondu : « *Au vu d'une certaine déficience de la Tutelle, il* [le Directeur Diocésain] *s'était efforcé depuis le début de l'année, à travers de nombreuses rencontres, de pallier cette carence et d'accompagner Arthur Obringer de son mieux* ».

Dans les faits, son affirmation des « *nombreuses rencontres* » est fausse, et, comme je l'ai déjà évoqué, il n'a jamais su entrer dans la posture d'un accompagnateur.

Voilà pourquoi je qualifie cette démarche d'accompagnement galvaudée.

---

[1] Extraits de « Point sur Valbenoîte », compte-rendu rédigé par mon ancien collègue Délégué du SNCEEL-Loire, de sa rencontre avec le directeur diocésain, qu'il a envoyé à tous les collègues Chefs d'Etablissement.

6.1 Quand on parle d'accompagnement, de quoi parle-t-on ?

Bien-sûr, le terme *accompagnement* est connu de tout le monde depuis fort longtemps : accompagnement musical, accompagnement d'un plat, accompagnement d'un groupe d'enfants, accompagnement d'une randonnée...

Depuis environ trois décennies il est employé dans d'autres contextes : on parle de contrat d'accompagnement dans l'emploi, d'accompagnement professionnel, d'accompagnement éducatif, d'accompagnement en orientation scolaire, d'accompagnement d'un personne en situation de handicap, d'accompagnement d'une famille en difficultés, d'accompagnement spirituel, d'accompagnement de personnes en fin de vie... Et voilà que même l'Education Nationale en fait un usage très officiel en introduisant à la fin des années 2000, « *l'accompagnement éducatif* » à l'Ecole et au Collège, et, dans le cadre d'une réforme des Lycées deux heures hebdomadaires d'« *accompagnement personnalisé* ». Dans une des publications du MEN – Ministrère de l'Education Nationale – , un article s'adressant aux élèves de Troisième qui se préparent à l'entrée en classe de Seconde précise : « *Pour prendre du recul et avoir le temps d'aller à votre rythme, deux heures d'accompagnement personnalisé vous sont offertes chaque semaine* ».

Aussi de nombreuses publications sont-elles consacrées au sujet de l'accompagnement que, dans certains champs professionnels, on retrouve plutôt sous le terme de "coaching".

L'accompagnement, le vrai, est une démarche qui ne s'improvise pas, pour laquelle la posture de l'accompagnateur et celle de l'accompagné doivent répondre à des règles, à des exigences strictes et reposer sur un socle éthique clairement défini.

Je l'affirme avec d'autant plus de certitude que j'ai fait l'expérience durant plus de dix ans de participer à un groupe d'accompagnement professionnel[1] à raison de trois ou quatre rencontres de deux jours par an, qui de par la démarche suivie s'apparente par cerains aspects à un groupe d'analyse de la pratique professionnelle.

Cet accompagnement – là, « *accompagnement comme pratique d'humanisation*[2] » s'appuie obligatoirement sur une éthique grâce à quoi on évite toute dérive et surtout toute utilisation perverse et manipulatrice. Pour le situer, je citerai une phrase de Gérard Wiel et Georges Levesque[3] : « (...) *la pratique de l'accompagnement a pour particularité d'être avant tout centrée sur la personne – en – situation et de l'aider à voir clair dans cette situation, à explorer les chemins possibles pour aller au-delà et à prendre les décisions pertinentes et adaptées* ».

Voilà pourquoi, dans ma fonction de Chef d'établissement, mes attentes en matière d'accompagnement par la Tutelle Mariste étaient fortes etg légitimes, d'autant plus que le contexte professionnel dans lequel j'évoluais était très complexe.

6.2 Défaillance de la Tutelle Mariste

J'attendais un accompagnement professionnel correspondant à ce qu'avait écrit le Supérieur mariste dans la lettre de mission datée de septembre 2003 : « *Je précise que les Frères et Laïcs, chargés de l'animation du réseau, et moi-même, nous restons entièrement à votre disposition, pour vous assurer "les*

---

[1] J'ai interrompu ma participation à ce groupe en 2005 par manque de disponibilité (4 rencontres de 2 jours par an) : ayant repris en juin 2009 au moment de mon licenciement, c'est en partie grâce à ce groupe que j'ai pu « renaître ».

[2] Pratiquer l'humanité. De la socialisation à l'humanisation.
Gérard Wiel et Georges Levesque. Ed. Chronique Sociale. 2014

[3] Penser et pratiquer l'accompagnement. Accompagnement et modernité. De la naissance à la fin de vie.
Gérard Wiel et Georges Levesque. Ed. Chronique Sociale. 2009

orientations générales, le soutien et l'accompagnement auquel vous avez droit et faire avec vous les évaluations nécessaires" prévues par l'article 1.2 du Statut du chef d'établissement du second degré ».

Hélas, la Tutelle Mariste s'était mise hors-jeu et lorsque le nouveau Délégué à la Tutelle a été nommé, celui-ci agissait dans l'illusion, voire le simulacre d'une démarche d'accompagnement. Il n'a pas été en capacité d'assurer un véritable accompagnement, indispensable et légitimement attendu. En réalité, parachuté dans un rôle de Délégué de la Tutelle, sans expérience, probablement sans formation, n'a-t-il pas été plongé dans une situation trop difficile pour prendre du recul et comprendre ce qui se jouait dans la complexité de la situation de l'Ensemble Scolaire dont j'avais la responsabilité ?

Cela n'a-t-il pas facilité l'ouverture des chemins qui ont mené vers une manipulation à laquelle il a succombé sous l'impulsion de Monsieur le Président de l'OGEC qui ainsi flattait l'ego de ce Délégué ?

N'aurait-il pas été indispensable qu'un personnage comme un Délégué à la Tutelle chargé d'accompagner les Chefs d'établissement et les Institutions, plutôt que de jouer aux apprentis sorciers, travaille sur le concept de l'accompagnement et se forme dans ce domaine ? Et cela d'autant plus qu'il appartient à un Institut religieux à vocation éducative dont le socle éthique est constitué des valeurs évangéliques ?

7. Aucune reconnaissance institutionnelle

Entré dans le Groupe Scolaire comme Chef d'établissement du Lycée ND de Valbenoîte – le Rond-Point le 1er septembre 1992, nommé par la Tutelle des Frères Maristes, je l'ai quitté en ayant été « passé par-dessus bord » par la même Tutelle des Frères Maristes le 19 mai 2009.

Après 17 ans de service.

Tant d'années d'investissement qui se sont terminées par une mise à l'écart avec une méthode que toute personne sensée a bien du mal à comprendre et à admettre.

Les représentants de la Tutelle Mariste tout comme les responsables de l'OGEC de Valbenoîte qui m'ont limogé ont pourri ma dernière année de vie dans l'Institution pendant laquelle j'en assurais la direction générale. Ils ont saboté ma vie professionnelle mettant l'opprobre sur tout le travail que j'ai accompli. Aussi, la manière dont ils ont agi n'a-t-elle pu qu'entraîner les événements dans un processus brutal et violent de ma mise à l'écart avec un retentissement pour le moins incompréhensible de la part des personnels, des familles, des élèves.

Dix-sept ans de ma carière professionnelle, dix-sept ans d'engagement à fond dans la direction d'une institution éducative et de militantisme pour le meilleur service aux jeunes, dix-sept ans totalement anéantis.

Dix-sept ans rayés de mon existence !

Comme je l'ai déjà évoqué, je n'ai jamais eu aucun contact, ni aucune demande de nouvelles de la part de quelque représentant des instances catholiques, ni des Frères Maristes, ni des responsables de l'Enseignement Catholique du Diocèse, ni de Mgr l'Evêque, ni des dirigeants de l'Association des Parents d'Elèves.

Ainsi ma carrière professionnelle a-t-elle été brutalement interrompue trois ans avant ma retraite. Je suis devenu « demandeur d'emploi » pendant près de trois ans jusqu'au jour de mon « entrée dans ma retraite » le 1er mai 2012.

Je n'ai pas connu la joie de « *prendre ma retraite* » et de la fêter comme cela se passe habituellement pour toute personne qui arrive au terme de sa carrière et pour laquelle l'employeur se fait un devoir de mettre cette personne à l'honneur et de lui adreser ses remerciements pour toutes les années de services rendus. Au plan purement matériel, j'ai été privé de la prime de départ à la retraite.

Des remerciements des représentants de la Tutelle Mariste : aucun.

Des remerciements du Président de l'OGEC de Valbenoîte et des membres du Bureau : aucun

Des remerciements du Directeur Diocésain et de ses collaborateurs : aucun.

Des remerciements du Président de l'Association des Parents d'Elèves et des membres du Bureau : aucun

J'ai reçu de leur part les Palmes du déshonneur ! Comment me relever, me remettre en route dans la vie ? La justice des hommes, via les tribunaux des Prud'hommes m'a rendu ma dignité, mon honneur. C'est dans cet esprit que cet écrit avec rigueur et vérité, preuves à l'appui, relate les faits tels qu'ils se sont déroulés, n'en déplaise aux manipulateurs de tous poils… et, plusieurs années après, j'ose m'approprier cette phrase de Nietsche : « Ce qui ne détruit pas rend plus fort » Oui, je me sens digne et fort d'avoir surmonté l'injustice, la cruauté, la délation, l'humiliation au nom de la Vérité.

Des remerciements par les personnels enseignants et éducatifs m'ont été confisqués[1]. Plus tard, plusieurs membres du personnel m'ont avoué qu'ils auraient bien aimé entrer en contact avec moi, mais qu'ils avaient eu peur.

---

[1] Comme je l'ai déjà écrit au début de mon témoignage, une « Note à l'ensemble des personnels OGEC », signé de Monsieur le Président de l'OGEC, distribuée le soir du 19 mai indiquait : « *Il est rappelé à tout le personnel OGEC (…) que la réponse à toutes sollicitations écrites ou orales à toute personne ne faisant pas partie du personnel ou faisant l'objet d'une mesure conservatoire sont formellement interdites et susceptibles de faire preuve d'une sanction pouvant aller jusqu'au licenciement* ».

Nombreux sont ceux sans doute qui ont eu peur, qui ont douté. Mais aujourd'hui, n'oublions pas le message de Jean Paul II : « N'ayez pas peur ! »

CHAPITRE 5

Réanimation de la flamme de la vie

En quelques minutes, ce soir du 19 mai 2009, me voilà déchu de ma fonction de direction, les personnels interdits d'entrer en contact avec moi, je suis réduit à néant, sans emploi, sans salaire !

Je vis un cauchemar.

Je n'arrive pas à réaliser que je suis subitement devenu demandeur d'emploi, je mets du temps à me faire à l'idée qu'il va me falloir effectuer des démarches auprès de l'ANPE et de l'ASSEDIC, les deux organismes qui étaient en train de fusionner pour devenir Pôle Emploi.

Comment survivre à un tel événement ?
A sa terrifiante brutalité ?
A sa mise en scène diabolique ?
Comment me remettre de la violence subie, aussi inouïe qu'inattendue ?
Comment me relever de cette immense injustice, si humiliante ?

Comme je l'ai écrit plus haut « *Les jours suivants, en attendant l'entretien préalable au licenciement du 29 mai 2009, je n'ai plus aucune vie professionnelle. C'est le vide total* », je me rends alors chaque matin à mon bureau à mon domicile, « *je suis au travail et c'est ce qui me permet d'entretenir la flamme de la vie* ».

Quelqu'un peut-il s'imaginer ce que j'ai pu ressentir le matin lorsque mon épouse sortait la voiture du garage pour se rendre à son travail tandis que moi, je lui adressais des gestes de tendresse de la main en éprouvant le sentiment douloureux qu'il m'était interdit de me rendre à mon travail à moi ? Je fermais le portail du garage, envahi par une immense tristesse, je ressentais un terrible abattement.

Mon épouse, mes enfants, tous mes proches, nos amis, m'ont immédiatement entouré de leur affection. De nombreux amis professionnels et collègues ont manifesté leur indignation et m'ont apporté leur soutien inconditionnel. Ils s'inquiétaient pour moi, m'écrivaient, me téléphonaient, me rendaient visite, m'apportaient régulièrement du réconfort. La simplicité et l'authenticité de leurs relations m'insufflaient de la vie, rendaient visible au plus profond de mon être le sentiment d'être encore en vie. Ils ont non seulement empêché la petite flamme de la vie de s'éteindre, mais ils l'ont ranimée, ils lui ont redonné du souffle, de la chaleur et des couleurs. Tous les jours, à mon bureau, je consacrais des heures à répondre aux courriels et lettres de soutien qui me parvenaient en très grand nombre chaque jour. Nombreux ont été également les personnes et collègues avec qui j'ai pu longuement échanger par téléphone.

1. Lente remontée de la pente

Aussi étonnant que cela puisse paraître, y compris pour moi-même, au moment-même où l'épée de Damoclès s'est abattue sur ma tête, j'ai décidé de me battre pour que l'ignominie soit dénoncée, que justice me soit rendue, que je voie mon honneur et ma dignité réhabilités. Qu'à travers mon combat toute personne dont la dignité est bafouée puisse espérer retrouver le chemin de l'humanité. C'est dorénavant mon combat.   Pour moi, pour l'Homme ! Déterminé, j'ai pensé que la vie sera plus forte que la destruction !

Une quinzaine de jours après, à l'initiative de mon épouse et à l'invitation de l'animateur d'un groupe d'accompagnement professionnel auquel j'avais participé plusieurs années auparavant à Lyon, j'ai retrouvé ce groupe dont les membres m'ont accueilli avec simplicité, pudeur et beaucoup de délicatesse. *"Ce jour-là on t'a ramassé à la petite cuillère"*, m'a dit l'un d'eux plus tard. Après quelques mois, il m'a été proposé de participer à un deuxième groupe d'accompagnement. En l'espace de trois ans j'ai participé à une douzaine de rencontres de deux jours. C'est grâce à mon retour dans ce groupe que j'ai pu commencer lentement à remonter la pente et à reprendre vie : le groupe m'a accompagné, soutenu, il m'a redonné une existence sociale et permis de ressentir peu à peu la renaissance d'un sentiment d'appartenance humaine.

Je me rendais à chaque rencontre avec sérénité, l'esprit libre, avec l'impression d'avoir franchi une nouvelle étape depuis la rencontre précédente. Je me retrouvais dans un havre de paix animé par un esprit de vraie fraternité.

Cet accompagnement-là m'a conforté dans l'affirmation d'une conviction qu'il m'a été donné d'acquérir au cours des trois années d'épreuves : ce qui fait la richesse, la force et la splendeur de la vie humaine, ce qui fait la noblesse de l'homme, ce n'est ni le statut social, ni le confort matériel ou financier, ni le pouvoir, mais la qualité des relations avec les autres dans la rencontre d'une personne avec d'autres personnes, chacune reconnue comme unique et respectée, dont l'humanité s'enrichit de celle des autres et contribue à mettre en lumière la leur. Cela s'applique aussi bien aux relations affectives avec ses proches qu'aux relations professionnelles, comme par exemple celle d'un supérieur avec ses subordonnés.

2. Soutiens et remerciements

Le soir-même de mon « expulsion », j'informe les membres de mon équipe de direction de mon évition et des conditions dans lesquelles elle a été exécutée par ses auteurs. Ils n'ont pas manqué de diffuser l'information et aussi de m'adresser spontanément leur soutien. A mon grand réconfort, j'ai reçu de très nombreux messages de professeurs du Lycée et, dès le lendemain, de collègues chefs d'établissement, et même de parents scandalisés par cet événement. Et cela malgré l'interdiction de me contacter qui avait été adressée le soir-même de ma « mise à la porte » par Monsieur le Président de l'OGEC à tous les personnels du Groupe Scolaire !

Quelques exemples de messages reçus dans les heures et les jours qui ont suivi.

▪ Madame M.M., responsable du Cycle Terminal du Lycée que j'ai tout de suite informée par téléphone, qui m'a adressé un message le lendemain, 20 mai 2009.

Hier soir je n'ai pas pu trouver les mots pour t'apporter mon soutien face à ce coup de tonnerre. Ils ont eu ce qu'ils cherchaient depuis longtemps !

Nous sommes un certain nombre à être écœurés par ces actions que nous pensions d'un autre temps, par le peu de respect pour le travail que tu as fourni dans l'institution, pour ta personne.

Il faut te battre car je pense que tu es droit et digne dans cette affaire. Il y avait d'autres solutions pour régler le problème.

Bon courage à toi et à toute ta famille.

▪ Monsieur J.N., Professeur de Philosophie, a réagi sur-le-champ :

A l'instant M.M. vient de me prévenir de ce qui vient de t'arriver.

T'imagines mon émoi, ma surprise scandalisée devant de telles pratiques dignes des milices du temps de Pétain.

Bravo les Maristes qui en vingt ans manifestent toujours autant de courage et se conduisent de façon innommable. Et ils osent parler d'accompagnement de la personne !!!

Sache que je suis de cœur avec toi dans cette épreuve. Il faut que tu combattes, que tu te défendes en Prud'hommes devant une telle pratique inique.

Nous allons tenter de réagir demain matin, je ne sais pas encore comment.

Je n'oublie pas ta grandeur quand tu as su nettoyer les "Ecuries d'Augias", les retombées sont tardives, signe que la "bête monstrueuse" n'a pas été éradiquée.
Courage.

▪ Monsieur T.D., mon adjoint de direction, que j'ai informé par téléphone le soir-même, m'écrit ce message tôt le lendemain matin avant de partir à sa journée syndicale des Adjoints de Direction à Paris :

Objet : Maristes de m...
Arthur bonjour, je ne te demande pas si tu as pu dormir...
Je suis vraiment affecté par la nouvelle d'hier soir. Une envie de dégueuler quand j'y repense. J'ai eu J.-F. D. hier soir ainsi que M.M. vers 23 h. Elle a ameuté les profs qu'elle pouvait joindre dès la nouvelle connue. J'ai essayé d'appeler les responsables du Snceel. Ils sont tous à Lyon aujourd'hui pour un bureau externalisé. Peut-être devrais-tu les contacter aujourd'hui à la rencontre du Snceel académique pour alerter en direct les "locaux". De mon côté, je dois joindre J.-F. C. vers 9 h. (...) Partageant votre peine et ta révolte. Très amicalement.

▪ Madame E.G., Responsable de Secteur des 6èmes, une très proche collaboratrice, m'a tout de suite écrit ceci :

Abasourdie par la nouvelle et très choquée par les procédés employés, je ne peux pour l'instant que te dire que je pense fort à toi et que tu conserves toute mon amitié.

▪ Monsieur C.L., Responsable des 5èmes et 4èmes, autre proche collaborateur :

J'ai appris hier soir par M.M. la décision de la Tutelle avec la bénédiction de l'OGEC... Je suis particulièrement choqué par la forme de leurs actions, aucun respect de la personne et du travail fourni.
Par ce mail, je tiens à t'apporter tout mon soutien face à de tels procédés. Il y avait certainement bien d'autres solutions

pour résoudre les problèmes. Si tu éprouves le besoin de parler, tu sais que je suis disponible.
Bon courage à toi et ta famille.

▪ Madame M.B.[1], Coordinatrice de l'Equipe d'Animation en Pastorale, une personne d'une loyauté et d'une amitié indéfectibles, qui m'a bien-sûr téléphoné régulièrement, m'a envoyé une carte avec une poème de Marie de Hennezel :

« *Il* [L'être humain] *n'a jamais dit*
Son dernier mot,
Toujours en devenir,
En puissance de s'accomplir,
Capable de se transformer
A travers les crises
Et les épreuves de sa vie ».

Elle ajoute : « *Je tiens à te dire merci pour l'aide que tu m'as apportée lorsque je suis arrivée à Valbo. J'espérais en l'avenir et j'avais le désir de m'accomplir au travers de mon travail mais l'accueil des collègues n'étant pas agréable j'ai bien failli renoncer en baissant les bras.*

Merci de m'avoir soutenue, encouragée à aller de l'avant, à prendre la responsabilité du Lycée qui était une première pour moi... C'est au travers de celui-ci que j'ai pu donner ma pleine mesure et que j'ai osé des propostions pour les jeunes. La confiance que tu m'as toujours donnée a permis à bien des jeunes de vivre des moments forts. Dans ces moments si difficiles de nos vies, seul le Christ peut nous aider si nous acceptons de déposer nos fardeaux au pied de la croix ».

▪ Madame A.-M. B., une proche collègue chef d'établissement de LP à St Etienne et parent d'élève, qui m'écrit le lendemain du licenciement :

---

[1] Madame M.B. m'a accompagné, à ma demande, pour l'entretien préalable à mon licenciement.

Objet : Courage !
Arthur, je viens d'apprendre les soucis qui te touchent.
Je souhaite t'apporter mon soutien, je sais que ce n'est pas grand-chose, mais !!!

Je suis scandalisée par ce que je vois et j'entends depuis un an, depuis que je suis avec vous au sein de l'enseignement catholique. Je ne cautionne absolument pas leurs démarches et je tenais à ce que tu le saches. Je ne fonctionne pas comme ceci et trouve que bafouer la dignité des personnes est inadmissible.

Où sont les valeurs que nous sommes censés véhiculer ?
Je te souhaite bon courage. Ne baisse pas les bras. Amitiés.

Un second message de Madame A.-M. B, quelques jours plus tard :

Où en es-tu Arthur dans tes démarches ? Comment va ton moral ? C'est une question qui est peut-être ridicule mais sache tout de même que cette situation me touche réellement. En effet, je ne te connais pas depuis longtemps en tant que collègue, mais j'ai pu apprécier ton travail, ton investissement en tant que parent d'élèves et intervenante dans ton établissement au moment des carrefours des métiers.

Je ne sais pas où nous allons, mais l'avenir me semble bien gris ! Quelle déception de voir la façon dont on traite les gens. Je trouve cette situation d'une violence insupportable, c'est pourquoi je te renouvelle mon soutien et toute mon amitié. Où est la reconnaissance du travail accompli ?

Ne baisse pas les bras, sois courageux et pense que tu as des collègues qui pensent à toi. Si tu penses que nous pouvons faire quelque chose, n'hésite pas, dis-le nous.

Encore une fois courage. Bien amicalement.

▪ Madame G.B., professeur de Lettres, m'a écrit ce long message dès le lendemain :

Objet : Tu peux compter sur moi

Bonjour Arthur,
Un coup de fil de Mi. C. vient de m'apprendre que tu avais été licencié de manière très brutale hier. Je suppose que - même si tu savais que ça pouvait se produire - ça a été un moment très éprouvant pour toi. Je viens te dire toute ma sympathie dans ce moment difficile. Je suis convaincue que l'OGEC commet une grave erreur en te licenciant pour faute grave. Quel que soit le motif du licenciement, je sais que tu connais assez les rouages de ta fonction (beaucoup mieux que l'OGEC et même que la Tutelle, semble-t-il) pour te défendre de manière appropriée, et je suis persuadée que tu auras gain de cause.

Je veux que tu saches que je suis prête à t'apporter un éventuel soutien dont tu aurais besoin, sous la forme d'un témoignage par exemple, si tu le juges utile. En tout cas j'ai cru comprendre que - comme toujours en pareil cas - les rumeurs les plus folles circulaient sur le motif de ton licenciement. Si tu as des informations précises, et si tu souhaites qu'elles soient portées à la connaissance de l'équipe pédagogique et éventuellement des familles, je me ferai un plaisir de participer à leur transmission. Ce qui est vraiment navrant, dans cette histoire, c'est que - quelle qu'en soit l'issue - c'est un coup de plus porté à l'établissement qui n'avait vraiment pas besoin de ça.

Je te souhaite beaucoup de courage (mais je ne suis pas inquiète, je sais que tu en as) pour affronter ce combat difficile.

J'ai beaucoup apprécié de travailler à Valbenoîte sous ta direction, et ma mémoire est pleine de très bons souvenirs. Je suis très heureuse de pouvoir m'en aller maintenant...

En tout cas, sois assuré de mon soutien indéfectible. Je te rendrai service avec plaisir si tu le crois utile. Amicalement, G.

▪ Madame Do.V., professeur de Lettres, n'a pas manqué de m'écrire elle aussi :

> *Je désirais vous adresser ce message afin de vous transmettre tout mon soutien moral. J'ai effectivement été très choquée d'apprendre la nouvelle de votre départ, provoqué de cette façon.*
>
> *Il me semble que, quels que soient les faits que l'on avait à vous reprocher, les méthodes utilisées ont été peu humaines, voire humiliantes. Après 17 années de services pour une communauté, je pense sincèrement qu'une personne ayant donné tout ce qu'elle a pu, avec sa conscience, doit être respectée et traitée avec ménagement.*
>
> *Je suis donc désolée de ce qui vous arrive et souhaite que pour vous tout aille mieux pour l'avenir, que vos compétences soient appréciées ailleurs. Et qui sait, peut-être nous retrouverons-nous dans une autre équipe ?*
>
> *Je vous souhaite donc bon courage pour cette fin d'année et pour vos démarches.*
>
> *Bien cordialement. Do.V.*

▪ Je ne peux évidemment pas passer sous silence l'éditorial rédigé par Madame P.B. du Bulletin d'Information et d'Action des Militants de la CFDT - SEPL – Action Syndicat de l'Enseignement Privé de la Loire - N°529 de Juin 2009

> *Plus près de chez nous, il y a aussi de quoi s'inquiéter. Comment ne pas être outré par ce qui s'est passé dans un établissement stéphanois, où le directeur a été brutalement licencié à quelques semaines des vacances, dans des conditions pour le moins choquantes. Il n'est pas dans notre ressort de juger sur le fond, mais n'oublions pas que toute personne est présumée innocente, tant que la preuve de sa culpabilité n'a pas été faite, et gardons-nous d'émettre des hypothèses hasardeuses quant aux raisons qui auraient pu motiver une telle décision. De toute façon, quelles qu'elles soient, elles ne peuvent justifier un tel mépris des personnes.*

Nous ne pouvons qu'être atterrés que notre nouveau directeur diocésain (et notre évêque !) aient laissé les choses en arriver là et aient cautionné cette manière de procéder. Cela pose vraiment question sur la manière dont l'Enseignement Catholique du Diocèse stéphanois considère ses personnels !

▪ Voici le courrier de mon assistante de direction, Madame A-M C., expédié dès le lendemain : « *C'est avec surprise que ce matin nous avons été informées. Bon courage. Vous pouvez compter sur nous* ».

▪ Madame E.C. mon ancienne adjointe du Lycée n'a pas manqué de réagir en m'écrivant une carte :

« *Ayant appris ce que tu viens de vivre à Valbenoîte, je tiens à te redire en toute simplicité ma sincère et fidèle amitié. Je te souhaite ainsi qu'à Agnès toute l'énergie et la confiance nécessaires pour surmonter ces moments particulièrement éprouvants. Bien amicalement* ».

▪ Une deuxième carte de Madame E.C, me parvient quelques jours plus tard :

« *Je t'informe que les collègues « profs retraités » que tu connais (...) viennent de co-signer une lettre adressée au Frère G.C. et au Président de l'OGEC pour dire en termes forts notre indignation et notre inquiétude face à la méthode utilisée à ton égard. J'ai moi-même posté ce courrier adressé en même temps pour information, avec le consentement de tous les collègues, à l'Evêque, au Directeur Diocésain, à Mi. F. et à J.R. Je te souhaite à Agnès et à toi d'aller le mieux possible actuellement. (...) Mes pensées vous accompagnent.* »

▪ Un courrier reçu très tôt après mon licenciement de Monsieur R.B., Professeur de Lettres Classiques récemment retraité qui m'a particulièrement touché en m'écrivant :

« *Cher Arthur,*

Je viens d'apprendre par E.C. ton brutal licenciement et surtout les tristes conditions dans lesquelles il s'est effectué. Je tiens aussitôt à t'écrire pour te dire combien grande est ma colère devant tant d'injustice et d'ignominie. Permets-moi de me demander (est-ce une simple hypothèse) si tout cela n'était pas préparé contre toi depuis longtemps : n'es-tu pas la victime expiatoire d'un coup monté par une clique de revanchards haineux qui ne t'ont jamais pardonné tes louables efforts pour faire éclater la vérité et la justice en 1995 ?

Je suis profondément indigné par le coup porté à l'homme, à l'époux, au père, à l'ami que tu es. Je m'interroge pour savoir où sont passées les valeurs chrétiennes et maristes d'écoute, d'ouverture, de confiance et qui trouvent ici une bien curieuse interprétation.

Je n'oublie pas par ailleurs que j'ai travaillé sous ta direction pendant de nombreuses années dans une estime et une confiance réciproques. J'ai apprécié tes compétences, ton autorité, ta lucidité dans la façon que tu avais de tenir la barre ; j'ai apprécié tes qualités humaines quand, lorsque vint mon naufrage personnel, tu m'as apporté confiance et espérance.

A mon tour, donc, aujourd'hui, de t'apporter mon soutien moral et de te renouveler mon amitié. Sache, Arthur, que nous tous, les anciens profs de Valbo, nous sommes à tes côtés, dans ces moments de doute et de chagrin. Je suis sûr, qu'avec l'aide d'Agnès, ton épouse, et tes enfants, aidé par ta Foi en Dieu et en l'homme, tu parviendras à surmonter l'épreuve qu'un sort injuste et un odieux complot t'ont infligée. Tu peux venir chez moi quand tu veux.

Bien à toi. R. »

▪ Courrier de Monsieur J.-P. B., professeur d'Espagnol :

« Arthur bonsoir, après le coup de bambou de ce matin j'ai envie de te dire le double sentiment que j'éprouve : d'une part, une profonde impression de gâchis et beaucoup d'écœurement

envers une Tutelle qui m'est apparue bien peu crédible lors des deux dernières « réunions » où elle était présente et envers une présidence d'OGEC capable d'un tel revirement de comportement face au personnel d'une réunion à l'autre. D'autre part, je tiens à t'exprimer toute ma sympathie quant au procédé utilisé contre toi. Le respect de la personne dans l'exercice de sa fonction doit être le principe de base de toute autorité exercée sur quiconque. On est loin du compte, cela m'apparaît tout à fait scandaleux ! Et sur ce plan, tu peux compter sur mon soutien.

Tu as su, il y a quelques années, t'attaquer à des difficultés que de nombreuses autres personnes avaient refusé d'aborder ; nous sommes nombreux à t'en être tout à fait reconnaissants. Garde l'énergie nécessaire à ta défense ! En toute amitié ».

▪ Quelques mois plus tard, Madame Mi.O, Directrice de l'Ecole de Valbenoîte m'adresse un nouveau courrier pour prendre de mes nouvelles :

« *J'ose espérer que les jours qui passent te permettent de prendre du recul et de peaufiner ta défense.*

Malgré un climat tendu à cause des différents licenciements, l'année est maintenant bien entamée. Les difficultés se concentrent toujours autour des mêmes foyers que je n'ai pas besoin d'énumérer puisque tu les connais bien.

Le président et son trésorier sont toujours dans le même état d'esprit et aiment se présenter comme des sauveurs.

L'association de parents d'élèves est très mal. Des départs au sein du bureau, peu de nouvelles adhésions et des tensions entre les différents membres. Pourra-t-elle redémarrer ? (...) »

▪ Parmi les nombreux échanges de correspondance que j'ai eus à cette période, je retiens en particulier un courriel reçu de Madame M.M., Responsable du Cycle Terminal, évoquant la réception organisée au Lycée pour le départ des Terminales :

« Je viens de prendre connaissance de ta lettre de licenciement. Qu'ajouter à tout ce que nous avons déjà ressenti, une impression de nausée, de violence gratuite, d'injustice.

Mercredi au pot de départ des Terminales il y avait un certain malaise chez les enseignants, il manquait quelqu'un.

Après que j'aie clôturé l'année, J.N. a pris la parole et a parlé de l'absent. Il a dit aux élèves ton dévouement, ton amour pour eux. Il a évoqué l'injustice dont tu étais victime... Il fut très applaudi et a remercié les élèves en ton nom.

Dommage que certains n'étaient pas là, c'était peut-être volontaire !

La rumeur commence aussi à colporter la façon ignoble dont tu as été traité. Nous sommes plusieurs à avoir eu ce type d'échos à l'extérieur de l'établissement.

Je vous souhaite à toi et à ton épouse beaucoup de courage ».

De nombreuses personnes qui m'ont adressé un message de soutien, des amis, des enseignants, des collègues chefs d'établissement, et même des parents m'ont également fait part, pour un bon nombre d'entre eux, de la copie de leur lettre d'indignation, d'incompréhension et de protestation adressée aux autorités catholiques : Tutelle Mariste, Evêque de Saint-Etienne, Archévêque de Lyon, Directeur Diocésain de l'Enseignement Catholique.

Une de ces lettres, adressée dès le lendemain de l'événement à la Tutelle des Frères Maristes était particulièrement virulente, en voici un extrait de la partie à la virulence atténuée :

« À la suite de la réunion du mercredi 20 mai, au Lycée Valbenoîte, lorsque vous nous avez annoncé le licenciement de M. Obringer, je tenais à vous transmettre ces quelques remarques :

J'ai été scandalisé, outré de découvrir avec quel cynisme et quelle violence vous avez licencié notre directeur M. Obringer, avec l'aide d'un huissier et d'un serrurier, le traitant comme une dangereuse " fripouille ".

Je ne sais pas ce que vous lui reprochez – quoique, votre insistance en lisant votre courrier, et ce, par deux fois, à faire référence au " droit canon " –, me laisse à penser que la faute " grave " serait liée au " caractère propre de l'établissement ".

Je ne sais. Je ne fais des remarques que sur la forme.

Vous qui prônez le sens du respect, de la tolérance, de l'accompagnement d'autrui dans sa souffrance, ses blessures (sic), ne sentez-vous pas comme une déhiscence entre vos propos et vos pratiques ? (...)

M. Obringer, lui, soutenu par quelques professeurs, a eu le courage – démontrant par là son attachement à de " vraies " valeurs (des valeurs vécues) – de nettoyer les écuries d'Augias, et ainsi de protéger les enfants. Et voilà comment on le remercie. Mais d'ailleurs, " remercier " est polysémique, et la langue aujourd'hui vous arrange. (...)

Enfin, ouvrant la porte à toutes les rumeurs, refusant de dévoiler la raison profonde de ce licenciement, au nom du principe sacré de " respect de la personne humaine " vous contribuez à salir un peu plus cet homme que je respecte pour le courage qu'il a eu quand il le fallait ».

A l'occasion des dizaines et des dizaines et encore des dizaines d'échanges par correspondance avec toutes ces personnes, j'ai vraiment pu mesurer la simplicité, la sincérité, la loyauté de leurs paroles qui m'ont apporté un réconfort incommensurable. Aussi, ai-je pu leur dire combien ce que j'étais en train de vivre et ce que subissaient mon épouse et mes enfants étaient d'une démesure indescriptible.

Voici un extrait de ma réponse à un des messages de Madame M.M., Responsable du Cycle Terminal, qui me parlait du cataclysme par lequel j'ai été submergé :

Merci beaucoup, cela fait du bien. Mais que c'est dur de se battre, cela fait déjà plusieurs années que je le fais, sans faire de vague et sans démonstration et surtout cette dernière année. Ce qui arrive, je le voyais venir et je le redoutais, mais la violence de la méthode me fait dire que cela dépasse l'entendement. Sans parler du peu de respect pour les miens aussi, qui trinquent depuis si longtemps en raison de mon engagement ! C'est en effet un vrai cataclysme, un tsunami !

En réponse à un courriel reçu de Madame H.D., Professeur d'Histoire-Géographie, je lui écris ceci :

« Un très grand merci à toi et à ton mari. J'ai beaucoup besoin de vos encouragements. A partir de demain ce sera vraiment le déclenchement de la bataille, d'abord en vue de l'entretien ce jeudi matin 10 heures [entretien préalable au licenciement], *et après, le combat deviendra certainement très âpre ! J'ai beaucoup de messages d'encouragement, cela me réconforte beaucoup, je dois bien le dire. Mais comme je l'ai fait savoir à d'autres, j'ai besoin que ma dignité soit rétablie, ma dignité personnelle et celle de mes proches, ainsi que la dignité publique !*

Pour cela, c'est à vous de voir ce que vous pouvez entreprendre pour dénoncer cela, et désavouer les auteurs d'actes aussi machiavéliques, j'ai bien écrit "machiavéliques" ! Je pense vraiment que la représentation (élus au CE et délégués syndicaux) est très loin d'être à la hauteur des enjeux du combat en cours! On est dans un conflit majeur de valeurs. Mardi soir il y a Comité d'Entreprise, je crains fort que les élus et les délégués syndicaux se fassent "embobiner", une fois de plus... On leur a fait avaler tellement de couleuvres...

A part cela, je me laisse aller à quelques pensées que je te livre et que tu peux diffuser à volonté.

Qui était là quand la petite Fanny, élève de 5ème, est décédée ?

Qui était là quand on nous a démoli la cafétéria ?

Qui était là quand on a déménagé le lycée, et sans aucune prévision de l'organisation administrative, faute de temps et de moyens financiers ? Organisation qu'il a fallu inventer de toute pièce avec "les moyens du bord" !

Qui était là quand il a fallu renouveler toute l'équipe de direction ?

Qui a pris la peine de faire rénover des locaux avec des moyens financiers très limités ?

Qui s'est occupé de mettre à disposition des profs et des personnels des équipements pédagogiques à la hauteur des défis d'aujourd'hui ?

Qui est capable de parler des obligations d'adaptation de l'informatique aux besoins de la gestion ?

Enfin, il me paraît important de te faire part que les pouvoirs publics (Rectorat, IA, Conseil Général, Conseil Régional et Municipalité) connaissent et apprécient N-D de Valbenoîte grâce, en particulier, à leur ambassadeur de chef d'établissement. Chère H., tu me parles de la résurrection, oui, j'y crois plus que quiconque, mais cela n'empêche que la situation actuelle est très dure à vivre !

Tu as compris que je suis très en colère. Mais c'est elle qui m'aide à me battre, comme tu le dis très justement ».

■ Avant d'en terminer avec tous ces exemples de témoignages, voici un dernier extrait d'une de mes réponses à une correspondance avec Monsieur T.D. mon adjoint, trois semaines après le cataclysme :

« Il faut quand même que je te dise que je fais face, mais c'est très dur. Et la rage ne cesse de monter encore. Bien-sûr j'ai de quoi occuper mes journées, et même plus, mais je n'ai plus de

repères de dates et d'activités. Tu sais, c'est un peu comme ce que l'on éprouve pendant les vacances lorsqu'on décroche, mais là cela génère un sentiment de malaise et d'injustice révoltante... Cela ne fait que me conforter dans l'idée que les procédés employés relèvent bien du harcèlement.

Pour Agnès se pose très sérieusement la question de savoir si elle va continuer de travailler dans une institution qui a été capable de cela ! Aujourd'hui, elle est partie à Toulouse pour encadrer une session de formation de Psychologues et de Directeurs Diocésains sur les situations de crise. Quelle dérision » !

- Enfin, je ne peux pas occulter le témoignage d'un représentant d'une collectivité territoriale, à savoir du Conseil Départemental, Monsieur E.B. pour le dispositif Cyberbureau Collèges, qui à l'occasion des vœux du Nouvel An m'a écrit ceci le 11 janvier 2010 :

« Bonjour M. Obringer,
A mon tour de vous transmettre une petite carte de voeux en cette nouvelle année. (...) Le Collège Valbenoîte est rentré dans le dispositif Cyberbureau Collèges en 2006. Ces quelques années ont été pour nous très appréciables, vous étiez toujours très enthousiaste et motivé pour développer le Cyberbureau au niveau de vos équipes et au niveau du Handicap et des Dys. C'est vrai que votre mise à l'écart nous a beaucoup affectés, car vous faisiez partie des "Chefs d'Etablissements modèles", que nous citions dans nos ateliers auprès des Collèges Publics et Privés du Département de la Loire. (...) Si un jour, vous passez près du 2, rue Balaÿ à Saint-Etienne, la porte sera toujours ouverte si vous voulez venir nous saluer.
Bien cordialement. E.B. »

3. Des silences assourdissants

Après tous les témoignages de soutien dont je viens d'en citer quelques-uns, je ne peux pas passer sous silence l'absence complète, et jusqu'à aujourd'hui, d'un petit message amical ou bienveillant de la part de quelques personnes de mon entourage professionnel immédiat.

Aucun des Responsables de Secteurs du Collège, des collaborateurs très proches qui formaient avec moi le Conseil de Direction de 2003 à 2006, ni même mon Directeur-Adjoint de cette équipe, ne se sont manifestés, ni au téléphone, ni par un petit mot amical, ni par courriel. A quel jeu ont-ils joué ? Un jeu à vrai dire plus que sournois !

Pas surprenant... Je l'ai appris bien plus tard, mais le nom de ce Directeur-Adjoint avait été proposé à la Tutelle Mariste dans un courrier du 17 octobre 2008 (déjà !) pour me remplacer. Monsieur le Président de l'OGEC écrivait : « *La reprise en main temporaire de l'établisssement jusqu'à la fin de l'année scolaire par une personne compétente est obligatoire. Cette personne pourrait être accompagnée bénévolement par l'ancien directeur – adjoint Monsieur M.S. qui a toujours été dévoué pour l'établissement* ».

C'étaient les prémices de la cabale contre le Directeur lancée depuis le début de l'été.

Combien de personnes se sont-elles laissées gruger par ces méthodes on ne peut plus perverses activées par Monsieur le Président de l'OGEC ?

Quelle hypocrisie de la part de ce dernier lors des quelques séances du Comité d'Entreprise auxquelles il a daigné être présent ! Hypocrisie qui a nourri le comportement devenu toxique de certains personnels, heureusement peu nombreux.

Ces quelques personnels-là se sont sans doute réjouis de voir le Directeur « *jeté par-dessus bord* ». Comment, dans ce contexte, auraient-ils pu avoir l'idée de m'adresser un petit message amical et de me demander comment j'allais ?

Silence assourdissant aussi des autorités de l'Enseignement Catholique, mais cela je l'ai déjà développé, que ce soit de la part du Directeur Diocésain ou de Mgr l'Evêque. Eux, lorsqu'ils ont été interpelés par les représentants des Chefs d'Etablissements ou des Syndicats d'Enseignants, voire par des parents d'élèves, ils ont « botté en touche », répondant que la décision était de la seule responsabilité de la Tutelle Mariste ! Tous ont bien retenu la leçon de Ponce Pilate...

Silence de ces frères maristes qui me connaissaient bien, avec qui j'ai souvent et des années durant participé à des activités pédagogiques, éducatives ou pastorales au sein du réseau des établissements maristes. Aucun ne m'a jamais adressé le moindre message.

Indifférence ? Culpabilité ? Gêne ? Solidarité avec l'incompétence de leur Délégué ? Peur de nuire à leur cause dans le cadre d'un procès ?

Que de questions on peut se poser !

4. Combat juridique âpre mais victorieux

Dès le lendemain, grâce aux échanges avec Monsieur A.B., Conseiller Juridique du SNCEEL en résidence à Lyon et ancien collègue Chef d'Etablissement, je mobilise une grande partie de mon énergie pour organiser ma défense au plan juridique et la réhabilitation de ma dignité. L'autre partie de mon énergie, il me faut la consacrer à trouver des chemins d'évolution de ma carrière professionnelle, car me voilà demandeur d'emploi..., à trois ans de ma retraite !

L'entretien préalable au licenciement a eu lieu le 28 mai, suivi du licenciement effectif qui m'a été notifié par lettre recommandée datée du 3 juin 2009.

Sans tarder, j'ai sollicité le Secrétariat Général National de l'Enseignement Catholique en vue de saisir la Commission Nationale de Conciliation. A partir de là, j'ai commencé à fournir un travail considérable pour rassembler des preuves, des faits, documents à l'appui, j'ai contacté et rencontré des avocats pour construire ma défense. Je pressentais que le combat serait long, qu'il fallait me préparer à rester mobilisé dans la durée, persévérer et garder confiance, cultiver mes relations pour entretenir la flamme grâce à leur soutien et à leurs encouragements.

La Commission Nationale de Conciliation a été convoquée pour siéger à la DDEC de Saint-Etienne le 16 juillet 2009. J'ai consacré un paragraphe à cette Commission dans les pages précédentes. D'emblée, refus total de conciliation de la part de Monsieur le Président de l'OGEC : aucune conciliation n'a pu avoir lieu.

Par l'intermédiaire du Bureau National du SNCEEL, le choix d'un avocat s'est porté sur un Cabinet lyonnais qui avait déjà traité plusieurs affaires concernant l'Enseignement Privé Catholique sous Contrat de la région. Je rencontre deux avocats de ce Cabinet le 18 septembre qui saisissent dès le lendemain le Conseil des Prud'hommes de Saint-Etienne. Une audience du bureau de conciliation est convoquée le 9 décembre pour laquelle je suis assisté par Me J.-P. K, à laquelle il n'est formulée aucune offre de conciliation de la part de l'OGEC, ce qui ne nous étonne pas.

Par conséquent, le Conseil des Prud'hommes a programmé une première audience pour plaider à la date du 5 mai 2010. Sans grande surprise pour nous, l'affaire a été renvoyée au 13 octobre 2010 à la demande de l'avocat de l'OGEC, Maître J.-P. C.

Aussi ne fûmes-nous pas non plus surpris d'apprendre « *que cette affaire appelée le 13 octobre 2010 devant le Conseil des Prud'hommes de Saint-Etienne a fait l'objet d'un renvoi à l'audience du 30 mars 2011 en l'absence de conlusions de l'OGEC N-D de Valbenoîte-Le Rond-Point* » !

L'OGEC N-D de Valbenoîte, très certainement soutenu par la Tutelle Mariste, a sans doute cherché à « *laisser pourrir la situation* ». C'est ensemble, enfermés dans leurs certitudes, leurs mensonges et leur perversités, qu'ils s'étaient présentés comme les sauveurs de l'Institution. Probablement espéraient-ils que je finirais par « lâcher prise »…

Les conclusions attendues de l'OGEC nous sont enfin parvenues le 17 mars, il était temps !

L'audience a fini par avoir lieu à la date du 30 mars 2011.

Dans ce combat juridique qui ne faisait que repousser sans cesse l'audience par la volonté délibérée de la partie adverse, j'ai vécu une longue expérience d'apprentissage de la patience, accompagnée encore de bien des souffrances.

Le jugement a fini par être prononcé le 1er juin 2011 : « *Le Bureau de Jugement, statuant publiquement, contradictoirement et en premier ressort, après en avoir délibéré conformément à la loi, DIT et JUGE que le licenciement de Monsieur Arthur Obringer par l'OGEC est sans cause réelle et sérieuse ; CONDAMNE en conséquence l'OGEC à payer à Monsieur Arthur Obringer les sommes suivantes*[1] [portant sur] *le Préavis ; le Congé payé sur préavis, l'Indemnité conventionnelle de licenciement ; les Dommages et intérêts pour licenciement abusif et l'article 700. ORDONNE l'exécution provisoire*[2] *du présent jugement dans le cadre de l'article R1454-28 du Code du Travail. CONDAMNE l'OGEC au remboursement de 4 671 euros à PÔLE EMPLOI ».*

---

[1] Le montant global s'élève à un peu plus de cent mille euros.

[2] L'article R 1458-28 du Code du travail impose le règlement immédiat de la somme de 42 040.98 € au titre de l'exécution provisoire de droit. Somme qui m'a finalement été réglée au mois d'octobre suivant après tout de même plusieurs relances par mon avocat.

Le 17 juin 2011, l'OGEC n'a pas manqué d'interjeter un appel par l'intermédiaire de son avocat. Ce qui ne nous a pas étonnés, compte-tenu de l'état d'esprit des dirigeants de l'OGEC. Et cela, bien que l'OGEC se soit vu ordonner l'exécution provisoire de droit conformément à l'article R 1454-28 du Code du Travail !

Dès le 10 août, la Cour d'Appel de Lyon - Chambre Sociale nous adresse une convocation pour plaidoiries le 12 janvier 2012, date à laquelle l'audience s'est effectivement tenue.

La Cour d'Appel de Lyon a rendu son arrêt le 10 février 2012 :

« *La Cour,*
statuant publiquement par arrêt contradictoire,
confirme le jugement entrepris en ce qu'il a déclaré le licenciement dénué de cause, condamné l'OGEC de Valenoîte-le Rond-Point... »

Elle a également annulé l'avertissemement du 17 octobre.

De plus, nous avons été satisfaits d'apprendre que le jugement de la Cour d'Appel a ajouté à la condamnation de l'OGEC l'obligation de me verser une somme à titre de dommages et intérêts pour éxécution déloyale du contrat de travail !

Quel soulagement et quelle joie lorsque Me J.-P. K. m'apprend cette nouvelle au téléphone ! Me voilà enfin pleinement réhabilité dans ma dignité.

Il m'en aura fallu des jours, des heures, des semaines de travail pour fournir à mon avocat les détails sur chaque document que la partie adverse présentait dans ses conclusions pour chacune des audiences.

Bien-entendu, j'ai laissé exploser ma joie que j'ai immédiatement partagée avec mon épouse, mes enfants, mes amis, ces derniers relayant eux-aussi la nouvelle auprès de leurs connaissances.

A présent, il me fallait faire connaître la condamnation de l'OGEC N-D de Valbenoîte-le Rond-Point à tous ceux qui me connaissaient, en particulier les familles et les élèves qui n'avaient pas eu d'explications sur mon licenciement brutal. Aussi ai-je pris contact avec la presse quotidienne régionale, dont la rédactice en chef m'a reçu afin de lui exposer ma situation et ma demande de faire une communication la plus large possible. Avant de la contacter, j'avais pris les conseils d'un journaliste indépendant, Monsieur V.C., une ancienne connaissance dont la sœur, secrétaire et chargée de l'accueil à l'Ecole N-D de Valbenoîte, avait elle aussi été fortement malmenée par l'OGEC N-D de Valbenoîte.

J'ai apprécié le professionnalisme de la responsable de la rédaction du journal qui ne s'est pas contentée de recevoir mon témoignage mais qui m'a demandé tous les justificatifs et notamment les documents relatifs à chacune des deux condamnations de l'OGEC de Valbenoîte par le Conseil des Prud'hommes et par la Cour d'Appel de Lyon.

Le samedi 3 mars 2012, La Tribune - Le Progrès n° 51085 a publié sur sa Une : « *ST-ETIENNE : Après son licenciement abusif, l'ex-directeur de Valbenoîte témoigne* », titre accompagné de ma photo, annonçant plusieurs articles en page 11 dans la rubrique « La Loire et sa Région – Actualité », intitulée « *Lycée de Valbenoîe : l'ancien Directeur veut retrouver son « honneur bafoué »*.

Un de mes meilleurs amis, Monsieur J.V., ancien Chef d'Etablissement et son épouse ont tout de suite diffusé la nouvelle. Voici le message qu'ils ont adressé très largement à leurs amis et à leurs connaissances professionnelles dès le lendemain, 4 mars.

Objet : Réhabilitation Arthur Obringer

Une nouvelle parue dans le Progrès d'hier et qui nous réjouira tous : les magistrats professionnels de la Cour d'Appel de Lyon ont confirmé le jugement des Prud'hommes de St Etienne et condamné Valbenoîte pour licenciement abusif d'Arthur Obringer.

Nous avions tous été surpris d'apprendre ce qui s'était passé il y a maintenant trois ans et, connaissant Arthur, ne comprenions ni n'admettions d'entendre ce qui était avancé par les Frères Maristes et le Président de l'OGEC qui les représentait. Nous avions gardé notre estime et notre amitié à Arthur, cette condamnation lui permet de retrouver son honneur. N'hésitez pas à transmettre ce message à vos amis. Amicalement à tous. A. et J.

Nombreux étaient également les amis et les collègues à adresser un courrier aux autorités religieuses, Evêque de Saint-Etienne, Archevêque de Lyon, Tutelle des Frères Maristes et responsables de l'Enseignement Catholique local, pour leur dire leur satisfaction de voir mon honneur, ma dignité, mon humanité reconnues alors que près de trois ans plus tôt, ils avaient répondu laconiquement à leurs courriers d'indignation, à leurs demandes d'explication et de justification d'une pratique totalement contraire aux valeurs évangéliques prônées par eux !

Le combat avait donc duré près de trois longues années.

En même temps, durant toute cette période, je me suis assidûment attaché à retrouver une forme d'insertion professionnelle afin de recouvrer pleinement ma dignité.

5. Avancée vers de nouvelles insertions sociales et professionnelles

Dans les jours suivant mon éviction, je reprends peu à peu mes esprits.

D'abord, j'ai une rencontre avec mon médecin, Madame M.-T. R., d'ailleurs ancienne parent d'élève, à qui je fais part de ma mésaventure, qui me prescrit d'emblée un arrêt de travail. Cela me permet de ne pas avoir à assurer mon heure hebdomadaire d'enseignement que j'avais conservée pour garder le bénéfice de mon contrat avec l'Education Nationale. Est-il imaginable que je me présente dans l'établissement la semaine après mon éviction pour assurer mon heure d'enseignement consacrée à l'ECJS – Education Civique Juridique et Sociale – dans une classe de Seconde ?

Je sollicite ensuite le bénéfice d'une année de disponibilité auprès du Rectorat de Lyon que je renouvelle jusqu'à la fin de ma carrière professionnelle au 30 avril 2012.

Le Médecin du Travail, Dr Ph. V., m'a également accordé un nouveau rendez-vous dans les jours qui ont suivi. Il n'a pas manqué d'établir une attestation destinée à ma défense en écrivant : « ... *certifie avoir éxaminé à six reprises M. Arthur Obringer, de novembre 2008 à aujourd'hui 17 juin 2009. Il présentait des symptômes de stress important et chronique* ».

Un peu plus tard, deux annnées durant, j'ai également été accompagné par un psychothérapeute de Saint-Etienne. Il m'a en particulier permis de poursuivre mon parcours d'homme en m'appuyant sur les ressources internes en ma possession, dont j'étais loin de soupçonner l'existence et la force. Ainsi m'avait-il invité à réfléchir sur moi-même en cherchant les réponses à la question qu'il m'a posée : « *Comment as-tu fait pour résister à la violence de cet événement ?* ».

Au fil des séances, m'appuyant sur mes ressources ainsi mises en évidence, j'ai pu consolider ma détermination à revenir à la vie, telle que je l'avais exprimée à ce moment-là par écrit : « Dès le lendemain de ce que j'appelle mon « assassinat professionnel » il m'est apparu très clairement que ma survie, ma « résurrection » ne se réaliseraient qu'à la condition d'atteindre trois objectifs :

▪ Obtenir ma réhabilitation par une condamnation de mon employeur par le Conseil des Prud'hommes.

- Revenir à une activité en lien avec mon métier, au service des personnes et de « causes humaines » me permettant de dépasser le profond sentiment de parcours inachevé et de vivre une fin de carrière digne, avec le sentiment du devoir accompli.

- Enfin, et cela est absolument fondamental pour recouvrir pleinement mon humanité, ma dignité, c'est de porter mon témoignage sur la place publique et, notamment, devant les membres de la communauté éducative dont j'ai été le responsable !

Arrive le 17 juillet 2009, jour de mon inscription à Pôle Emploi.

Je vis-là une expérience plus qu'étonnante, je dirai même, imprévisible ! Situation qui dépasse l'entendement : je vais aller m'inscrire à Pôle Emploi. Non, non, ce n'est pas un cauchemar, c'est bien la réalité qu'il me faut admettre, eh oui, la réalité !

Réalité voulue par Monsieur le Président de l'OGEC ND de Valbenoîte et le Frère Délégué à la Tutelle Mariste ainsi que son Supérieur qui, en décidant de rompre mon contrat, m'ont fait vivre cette situation abracadabradandesque !

17 juillet 2009, début d'après-midi : c'est avec une très grande tristesse dans l'âme et un certain sentiment de découragement que je monte la rue du Port Sec à Saint-Chamond, sous la pluie, j'arrive à Pôle Emploi, je pousse la porte d'entrée, et à ma grande surprise, je suis accueilli par une jeune femme, très étonnée de me voir, une jeune ancienne élève de Valbenoîte qui me dit : « Mais, Monsieur Obringer, que faites-vous là ? »

Elle était très accueillante, mais quelque peu gênée de devoir m'indiquer les consignes et les indications utiles pour les formalités préalables à remplir avant l'entretien que j'allais avoir ensuite avec une des conseillères de l'Agence. Elle me fit m'installler devant un écran pour visualiser un petit film explicatif des démarches à suivre, destiné au demandeur d'emploi débutant que j'étais devenu..., droits et obligations. J'ai compris qu'elle avait perçu l'absurdité de la situation dans laquelle nous nous trouvions elle et moi !

Je peux témoigner que la personne qui m'a reçu ensuite a fait preuve d'une grande empathie. Elle m'a expliqué que ma situation, hélas, était plutôt fréquente, mais elle était quand même tout étonnée de rencontrer cela pour la première fois dans l'Enseignement Privé Catholique sous Contrat.

Je suis sorti un peu rassuré de cet entretien parce que j'allais pouvoir bénéficier d'une allocation mensuelle en attendant de retrouver, si possible, un emploi. Le sujet de la perte brutale de mon salaire m'avait beaucoup tracassé.

Sur les indications de la Conseillère j'ai pris contact dès septembre avec l'APEC de Saint-Etienne – Association pour l'Emploi des Cadres. A partir de là, pendant près d'un an, j'ai participé à un atelier hebdomadaire d'une journée au sein d'un groupe d'un petite dizaine de personnes vivant la même situation que la mienne. J'ai ainsi retrouvé une certaine vie sociale et professionnelle et vécu une forme d'accompagnement destiné à reconstruire l'image de soi et à se mobiliser, grâce au soutien de chacun des membres du groupe ainsi qu'aux conseils et aux recommandations de l'animateur. A cela s'ajoutaient les entretiens réguliers soit avec l'une soit avec l'autre des deux conseillères de l'APEC, Mesdames V.B. et F.L., deux personnes aimables toujours disponibles, accueillantes, à l'écoute, efficaces et de bon conseil.

Dans ce cadre j'ai également pu effectuer un bilan de compétences avec Madame M.Z., conseillère d'un autre organisme[1].

Toutes ces démarches m'ont donné d'approfondir davantage la connaissance de moi-même, et, à travers la relecture de mon

---

[1] Solerys – Verneil Formation à Rive de Gier (Loire)

long parcours professionnel – commencé en 1970 ! –, d'identifier et de nommer les multiples et véritables compétences professionnelles acquises, en particulier dans la direction d'établissements scolaires et dans mes engagements dans l'Education Populaire. C'est sur elles que je me suis appuyé dans mon parcours de recherche d'emploi.

Ces activités que je menais parallèlement au travail d'élaboration de ma défense aux Prud'hommes en lien régulier avec l'avocat, ont constitué un tremplin qui m'a aidé à remonter peu à peu la pente. J'ai pu explorer de nombreuses possibilités pour tenter de retrouver une activité professionnelle. Je peux affirmer que j'ai joué le jeu à fond et je pensais que cela pouvait réllement aboutir.

J'ai ainsi envoyé des dizaines de demandes d'emploi en réponse à des annonces, publiées pour la plupart par Pôle - Emploi, qui sont presque toutes restées sans réponse ! A ma connaissance, tout demandeur d'emploi vit cette désagréable et désepérante situation qu'est l'absence de réponse.

Mes compétences multiples m'ont fait envisager divers types d'emploi : direction d'établissements scolaires, d'établissements spécialisés (IME, ITEP…), Ephad, Ecole des Parents et des Educateurs, Udaf, Centres Sociaux, Responsable d'Association d'Education Populaire, Conseiller à l'emploi, Chargé de relations Ecoles, Formateur, Consultant, Chargé de mission dans les domaines de l'éducation et du social, …

Mon travail de recherche et ma réflexion lors des Ateliers à l'APEC m'ont égalemement conduit à envisager un emploi de consultant et de formateur sous le régime du Portage Salarial qui permet d'exercer un emploi avec un travail par missions. J'ai découvert ce statut salarial au cours d'une session de trois jours de formation conduite par une consultatnte-déléguée régionale d'un organisme implanté dans toutes les régions de France[1].

Durant ces années, et dès 2010, grâce à ma longue expérience professionnelle, enrichie par ma participation au groupe d'accompagnement avec l'ADAJ, je me suis impliqué dans les activités de l'ARFOP – Association pour le Recherche et la Formation en Pédagogie[2] –, organisme de formation auquel j'avais souvent fait appel pour des actions destinées aux enseignants du Lycée et du Collège, notamment pour l'élaboration du projet d'établissement et pour l'accompagnement d'équipes pédagogiques et éducatives confrontées à des situations éducatives difficiles.

Déjà enraciné dans le groupe d'accompagnement professionnel de l'ADAJ, je me suis également impliqué dans l'ARFOP en participant aux journées de travail d'un autre groupe appelé « L'accompagnemement à tous les âges de la vie – Chemin d'évolution personnelle et nécessité sociale » réunissant des membres de cinq organismes liés à la formation : ADAJ (Lyon), ARFOP (Saint-Etienne), CNFETP (Lyon),

---

[1] Groupe ITG – Institut du Temps Géré

[2] ARFOP – Association pour le Recherche et la Formation en Pédagogie – est à la fois un espace de réflexion sur la pédagogie, et un organisme de formation et d'accompagnement. Spécialisées dans l'enseignement et l'éducation, ses formations s'adressent plus particulièrement aux professionnels et aux bénévoles intervenant dans l'accompagnement des apprentissages. Elles sont également adaptées aux personnes qui souhaitent réfléchir et « se nourrir » pour améliorer leur relation à eux-mêmes et aux autres.
Fondée en 1970 par un groupe d'enseignants et de psychologues, l'association s'est initialement réunie autour de la démarche Ramain avec l'objectif d'en promouvoir l'éthique humaniste et les fondements psychopédagogiques. S'inscrivant dans le courant de pensée humaniste de Simonne Ramain, l'association reconnaît la personne dans sa globalité, sa singularité, sa complexité, en mouvement et en relation, l'individu comme acteur de son existence et de son devenir.

Chemin Ignatien (Grenoble) et Chronique Sociale Formation-recherche (Lyon). Avec ces cinq organismes j'ai aussi participé à l'organisation d'un Colloque de trois jours à la Pentecôte 2011 au Lycée Saint Marc à Lyon destiné aux praticiens de l'accompagnement sur le thème : « *L'accompagnement : pratique d'humanisation pour aujourd'hui* ».

Parallèlement à mes activités consacrées à ma défense juridique, d'une part, à l'exploration de nombreux chemins pour retrouver un emploi, d'autre part, j'ai ainsi commencé à retrouver une forme d'insertion professsionnelle en participant avec ARFOP à l'animation d'actions d'accompagnement d'équipes enseignantes en Collège et en Lycées Professionnels, en particulier sur le difficile sujet de la prévention du décrochage scolaire. La plupart du temps, j'intervenais en duo avec le responsable de notre organisme, très expérimenté, membre fondateur d'ARFOP, aux côtés de qui j'ai beaucoup appris. Il s'agissait de Monsieur André J., ancien directeur d'un Collège de St Chamond appartenant à l'Ensemble Scolaire dans lequel j'avais exercé la direction du Lycée. Il était devenu un ami. Aussi avons-nous été sollicités par un Lycée Professionnel et Technologique Industriel de Lyon, engagé dans un partenariat avec la Région Rhône-Alpes pour apporter sa contribution active à l'insertion professionnelle de jeunes de 16 à 26 ans ayant décroché de toute formation scolaire ou professionnelle pour les jeunes pour lesquels nous avons mis au point un dispositif intitulé « Potentiel Jeunes *Lyon Sud-Est* ».

Peu à peu j'ai commencé à apercevoir la lumière au bout du tunnel.

6. Retour à l'emploi… après mon entrée en retraite

Les mois et les années passaient, et, arrivé à la fin de l'année 2011, j'atteignais l'âge légal pour ma retraite. Mais, n'ayant pas retrouvé d'emploi, comme je remplissais les conditions requises pour la fin de ma carrière professionnelle, Pôle Emploi a cessé de me verser les indemnités et je suis donc officiellement « entré en retraite » le 1er mai 2012. Oui, j'ai fait « une banale entrée dans ma retraite », je n'ai pas eu de « vrai départ », je n'ai pas préparé la fin de ma carrière pour ce jour-là, je n'ai pas eu la joie de « fêter mon départ » dans mon établissement, entouré de mes collègues, de ma famille, de mes amis. Je n'ai pas touché la prime de fin d'acitivité ! La fin de ma carrière m'avait été « salement » confisquée un certain soir du 19 mai 2009 : c'est par une action machiavélique que leur auteur me l'avait fait « exploser en pleine figure » !

Afin de ritualiser malgré tout mon entrée dans la retraite professionnelle, j'ai organisé en septembre 2012 une rencontre « pour partager le verre de l'amitié », entouré de ma famille et de mes amis, avec mes anciens collègues enseignants et personnels de N-D de Valbenoîte, collègues chefs d'établissements et des parents. C'était pour moi le moment fort pour leur exprimer ma reconnaissance et mes remerciements pour les trois ans de soutien sans faille manifesté à mon égard et à l'égard de mon épouse et de mes enfants. C'est aussi grâce à eux que j'ai trouvé la force de me défendre et d'obtenir la condamnation de l'OGEC de Valbenoîte par la Cour d'Appel de Lyon. J'ai également partagé avec eux ma joie de jeune retraité d'avoir retrouvé des activités professionnelles, à temps partiel bien-sûr, qui me permettraient d'effectuer une réelle fin de carrière, aboutie, et surtout avec le sentiment de la dignité recouvrée.

Mes nouvelles activités professionnelles, à partir de cet automne-là étaient au nombre de trois :

■ Le dispositif d'insertion « Potentiel jeunes *Lyon Sud-Est* », de 2011 à 2017 dans le 3ème arrondissement de Lyon

■ La co-direction du COS – Centre d'Orientation Scolaire – , de 2012 à 2016, égalememment à Lyon (1er arrdt)

- La présidence de l'ARFOP – organisme de formation – jusqu'en 2022

7. Une fin d'activités professionnelles dans la dignité

Mes efforts déployés trois années durant pour m'engager sur de nouveux chemins d'insertion sociale et d'activités professionnelles ont donc fini par porter leurs fruits.

7.1 Du décrochage au raccrochage scolaire : Le dispositif « Potentiel Jeunes *Lyon Sud-Est* »

Ce dispositif a été mis en œuvre par ARFOP de 2011 à 2017 en tant qu'organisme de formation pour répondre à la volonté d'une dizaine d'établisssements congréganistes de la région lyonnaise, sous l'impulsion de Monsieur André B, alors président de l'URCEC et ex- Président du Snceel National, soutenu par FORMIRIS Rhône-Alpes – Auvergne, organisme financeur des formations des enseignants de l'Enseignement Privé sous Contrat d'Association, avec un financement apporté par la Région Rhône-Alpes.

FORMIRIS Rhône-Alpes – Auvergne avait organisé un Colloque à Vienne le 25 mai 2011 avec pour thème « *Du décrochage au raccrochage scolaire - Un enjeu collectif : comprendre pour agir et prévenir* ». Ainsi, l'Enseignement Privé Catholique sous Contrat allait-il apporter sa contribution à cette cause qui était devenue nationale[1] et agir dans le même sens

---

[1] Extrait de l'introduction du Colloque de Vienne. « *Eléments de contexte : Les facteurs qui conduisent au décrochage sont plus nombreux et dépassent largement le cadre de l'école. Les équipes éducatives ne peuvent répondre seules à des situations de plus en plus complexes, car au-delà des problèmes liés à l'apprendre, les études et analyses mettent en lumière des problèmes comportementaux, dits de démotivation, de désaffiliation et de perte de sens. La demande de formation des enseignants ne cesse d'évoluer : que faire devant ces élèves démotivés, démobilisés, qui s'ennuient, s'absentent, désertent l'école et au final décrochent ?* »

que les établissements publics qui, de leur côté, mettaient en place des structures adaptées à ce public.

Nous participions régulièrement à des rencontres avec des représentants de l'ensemble des acteurs intervenant sur les Académies de Lyon et de Grenoble en direction de ces jeunes.

Avec Monsieur André J., mon collègue et ami, nous avons donc mis au point un dispositif adossé au Lycée Technologique et Professionnel Industriel La Mache, appelé « Potentiel Jeunes *Lyon Sud-Est* » (3ème, 7ème et 8ème arrondissements de Lyon) pour prendre en charge des jeunes dits « décrocheurs » de 16 à 26 ans pour les accompagner, d'une part, dans l'élaboration d'un projet personnel devant les conduire à construire un projet professionnel et, d'autre part, pour les épauler dans la recherche d'une formation et d'un établissement pour la réalisation de leur projet professionnel.

Le directeur du Lycée La Mache, Monsieur B.J. s'était très fortement impliqué dans l'engagement de son établissement en faveur de la création et de la pérennisation du dispositif jusqu'en 2017.

Pour enrichir l'apport du dispositif nous avons construit des liens très étroits avec la Mission Locale du 3ème arrondissement, le CIO de Lyon 3ème, la Chambre des Métiers de l'Artisanat, la CAPEB, la Chambre de Commerce, les CFA, le réseau des Collèges et Lycées privés partenaires, les Ecoles de Production, des Lycées publics,…

Un second dispositif assez semblable a été créé dans l'Enseignement Catholique, pour Lyon Ouest, adossé au LP Don Bosco, sous l'impulsion de Jean-Marie Petit-Clerc, qui dirigeait à cette période l'Association Valdocco avec laquelle il menait à Argenteuil et dans le Grand Lyon, des actions de prévention auprès des enfants et des adolescents de quartiers sensibles.

Pour cette activité nous intervenions deux demi-journées par semaine pendant six à huit mois dans les locaux de l'ADOS – Association pour le Dialogue et l'Orientation Scolaire – à Lyon 3ème. Le partenariat avec cette Association sous l'impulsion de Mme E.G., sa directrice, a été d'une grande richesse en raison de sa longue expérience déployée à travers ses activités durant déjà trois décennies en direction d'enfants et d'adolescents du 3ème arrondissement.

Durant ces années, nous organisions chaque année à la demande de FORMIRIS, des actions de formation inter-établissements destinées aux enseignants, aux personnels éducatifs et administratifs sur le thème de la prévention du décrochage scolaire.

Ce dispositif, nous l'avons fait vivre ensemble avec Monsieur André J. jusqu'en juin 2016. Hélas, il est décédé rapidement début septembre de cette année-là. Nous avons malgré tout réussi à poursuivre cette action avec plusieurs formateurs qui nous avaient déjà rejoints les années précédentes, qui agissaient dans le sens de la philosophie déployée par ARFOP.

Au malheur de la perte de notre ami et collègue André J. s'est ajoutée une autre catastrophe, celle de la suppression totale par le Conseil Régional du financement de tous les dispositifs de lutte en faveur du raccrochage scolaire.

2017 : clap de fin des dispositifs d'accompagnement pour le raccrochage !

Cette décision – brutale ! – a été prononcée par le nouvel exécutif de la Région Auvergne Rhône – Alpes élu au moment de la réorganisation des Régions qui, avec la fusion de la Région Auvergne avec la Région Rhône-Alpes, avait donné naissance à la grande Région Auvergne Rhône Alpes.

Nous avons cependant réussi à reconduire encore le dispositif pour une année en 2017, grâce à un financement accordé par la

Fondation St Irénée et la Fondation Athénée, toutes deux sises à Lyon.

Aussi, ne puis-je que louer l'attitude des responsables de ces Fondations et leur exprimer notre immense reconnaissance !

Mon idéal en faveur des jeunes les plus démunis a été profondément meurtri par la décision politique de suppression des crédits qui a forcément pénalisé, voire méprisé, les nombreuses structures scolaires, éducatives, sociales et d'insertion impliquées dans l'accompagnement des trop nombreux jeunes en déshérence sociale et professionnelle !

7.2 Co-direction du Centre d'Orientation Scolaire de Lyon

C'est la responsabilité que j'ai exercée de 2012 à 2016.

Peu de temps après mon entrée à la retraite, je prends connaissance d'une offre d'emploi pour la direction du COS[1] – Centre d'Orientation Scolaire de Lyon – emploi à temps partiel. Le poste devenu vacant était jusque – là occupé par une des Psychologues de l'Education de ce Centre qui ne souhaitait plus garder qu'un mi-temps de Psychologue.

Ma candidature a été très bien accueillie pour mes compétences de gestionnaire (budget, ressources humaines, communication) et pour la très bonne connaissance que j'avais des activités d'un tel service parce que mon épouse exerçait comme Psychologue de l'Education dans un service semblable au SPO – Service de Psychologie et d'Orientation de la DDEC de Saint-Etienne. Service auquel j'avais fait appel depuis mon arrivée au Lycée N-D de Valbenoîte-Le Rond-Point pour les élèves du Collège et du Lycée préparant leur orientation scolaire (entretiens individuels, tests collectifs, animation d'ateliers sur

---

[1] Le COS – Centre d'Orientation Scolaire - de Lyon a été fondé en 1954 par le Père Ribeyrolles (Père Mariste).

les métiers), pour des permanences d'écoute d'élèves et pour la formation des délégués d'élèves.

Ainsi donc, le 1er septembre 2012, ai-je démarré une nouvelle activité comme co-directeur engagé pour un temps partiel à 25 % ETP aux côtés de Mme Estelle S., Co-directrice à 30 % ETP et Psychologue à 70 % ETP.

Mme Estelle S., quant à elle, programmait et supervisait les activités des Psychologues et faisait le lien entre le COS, les établissements et les autorités académiques et diocésaines.

J'ai beaucoup apprécié la collaboration avec Madame Estelle S., notre complémentarité nous a permis d'enrichir les orientations du Centre et de les faire évoluer avec la volonté de toujours mieux répondre aux attentes des chefs d'établissements, des équipes enseignantes, des professeurs principaux, des familles et de leurs jeunes.

Ayant une longue expérience de Chef d'Etablissement durant laquelle je me suis fortement investi dans l'accompagnement des élèves pour l'élaboration de leur parcours d'orientation, j'apportais aux Psychologues un regard complémentaire au leur au sujet des dispositifs d'aide à l'orientation à proposer aux familles pour leurs jeunes et aux établissements pour leurs élèves.

Les Psychologues partageaient leurs activités entre les tests individuels au Centre et les interventions individuelles ou collectives dans les Ecoles, les Collèges et les Lycées.

Sur un des points clés de ma fonction, je crois avoir réussi à faire évoluer le Centre vers un travail davantage adossé à un fonctionnement en équipe. C'est ainsi que nous avons institué une réunion mensuelle de l'ensemble des psychologues et de la secrétaire : cette rencontre a renforcé le sentiment d'appartenance à une institution reconnue et consolidé la confiance de chacun de ses membres en ses compétences propres et en ses capacités à s'enrichir mutuellement.

D'un commun accord nous avons également mis en place des rencontres régulières de supervision animées par une intervenante extérieure.

Ainsi l'équipe a-t-elle pu travailler sur des situations difficiles rencontrées par les uns et les autres notamment concernant les enfants à grandes difficultés signalés par les établissements. L'accompagnement des professeur(e)s, des directrices ou des directeurs demandeurs a pu être porté par l'équipe en soutien au psychologue intervenant sur le terrain.

Je crois avoir également beaucoup œuvré avec ma collègue co-directrice Estelle S. pour que l'équipe développe de nouvelles compétences afin d'aider des établissements à gérer des situations de drame, d'urgence, de violence. Elle et deux autres psychologues ont suivi des formations spécialisées mises en place par l'ANPEC[1] au niveau national. Il s'agissait de répondre aux besoins des établissements à la demande de la Direction de l'Enseignement Catholique de Lyon, qui, pour cela apportait un soutien financier spécifique par le CODIEC.

Mon expérience et mes compétences en matière d'accompagnement m'ont aussi permis de proposer aux psychologues de développer une nouvelle forme de présence, celle d'accompagner l'équipe éducative des établissements dans lesquels ils intervenaient.

Et c'est tout naturellement que la DDEC de Lyon nous a sollicités pour animer un groupe d'accompagnement composé d'une quinzaine d'infirmières scolaires à raison de trois rencontres annuelles. Avec ma collègue co-directrice Estelle S., nous avons

---

[1] ANPEC : Association Nationale des Psychologues de l'Enseignement Catholique. Deux ouvrages écrits par un collectif de quatre psychologues de l'ANPEC ont été publiés : « *Drames en milieu scolaire - Protocole pour évaluer, soutenir, communiquer* » Ed. Masson – 2009 et « *Intervenir en situation de violence – Du choc à la réponse adaptée* » Ed. Chronique Sociale – 2015.

pu apporter nos compétences complémentaires d'animation d'un groupe d'accompagnement professionnel enrichies par les éclairages apportés par une psychologue expérimentée.

Initialement mon contrat portait sur une durée de deux ans. Sur l'insistance des membres du conseil d'administration et des psychologues eux-mêmes, j'ai accepté de prolonger encore deux ans. Ce qui était tout à fait compatible avec mon engagement pour ARFOP dans l'animation du dispositif Potentiel Jeunes *Lyon Sud-Est* que je menais de front à cette période.

Durant ces quatre années de présence au COS, j'ai éprouvé un profond sentiment de renaissance professionnelle. Mon expérience m'a ainsi permis d'apporter ma contribution à l'animation d'une équipe et d'un projet qui correspondait à mes aspirations et à mes valeurs profondes. Je me suis senti engagé dans une véritable démarche de transmission, j'ai ressenti la satisfaction que ma carrière pouvait maintenant s'arrêter avec la pensée du devoir accompli.

Le COS[1] m'a offert la possibilité de recouvrer ma dignité qui n'était plus simplement une vision imaginaire, ma dignité était bien là, debout devant moi, et moi debout face à elle !

Juillet 2016.

Curieusement, alors que j'avais été « jeté par-dessus bord » par l'Enseignement Catholique à Saint-Etienne par la décision de la Tutelle Mariste et de l'OGEC de Valbenoîte quelques années auparavant, voilà que je suis récipiendaire de la Médaille de l'Enseignement Catholique de Lyon qui m'est remise par

---

[1] Le COS – Centre d'Orientation Scolaire – de Lyon tenait une place originale et innovante dans le paysage lyonnais de l'Enseignement Catholique depuis sa fondation déclarée en Préfecture de Lyon le 3 février 1954 (parution au JO le 11 février 1954). Hélas, en 2018, le COS étant en grande difficulté financière, le CODIEC de Lyon a décidé de ne pas reconduire sa participation financière annuelle, et de ce fait le COS a fermé ses portes et déposé le bilan. Cela m'a bien attristé.

Monsieur G. de B., Directeur Diocésain lors de la réception de fin d'année scolaire à l'Oratoire !

Voilà un joli « pied de nez », non ?

7.3 Responsable de l'ARFOP, organisme de formation

J'ai assuré la présidence de cette association jusqu'en 2022.

Comme je l'ai déjà évoqué, je suis entré comme adhérent à ARFOP – Association de Recherche et de Formation en Pédagogie sur invitation de son responsable, un ami, Monsieur André J. J'ai régulièrement participé à toutes les rencontres de cet organisme, j'ai suivi une semaine de formation sur la démarche Ramain qui était à l'origine de la fondation d'ARFOP et en constituait le cœur pendant des décennies. En entrant dans cette démarche j'ai pu m'approcher de sa philosophie, m'en imprégner et me l'approprier. A partir de là je me suis senti plus à même de faire la promotion des formations proposées par ARFOP.

Peu à peu j'ai trouvé ma place dans cette Association, j'ai apporté ma contribution pour alimenter son dynamisme, et c'est tout naturellement qu'en 2012, j'ai accepté d'en assurer la présidence, dans la perspective de prendre peu à peu le relais de son responsable. Celui-ci souhaitait que l'Association accueille d'autres membres, qui lui insufflent un nouveau dynamisme et qu'ainsi elle continue d'apporter sa modeste contribution aux équipes pédagogiques et éducatives pour les aider à relever les défis qui se présentaient à elles dans un système éducatif en proie à de profondes mutations.

Ces quelques années, ARFOP avait repris des couleurs et de nouveaux formateurs sont venus enrichir ses compétences. Monsieur André J. s'appuyant sur une équipe redynamisée et sur ma nouvelle disponibilié après avoir cessé la co-direction du COS, souhaitait à ce moment-là passer le flambeau et se retirer progressivement en raison de son âge, il venait de fêter son 80ème anniversaire.

Hélas, au début de l'été 2016, Monsieur André J. a subitemement été touché par de graves ennuis cardiaques, son état s'est rapidemement aggravé, il est décédé dans les premiers jours de septembre.

Après le choc de la disparition de notre ami André J., alors qu'une nouvelle année scolaire était en train de démarrer, nous avons en équipe, fait démarrer les activités d'ARFOP inscrites dans son offre de formation afin d'assurer la crédibilité de notre organisme en direction des établisssements et des organismes financeurs avec lesquels avaient été programmées et engagées des actions.

Toute l'équipe d'ARFOP s'est montrée à la hauteur du défi d'assurer la pérennité de notre activité. Nous avons réussi à renouveler et à enrichir notre offre de formation année après année.

En 2020, année de la pandémie du Covid, hélas, notre parcours a été semé d'embûches par l'annulation des formations, due aux périodes de confinement et au sentiment d'incertitude qui a envahi les équipes enseignantes. Seules quelques-unes des formations ont pu être reportées. Les dégâts financiers ont été considérables, auxquels il faut ajouter ceux de la démobilisation, voire du découragement des directions d'établissements et des équipes enseignantes et même des enseignants, individuellement, qui n'étaient plus en capacité de s'engager par manque de perspective d'avenir…

Est arrivée de façon concommittante la nouvelle règlementation sur l'obligation des organismes de formation, d'abord d'obtenir le label « Datadock », puis en 2021, la certification Qualiopi[1] attestant la conformité au Référentiel National de Qualité, que nous avons obtenue en mai 2021, au prix d'un travail considérable et d'un audit sans complaisance par AFNOR, organisme certificateur.

A partir de là nous étions assurés que les actions de formation proposées par ARFOP seraient financées par les organismes comme FORMIRIS et OPCA.

Malgré cette reconnaissance, les demandes de formation ont diminué en très peu d'années, nous obligeant à engager une réflexion sur l'avenir de notre organisme de formation.

En septembre 2022, conformément à ce que j'avais annoncé aux membres d'ARFOP un an auparavant, j'ai passé le relais de la présidence d'ARFOP lors d'un conseil d'administation qui, à ma grande surprise, s'est terminé par un moment de convivialité. Je n'ai pas manqué de remercier chacune et chacun de leur investissement durant ces dernières années. Au moment de passer le flambeau, j'ai été touché par toutes les marques de reconnaissance reçues de chacune et de chacun. Je n'ai pas pu m'empêcher de dédier mon immense gratitude à notre ami André J. en lui « envoyant » la pensée que je pars avec le sentiment du devoir définitivement accompli.

A partir de là, dégagé des obligations liées à ARFOP, je recouvre une nouvelle disponibilité, à laquelle j'aspirais fortement les deux dernières années afin de pouvoir enfin reprendre l'écriture de mon témoignage sur les douloureux événements vécus en 2009. Ce projet d'écriture ne m'a jamais quitté, je dirai même qu'il a hanté mon esprit, chaque jour, depuis quinze ans !

---

[1] Décret n° 2019-565 du 6 juin 2019 relatif au référentiel national sur la qualité des actions concourant au développement des compétences

7.4 Et toujours le mandarinier refleurit

A présent, j'éprouve un immense sentiment joie d'avoir pu aller jusqu'au bout de mon activité professionnelle après quatre années au COS de Lyon et une dizaine d'années avec l'ARFOP. Joie indescriptible de voir la flamme de la vie renaître, qui illumine mon existence pleinement retrouvée.

Soulagement. Apaisement. Confiance. Sérénité.

Retour à la Vie !

Petite anecdote mémorable.

Un soir de début juillet 2009, à peine deux mois après mon licenciement, mes collègues du Conseil de Direction du Groupe Scolaire, les deux directrices des Ecoles, mon adjoint pour le Collège et le Lycée, la Coordinatrice de l'EAP, le Responsable administatif, m'ont fait la surprise d'une invitation dans un restaurant au pied de la Basilique de Fourvière à Lyon. A cette occasion ils m'ont offert un mandarinier assez imposant, majestueusement dressé dans un grand pot. D'emblée, cette plante s'est imposée dans mon for intérieur comme le symbole de la Vie, elle a trouvé sa place à la maison, soit dans mon buerau en hiver les premières années, soit sur la terrasse toute la journée ensoleillée en été. Chaque année, ce mandarinier fleurit et produit abondamment des fruits. Sa vitalité ainsi renouvelée ne cesse d'incarner la Vie, il est en quelque sorte le symbole de mon existence qui, après avoir été violemment brisée, est revenue à la Lumière de la Vie, voilà pourquoi, j'aime à dire : « Et toujours le mandarinier refleurit ».

PARTIE II

Une longue implication dans l'Institution

L'intérêt premier de mon écrit consiste à raconter et à dénoncer la violence avec laquelle j'ai été expulsé de l'institution dont j'assurais la direction générale après une année 2008-2009 difficile, en vue de rétablir mon honneur et ma dignité et de ranimer la flamme de la vie.

Mais comme j'ai exercé une responsabilité de direction d'établissement dans le Groupe Scolaire ND de Valbenoîte-Le Rond-Point durant dix-sept ans, il m'a semblé judicieux, dans une deuxième partie, d'élargir mon témoignage sur toute la période de ma présence dans cette instituion à la vie de laquelle j'ai consacré beaucoup de temps et d'énergie. Je lui ai apporté mes compétences, nombreuses, pour faire vivre le projet éducatif mariste, compétences en matière éducative, pédagogique, d'animation d'équipes enseignantes et de personnels, de gestion administrative et financière. J'étais animé par la volonté d'insuffler avec mes proches collaboratrices et collaborateurs et toutes les équipes le dynamisme indispensable, malgré une conjoncture souvent peu favorable. Mon souhait a constamment été de permettre aux enfants et aux jeunes que nous confiaient les familles d'apprendre, de développer leur intelligence et leurs connaissances, leurs talents, de s'ouvrir au monde et aux autres, d'élargir leur culture, de développer leur foi chrétienne, de grandir en sérénité, d'avancer dans leur vie pour se préparer à devenir des femmes et des hommes qui, à leur tour feront avancer le monde en humanité et en spiritualité.

Chapitre 6

Dix-sept ans de responsabilité dans le Groupe Scolaire[1]

Le 1er septembre 1992 j'entre dans le Groupe Scolaire ND de Valbenoîte – Le Rond-Point comme Chef d'Etablissement du Lycée.

Je découvre peu à peu le fonctionnement complexe de cet ensemble scolaire établi sur deux sites, composé d'une Ecole Maternelle et Elémentaire et d'un Collège sur le site hisorique de Valbenoîte, d'une autre Ecole Maternelle et Elémentaire et du Lycée d'Enseignement Général sur le site du Rond-Point. Cette répartition des quatre unités a été établie en plusieurs étapes au cours des deux décennies précédentes.

Bref rappel historique.

L'implication des Frères Marsites dans la vie de ND de Valbenoîte remonte au début du 19ème siècle, lorsqu'en 1827 Saint Marcellin Champagnat installe lui-même la première communauté de Frères à vocation enseignante.

Les derniers épisodes les plus importants interviennent en 1976, année de la fusion de ND de Valbenoîte et de ND du Rond-Point, ce dernier établissement appartenait à la congrégation des Sœurs Maristes dont elles avaient fait construire le premier et imposant bâtiment au début du 20ème siècle au n°53 de la rue Francisque Voytier.

---

[1] Dans un document, daté du 19 octobre 2009, destiné à l'avocat pour lui permettre d'instruire le dossier de ma défense au Conseil des Prud'hommes, j'avais déjà détaillé mon implication dans le Groupe Scolaire ND de Valbenoîte-Le Rond-Point durant les dix-sept ans de ma présence.

Naissance du Groupe Scolaire avec une répartition du Second degré sur les deux sites, le Lycée au Rond-Point, le Collège à Valbenoîte. Introduction de la mixité.

Le nouvel ensemble scolaire est sous la double Tutelle des Frères Maristes (Ecole et Lycée au Rond-Point, Collège à Valbenoîte) et du Diocèse (Ecole de Valbenoîte).

En 1983 le Groupe Scolaire vit une nouvelle évolution sur le site de Valbenoîte avec le rattachement de l'Ecole paroissiale des filles au Groupe Scolaire. L'ensemble passe sous la seule Tutelle Mariste.

Les diverses étapes de cette évolution se sont déroulées en toute sérénité.

C'est en 2003, pour des raisons économiques, qu'intervient le déménagement du Lycée du Rond-Point avec la création d'un pôle unique 2nd degré Collège et Lycée à Valbenoîte.

Au Rond-Point, il restera l'Ecole Maternelle et Elémentaire : les Sœurs Maristes, propriétaires du site vendent la moitié supérieure, bâtiments et parc, qui devient « Le Clos Sainte Marie », appartements en copropriété. Elles cèdent la propriété de l'Ecole à l'AIECL – Association Immobilière de l'Enseignement Catholique de la Loire.

A partir du 1er septembre 1992, date de mon arrivée à ND de Valbenoîte-Le Rond-Point et jusqu'au 19 mai 2009, jour de « mon élimination », je me suis très fortement impliqué dans la vie du Groupe Scolaire, d'abord comme Chef d'Etablissement, Directeur académique du Lycée, sur le site du Rond-Point, de 1992 à 2003, ensuite, comme Directeur général du Groupe Scolaire et Directeur académique du Collège et du Lycée, de 2003 à 2009.

A travers les propos qui suivent je veux mettre en évidence mon implication, mais aussi les difficultés rencontrées par le Groupe Scolaire et les efforts consentis pour y remédier : il s'agit pour moi de démontrer qu'à aucun moment je n'ai agi avec légèreté, négligence ou incompétence, et donc, que les difficultés auxquelles le Groupe Scolaire doit encore faire face en 2009 ne peuvent en aucun cas être imputables au seul Directeur Général que j'étais.

1. Implication dans un Groupe Scolaire en évolution

A mon arrivée, le Groupe Scolaire achevait une longue période de croissance, atteignant le maximum d'élèves à la rentrée 1994 avec un effectif global de 2450 enfants et jeunes : Ecole du Rond-Point : 302, Ecole de Valbenoîte : 630, Collège : 1055, Lycée : 477.

Depuis 1992, j'ai participé à toutes les réunions des instances du Groupe Scolaire :

- Jusqu'au 31 août 2003, comme Directeur du Lycée : Conseil de Direction de l'Ensemble Scolaire, Conseil d'administration de l'OGEC, Conseil du Lycée et Conseil d'Etablissement, EAP – Equipe d'Animation Pastorale, Assemblée Générale de l'Association des parents d'élèves.

- A partir du 1er septembre 2003, comme Directeur général et Directeur académique du Lycée et du Collège, se sont ajoutées d'autres réunions :   Bureau et Commissions de l'OGEC, Conseils de l'Ecole du Rond-Point et de l'Ecole de Valbenoîte.

En septembre 1994, entre en service un nouveau bâtiment sur le site du Rond-Point pour le Lycée comportant quatre salles de classes et un self-service, pour lequel comme Directeur du Lycée j'ai demandé au Conseil Régional et obtenu une subvention au titre de la Loi Falloux, qui s'est élevée à un peu plus d'1 MF, versée en 5 annuités. Pour cette subvention, il m'a fallu faire chaque année une demande de renouvellement de subvention auprès du Conseil Régional.

Concernant cette réalisation, j'ai assuré le suivi du chantier durant toute l'année scolaire 1993 – 1994.

A partir de 1995, l'évolution des effectifs de chacune des unités du Groupe Scolaire se traduit par une décroissance régulière à chaque rentrée. Il me paraît opportun de préciser que le quartier se paupérise et de rappeler que la population stéphanoise diminue, que les établissements publics avoisinants connaissent la même décroissance. Celle-ci a pour conséquence une baisse régulière des produits financiers : forfaits des organismes publics et contributions des familles.

Vers la fin des années 1990, le contexte devient de plus en plus tendu, car en plus, apparaît la nécessité, à la suite des commissions périodiques de sécurité, d'effectuer d'importants travaux :

▪ Sur le site de Valbenoîte : obligation de mise en conformité dans la presque totalité des bâtiments du Collège et certains bâtiments de l'Ecole primaire, sous peine de fermeture. Un plan pluriannuel sur cinq ans a dû être élaboré avant d'être validé par la Commission de Sécurité pour permettre la poursuite de l'exploitation de ces bâtiments.

▪ Sur le site du Rond-Point : nécessité de prévoir des travaux de mise en conformité du bâtiment principal du Lycée et dans l'ensemble des locaux de l'Ecole du Rond-Point. Une étude détaillée, réalisée par le Cabinet Vallet-Tassin, financée pour moitié par le Conseil Régional suite à une demande de subvention effectuée par moi-même, fait apparaître un montant de travaux de l'ordre de 4,5 MF.

Devant l'importance des montants des travaux à réaliser, tenant compte de l'absence d'aide financière de la part de la Municipalité et des propriétaires – tant au Rond-Point qu'à Valbenoîte –, le fonctionnement – même du Groupe Scolaire risquait, à terme, d'être mis en cause.

Face à cette situation, la Direction et l'OGEC, en lien avec la Tutelle Mariste, ont engagé une réflexion qui, confortée par l'audit réalisée début 2002 par le Cabinet DELVAL (Angers), a abouti à la décision prise au printemps 2002, pour la rentrée

2003, de lancer une opération de restructuration ayant plusieurs objectifs :

- Réduire les charges de fonctionnement relatives aux personnels par la mise en route d'un plan de réduction des emplois, et aux locaux en prévoyant le déménagement du Lycée sur le site de Valbenoîte pour former un seul Pôle second degré Collège/Lycée.

- Donner une nouvelle image de l'Institution
- Redynamiser le projet éducatif

Une très importante restructuration a donc été engagée à ce moment-là, d'une part, au niveau des locaux et des infrastructures pédagogiques, et, d'autre part, concernant les personnels.

Est-il nécessaire de souligner combien ces deux années ont été éprouvantes ?

Durant l'été 2003 j'ai supervisé le déménagement du Lycée, et à la rentrée de début septembre j'ai succédé comme Directeur Général du Groupe Scolaire à Monsieur J.R., à qui j'avais déjà succédé en 1992 comme Chef d'Etablissement du Lycée lorsque celui-ci avait été nommé à la direction générale.

2. Gouvernance collégiale

Depuis un peu plus d'une vingtaine d'années, la vie du Groupe Scolaire est marquée par une organisation complexe mais ordonnée grâce aux diverses instances spécifiques à chaque unité, complétées par les instances régissant le fonctionnement de l'ensemble.

Les responsables, en lien avec la Tutelle Mariste, ont su mettre en place les structures de gouvernance indispensables à la bonne cohésion, et toujours dans des démarches concertées aboutissant à une formalisation dans un document fondamental, intitulé « Règles de fonctionnement du Groupe Scolaire, adoptées en 1992 ».

La vie de ND de Valbenoîte - Le Rond-Point était profondément imprégnée de la culture de la concertation et la gouvernance bâtie sur le mode de la collégialité dans le but de mettre le projet éducatif à coloration mariste effectivement au service de toutes les familles et de leurs enfants et jeunes.

Dès mon arrivée en 1992 et jusqu'au déménagement du Lycée en 2003, j'ai dirigé la gouvernance du Lycée en collégialité, conformément à l'esprit de l'ensemble scolaire au sein d'un Conseil de Direction du Lycée composé de Madame E.C. adjointe, de Frère M.G., coordinateur de l'Equipe d'Animation Pastorale et documentaliste, et deux professeurs, Madame M.M., enseignante de Sciences Economiques et Sociales pour la coordination du cycle terminal, et de Monsieur R.D. enseignant de Sciences Physiques et de Chimie, pour le cycle d'orientation de Seconde composé de cinq classes.

Grâce à cette équipe, nous avons réussi à ré-écrire le projet d'établissement et à mener à bien les réformes successives engagées par l'Education Nationale.

Il est important pour moi d'évoquer mon immersion pleine et entière par ma présence dans les diverses instances, dans la vie de cet ensemble scolaire durant toutes ces années. Années qui ont enrichi ma carrière professionnelle que je ne peux et ne veux en aucun cas réduire à la seule dernière année éprouvante, voire infernale.

2.1 Le Conseil de Direction de Valbenoîte : équipe soudée et solidaire

Conseil de Direction du Groupe Scolaire (CDV) composé des directeurs et directrices des quatre unités et de la coordinatrice de l'EAP - Equipe d'Animation Pastorale, qui se réunissait tous les quinze jours. J'ai tiré grand profit de ma collaboration au sein de cette équipe animée par la volonté de faire avancer le Groupe Scolaire par l'apport spécifique de chaque unité et la volonté d'en assurer sa cohésion.

Il m'a été agréable de travailler aux côtés de Monsieur J.R., nous nous connaissions bien à travers les réunions de chefs d'établissements du SNCEEL. Il m'accordait pleinement sa confiance et moi, je n'économisais pas mon énergie, mon temps, et mes compétences pour l'exercice de mes responsabilités à une période où démarrait une importante réforme des Lycées adossée à la Loi du 10 juillet 1989, dite Loi Jospin.

A la direction de l'Ecole de Valbenoîte j'ai connu successivement Monsieur C.B., Monsieur D.C. et Madame M.O. . Quant à la direction de l'Ecole du Rond-Point, celle-ci était successivement assurée par Monsieur A.G., Madame G.V. et Madame R. G-L. Nous faisions véritablement équipe, nous avions beaucoup d'estime et de respect les uns pour les autres, chacun pouvant compter sur le soutien des autres.

Mon implication a été de plus en plus importante durant toutes ces années et jusqu'au 19 mai 2009, dernier jour de ma présence dans l'institution, la dernière année étant, il faut bien le dire, particulièrement éprouvante.

2.2 Le Conseil de Direction du Collège et du Lycée – CDCL

Conseil qui réunissait autour du Directeur, le Directeur-Adjoint et les trois Responsables de Secteurs : 6ème (cycle d'adaptation) ; 5ème – 4ème (cycle central) ; 1ère et T^{le} (cycle terminal). La coordination du cycle d'orientation (3ème – 2nde) était assurée par le Directeur – adjoint.

Nous nous réunissions tous les quinze jours en alternance avec le CDV afin d'organiser, de planifier et de coordonner toutes les activités d'enseignement et péri-éducatives pour chaque jour de la quinzaine à venir. Echanger sur les problèmes éducatifs rencontrés et, le cas échéant, prendre les mesures adéquates. Etablir le calendrier des conseils de classes et des réunions pédagogiques. Cela me permettait de veiller au bon fonctionnement de l'ensemble des niveaux, à la cohérence des décisions prises.

Les rencontres du CDCL nous donnaient aussi de pouvoir mener des réflexions approfondies sur diverses préoccupations pédagogiques ou éducatives, de réfléchir aux nouveautés à introduire dans notre établissement, et, le cas échéant, pour la mise en œuvre de nouvelles directives de l'Education Nationale.

Comme j'ai eu l'occasion de l'écrire plus haut, cette équipe s'était préparée à travailler selon les modalités décrites au cours de deux journées de formation animées par un intervenant extérieur.

Ainsi avons-nous réussi à établir une grande proximité éducative avec les élèves, un lien très efficace avec chacun des professeurs et avec la famille de chaque élève : il nous a été possible, en cas de problème avec un jeune, d'organiser très rapidement un conseil éducatif pour « recadrer » le jeune en présence de l'un ou des deux parents, tant au plan de son travail scolaire qu'au plan de son comportement.

Avec ce fonctionnement et cette organisation, je peux aisément affirmer que nous étions bien dans la mise en œuvre d'un projet mariste en référence au TREM – Texte de Référence de l'Educateur Mariste – en accordant le primat à la *Présence* et à l'*Ecoute*.

2.3 Equipes enseignantes dans une dynamique de concertation

Chaque trimestre se tenait une réunion des professeurs principaux pour chaque cycle ainsi qu'une réunion du Conseil Pédagogique. Ce dernier Conseil était composé d'un professeur de chaque discipline. De cette manière nous pouvions associer chacune et chacun à la réflexion sur des thèmes pédagogiques, l'orientation, la liaison avec les familles, et ainsi impulser une vraie dynamique d'équipe.

2.4 Equipe de la Vie Scolaire : proximité éducative

Cette équipe était composée de deux Cadres d'Education, un pour le Collège et un autre pour le Lycée, auxquels s'ajoutaient un ou deux autres éducateurs pour assurer une présence sur la cour pendant les récréations et en salle de permanence, mais aussi sur le temps de midi dans la cour et au restaurant scolaire.

Les Cadres d'Education connaissaient bien chaque jeune. Aussi me tenait-il à cœur de les rencontrer de manière formelle chaque vendredi en début d'après-midi pour faire le point, et, en particulier pour évoquer le cas de l'un ou l'autre jeune pour lequel il s'avérait nécessaire d'assurer un suivi spécifique. Le cas échéant, on décidait de rencontrer les parents ou de mettre le jeune en lien ou avec l'infirmière scolaire ou avec la/le psychologue. Là, je crois qu'il est possible de parler d'un vrai accompagnement éducatif !

De cette manière, nous agissions pleinement en référence à la quatrième valeur mariste « Présence et Ecoute » dont voici quelques extraits:

- « S'écouter entre adultes et partenaires de la Communauté Educative »
- « Être disponible et à l'écoute des jeunes »
- « Avoir, quelle que soit sa fonction, sa « porte » suffisamment ouverte pour écouter les adultes et les jeunes »

2.5 L'Equipe d'Animation Pastorale – EAP : dynamique et active

J'attachais beaucoup d'importance à la vitalité de cette équipe. C'est pour cette raison que la coordinatrice de l'EAP – Equipe d'Animation Pastorale –, Madame M. B. participait, à ma demande, au Conseil de Direction de Valbenoîte.

Autour d'elle, se réunissaient deux catéchistes professionnels et plusieurs personnes bénévoles qui animaient les groupes d'aumônerie et les temps de catéchèse pour l'éducation à la foi chrétienne, en particulier pour la préparation aux sacrements. Ensemble elles organisaient « les Temps forts », quelques fois d'ailleurs dans les locaux des Frères Maristes à ND de l'Hermitage à St Chamond.

Je participais à chaque réunion de l'EAP, quatre ou cinq par année scolaire, avec la plupart du temps la présence de Frère M.M. représentant la Tutelle Mariste, du prêtre accompagnateur et de quelques représentants de parents.

Cette équipe, sous l'impulsion de sa coordinatrice, s'efforçait de développer les liens avec les deux Paroisses, St Benoît à Valbenoîte et St Matthieu au Rond-Point, pour la catéchèse dans les deux Ecoles Primaires.

Grâce à elle, le Groupe Scolaire participait régulièrement à la vie des deux communautés paroissiales pour la préparation aux sacrements, l'animation des célébrations des journées diocésaines du Monde Scolaire.

2.6 Equipe administrative et de service :
Solidarité, implication, loyauté, dévouement

Pendant les onze années passées sur le site du Rond-Point, j'ai pu compter sur une équipe consciencieuse, disponible et d'une loyauté irréprochable même au milieu de la tempête subie à la suite du décès d'un professeur d'Anglais en 1995. Je mentionnerai plus particulièrement le Responsable des Travaux qui faisait quotidiennement le déplacement sur le site du Rond-Point pour vérifier que tout était en ordre. Il était également très présent à mes côtés au moment de la construction du nouveau bâtiment en 1994 alors que l'un des membres de l'OGEC semblait vouloir le mettre à l'écart, probablement par peur de perdre du pouvoir et par manque de confiance. Ce qui me paraissait totalement injustifié.

Pour le déménagement du Lycée durant l'été 2003, c'est avec une équipe réduite en raison du plan de réduction des emplois, très regroupée et solidaire que nous avons ensemble fait face à la très difficile et éprouvante opération.

J'ai pu compter sur mon premier collaborateur, Monsieur J.-F. D., le Responsable administratif pour réorganiser, en lien avec le directeur général qui m'a précédé, les services des personnels chargés du nettoyage et de l'entretien des locaux Il était très présent sur le terrain auprès des personnes.

J'ai pu compter sur un second proche collaborateur, Monsieur J.-L. V., Responsable des Travaux et de la Sécurité. Il assurait le lien avec toutes les entreprises pour que la préparation des salles de classe, du nouveau CDI, des laboratoires de Physique-Chimie et de SVT, des salles d'informatique et d'EXAO, de la cafétéria soient achevés dans les délais !

J'ai pu compter sur mon assistante de direction, Madame A.-M. C., qui, du jour au lendemain a vu sa charge de travail augmenter fortement avec l'arrivée du Lycée sur le site et à la suite du licenciement de la secrétaire du Lycée. Personne discrète, efficace, très dévouée, toujours de bonne humeur et disponible aux familles qui venaient vers elle. Très précieuse pour moi dans son anticipation des tâches administratives concernant la production de circulaires et d'informations afin qu'elles soient diffusées à temps.

J'ai pu compter sur une autre collaboratrice, Madame M.-F. P., secrétaire comptable, elle aussi très discrète et efficace. J'ai vraiment pu m'appuyer sur ses services peu après ma prise de fonction de Directeur Général, notamment lorsque le Responsable administratif a été en congé de maladie pendant plusieurs mois, pour l'établissement des bulletins de salaires des personnels, et plus tard, l'année avant mon licenciement, pour le suivi mensuel de la trésorerie.

Je mentionnerai aussi le travail « dans l'ombre » réalisé par trois autres personnes pour le déménagement du Lycée :

Mesdames M.C. et M.T., documentalistes, et Mme V. F-D, technicienne de laboratoire.

C'est grâce à tous ces collaborateurs et collaboratrices qui œuvraient à mes côtés dans ces moments éprouvants que le déménagement du Lycée a pu se réaliser et que la rentrée de 2003 a pu se dérouler dans de bonnes conditions pour les élèves, les enseignants et les éducateurs.

Je dirai tout simplement qu'avec mes quatre principaux collaborateurs et collaboratrices cités plus haut, nous avons à tous les cinq porté le Groupe Scolaire à bout de bras pendant une période assez longue. Aujourd'hui encore, je suis très reconnaissant à ces quatre personnes pour leur investissement, leur dévouement, leur loyauté. Chacune m'a apporté son total soutien dès le lendemain de mon licenciement, nous avons d'ailleurs eu l'occasion de nous retrouver à plusieurs reprises dans les mois et années qui ont suivi. J'ai même eu des visites à mon domicile.

Leur soutien a été pour moi capital pour reprendre vie.

Après avoir évoqué dans les détails le fonctionnement de toutes ces instances, je ne peux m'empêcher de penser que le Frère Délégué à la Tutelle qui affirmait que l'organigramme était trop pléthorique n'avait en effet aucune conscience de la complexité de la gouvernance d'un ensemble scolaire aussi vaste, et, de plus, qu'il n'a rien fait pour essayer de prendre connaissance en profondeur des rouages d'une telle institution pour le meilleur service aux élèves et aux familles. Voilà pourquoi je considère qu'il est non seulement complice mais aussi coupable de mon éviction.

Non, « cher » Frère Délégué à la Tutelle, travailler en collégialité ne signifie par dilution de l'autorité. C'est grâce à une concertation harmonieusement organisée qu'il est fait appel à l'intelligence collective et au bon sens professionnel de chacun dans le but de faire émerger des pistes de résolution des problèmes qui peuvent se poser, ou pour aboutir à des décisions organisationnelles cohérentes auxquelles chacun apportera ensuite sa part pour leur bonne application.

Je peux aisément dire sans rougir que j'ai assumé ma mission conformément au paragraphe de la lettre de mission qui précisait : « *Je vous invite plus particulièrement à soigner les différentes structures qui existent et qui doivent être de véritables lieux de dialogue et de participation : Conseil de direction, Conseil de Maison, Conseil Pastoral, Organisme de Gestion. Chacun doit pouvoir s'y sentir à l'aise et apporter sa contribution à la vie et au dynamisme de l'établissement*[1] ».

Il était évident pour moi dès 2008, que les modalités de fonctionnement de la gouvernance du Groupe Scolaire telles que je viens de les décrire et telles que je les ai vécues les dernières années, ne pourraient pas continuer d'être appliquées, car dorénavant surdimensionnées et trop coûteuses. Mais je pense encore aujourd'hui qu'on aurait pu compter sur la réorganisation diocésaine et la très probable délocalisation du contrat de notre Lycée pour que soit mise au point conjointement une organisation nouvelle, dans la concertation et dans une réflexion courageuse et sereine, menée avec toutes les parties concernées.

La décision de Monsieur le Président de l'OGEC prise de manière unilatérale de supprimer brutalement en plein mois de juillet 2008 les fonctions de Responsables de Secteurs, sans aucune réflexion préalablement partagée, notamment avec les personnes concernées au premier chef, était une décision inutile, déplacée et violente. Au lieu de favoriser l'Institution, sa décision n'a fait qu'amplifier le sentiment d'inquiétude des personnels, semer le trouble et entretenir l'incompréhension dans l'esprit des familles sur ce qui se passait.

Tout mon investissement n'a donc nullement été pris en compte ni par la Tutelle Mariste ni par l'OGEC, qui, à n'en pas

---

[1] Extrait de la « Lettre de mission » du 1er septembre 2003, page 2.

douter, n'ont pris en considération, ou plutôt n'ont pas voulu prendre en considération le contexte difficile à tous niveaux dans lequel le Groupe Scolaire avait évolué ces dernières années.

Tout comme ils n'ont pas pris compte le travail réalisé pour faire face, par le Directeur, les Directrices des deux Ecoles et l'ensemble des personnels non- enseignants et enseignants. Ils n'ont pas non plus su ou voulu repérer les réels atouts éducatifs, ou encore la véritable image du Groupe Scolaire à travers ses implications dans l'Enseignement Catholique, dans les divers partenariats et ses bonnes relations avec les organismes publics.

La tête haute, je peux affirmer, malgré le contexte défavorable, que j'ai permis au Groupe Scolaire d'avancer et d'espérer trouver les voies de l'amélioration pour être une institution catholique d'enseignement et d'éducation fidèle à son passé, qui soit toujours au service des familles, de leurs enfants, de leurs jeunes.

3. Ma contribution à l'animation du Projet Educatif Mariste

A mon entrée dans le Groupe Scolaire, j'avais déjà une connaissance certaine du projet éducatif mariste référé au projet fondateur initié par Saint Marcellin Champagnat. J'avais été élève de la 5ème à la Terminale dans des établissements maristes, d'abord en Lorraine au Collège Champagnat à Aulnois-sur Seille (Moselle), ensuite dans les Hauts de France au Lycée Champagnat de Beaucamps- Ligny (Nord). J'ai démarré ma carrière d'enseignant dans le Collège mariste lorrain où j'avais été élève, pour remplacer à temps complet Frère E.B., professeur d'Allemand, atteint d'un cancer qui l'a emporté moins d'un an après. Durant ces années, j'ai partagé la vie de la communauté religieuse locale. C'est aussi au contact d'un frère mariste qui organisait des centres de vacances et de loisirs que j'ai découvert l'action éducative hors temps scolaire. C'est lui qui m'a vivement incité à m'engager dans l'animation. Grâce à lui je me suis lancé dans l'éducation populaire en devenant moniteur de centres de vacances et de loisirs d'adolescents, puis directeur et plus tard formateur d'animateurs (BAFA) et de directeurs (BAFD), en particulier au sein de l'UFCV – Union Française des Centres de Vacances, dont la philosophie éducative repose sur « *le personnalisme communautaire* » développé par Emmanuel Mounier[1].

J'étais content de constater la grande proximité des valeurs véhiculées par le projet éducatif mariste et celui de l'UFCV. En prenant mes nouvelles fonctions dans le Groupe Scolaire, je ne suis pas arrivé en terre inconnue.

Je me suis d'emblée impliqué dans la vie du réseau des établissements maristes appartenant à la Province de ND de l'Hermitage à St Chamond : journées annuelles de Tutelle, réunions de chefs d'établissements, rencontres pédagogiques ou de formation d'enseignants, d'éducateurs, d'animatrices et d'animateurs de pastorale, de personnels administratifs et de service.

J'ai apporté ma contribution, avec mon collègue Directeur Général et le directeur de l'Ecole de Valbenoîte, Monsieur C.B, à la rédaction du TREM – Texte de Référence de l'Educateur Mariste, document qui est venu enrichir les projets éducatifs et d'établissements maristes.

J'ai vécu une grande proximité avec la Tutelle des années durant, jusqu'à ma prise de fonction de Directeur Général du Groupe Scolaire, en 2003, période à partir de laquelle la Tutelle était restée très en retrait pendant cinq ans. Ce n'est qu'à partir

---

[1] Emmanuel Mounier, philosophe français du XXe siècle, est associé au personnalisme communautaire. Ce courant de pensée, qu'il a développé notamment dans la revue Esprit, met en avant la primauté de la personne humaine engagée dès sa naissance dans une communauté, ouverte à la transcendance. Le personnalisme communautaire n'est pas seulement une théorie, mais aussi une pratique qui exige la transformation personnelle et pousse à l'engagement. Pour Mounier, la personne est le moteur d'une civilisation nouvelle, orientée vers la justice, l'amour et la création.

de 2008, qu'un nouveau Frère Délégué à la Tutelle est entré en lice comme je l'ai écrit précédemment, hélas, dans une posture de « sauveur » tout puissant et non de soutien et d'accompagnement.

Il s'est tenu dans l'ignorance de tous les efforts accomplis pour réinventer et renforcer l'appartenance du Groupe Scolaire au réseau des Etablissements des Frères Maristes et, là aussi, pour agir conformément à la Mission reçue le 3 septembre 2003 : « *Il n'y a plus de communauté de Frères à Valbenoîte. L'histoire d'une présence mariste a marqué l'Etablissement. Comment faire en sorte de rendre effective cette présence chez les personnels et toute la communauté éducative*[1] *?* »

Je n'ai pas ménagé mes efforts pour entraîner les membres de notre Institution dans la volonté de renforcer son appartenance au Réseau des Etablissements de la Tutelle Mariste. Aussi, avons-nous solennellement procédé à la signature du contrat d'appartenance à l'occasion de la journée festive du 8 décembre 2004.

C'est dans cette perspective qu'avec la communauté éducative de chacune des quatre unités du Groupe Scolaire nous avons vécu chaque année deux journées festives maristes, le 6 juin, jour de la Saint Marcellin Champagnat, et le 8 décembre, journée mariale de l'Immaculée Conception.

Dans les mois suivant leur entrée en Sixième, les élèves ont bénéficié de journées de découverte de l'histoire des Frères Maristes, de leur Fondateur, Saint- Marcellin Champagnat, organisées par les animatrices en Pastorale.

Des temps forts se déroulaient régulièrement dans un des plus hauts lieux maristes, à N-D de l'Hermitage à Saint-Chamond.

---

[1] Extrait de la « Lettre de mission » du 1er septembre 2003, page 4.

Professeurs, éducateurs, personnels administratifs et de service, parents, étaient invités à participer à la Journée annuelle de Tutelle qui se déroulait à ND de l'Hermitage à laquelle se retrouvaient une centaine de personnes en provenance des établissements du Réseau Mariste.

Des enseignants nouvellement nommés dans le Groupe Scolaire participaient à des journées de formation pour découvrir le Projet Fondateur.

Un certain nombre de personnels participaient chaque année à des sessions inter-établissements organisées par catégories de personnels : rencontres pédagogiques, sessions sur un thème éducatif, sessions spécifiques pour les personnels AES, journées destinées aux APS – Animateurs/-trices en Pastorale Scolaire, etc.

Quant à moi, je participais à toutes les journées de travail des Chefs d'établissement.

De nombreux personnels enseignants et non-enseignants qui avaient effectué toute leur carrière à Valbenoîte ont pris leur retraite, des « piliers de Valbo » imprégnés de la fibre éducative mariste. De nouvelles recrues sont arrivées, des jeunes pour la plupart mais aussi quelques enseignants plus expérimentés recommandés par la Commission de l'Emploi.

Il est vraiment regrettable que je n'aie jamais eu l'occasion de m'entretenir de tous les sujets que je viens d'évoquer dans ce chapitre avec le nouveau Frère Délégué à la Tutelle. Cela aurait pu et dû se faire au cours de rencontres régulières dites « d'accompagnement » qui, hélas n'ont pas eu lieu ou ont été tronquées.

Voulant toujours agir en conformité avec les valeurs maristes, j'ai beaucoup investi dans la qualité de l'accueil des personnes nouvelles afin que chacune et chacun puisse prendre sa place dans les équipes, entrer dans le métier et s'approprier peu à peu la dimension mariste du projet éducatif et du projet d'établissement. De même pour l'accueil des parents et de leurs jeunes.

Témoignage de Madame G.B., professeure de Français qui avait effectué son année de « certifiée stagiaire » au Lycée à l'issue de laquelle elle avait été nommée en contrat définitif au Lycée : « *J'ai beaucoup apprécié de travailler à Valbenoîte sous ta direction, et ma mémoire est pleine de très bons souvenirs. En tout cas, sois assuré de mon soutien indéfectible* ».

Autre témoignage reçu le lendemain de mon éviction de Madame V.A., professeure de Philosophie : « *C'est avec une grande stupeur que j'ai appris ce matin quelle était désormais la situation de l'établissement, la vôtre, et comment elle vous avait été signifiée mardi soir... J'avoue être encore sous le choc de la nouvelle et m'interroge quant à ce qui peut justifier dans l'esprit de ceux qui vous ont ainsi traité, une telle décision et, plus encore peut-être, une manière d'agir aussi peu respectueuse de l'homme que vous êtes... Je voulais donc vous assurer par ce message de toute ma sympathie, j'ai apprécié dans nos rapports la droiture dont vous faisiez preuve, et si je ne sais finalement de quoi on vous accuse, il me semble dans tous les cas que la façon dont se sont déroulés les événements n'est pas à l'honneur de leurs instigateurs... Bien sincèrement* ».

4. Ma contribution à la gestion des ressources humaines

Dès ma première prise de responsabilité en 1985 comme Directeur des Etudes au Lycée Sainte-Marie à Saint-Chamond, m'appuyant sur mon expérience de formateur de directeur-trices de CVL - Centres de Vacances et de Losirs - , j'ai accordé une place importante à la formation continue des personnels enseignants en portant une attention particulière au développement du travail en équipe. La mise en œuvre d'un projet éduc atif nécessite une bonne complémentarité des compétences de chacun des membres d'une équipe.

En arrivant au Lycée ND de Valbenoîte – Le Rond-Point en 1992, date à laquelle est entrée en vigueur la réforme des Lycées inscrite dans la Loi d'orientation n° 89-486 10 juillet 1989, je m'étais préparé en suivant moi-même des formations organisées au plan local, régional et national par le SNCEEL, à faire face à toutes les nouveautés dans l'organisation des enseignements et des filières. J'ai d'emblée pu compter sur la volonté des professeurs de s'approprier les évolutions à venir, ce en quoi nous avons été accompagnés par le réseau des établissements maristes, qui, sous l'impulsion de Frère Maurice Bergeret, alors Secrétaire Général Adjoint de l'Enseignement Catholique National, organisait chaque année des formations pédagogiques inter-disciplinaires et inter-établissements. Ces rencontres, pour la plupart animées par des personnalités reconnues au niveau de l'Enseignement Catholique National[1] dans la recherche pédagogique, étaient d'une grande richesse par les apports de la part des intervenants mais aussi par les échanges et le partage d'expériences pédagogiques.

Chaque année, j'invitais les enseignants et les personnels d'éducation ou de service à s'intéresser aux formations qui pouvaient les concerner en vue de l'élaboration du « Plan de formation » devenu plus tard le « Plan de développement des compétences ». J'ai beaucoup appris à travers les multiples contacts avec FORMIRIS, sa déléguée régionale Madame N. B.-E. et les conseillères en formation toujours très disponibles. J'ai encore en mémoire les propos qu'elle tenait en assemblée de chefs d'établissements : « *Votre plan de formation doit être construit sur le long terme en fonction de votre philosophie de la gestion des ressources humaines, conformément à l'esprit de l'Enseignement Catholique qui vise à promouvoir chaque personne active dans l'établissement* ».

---

[1] Notre réseau mariste a régulièrement fait intervenir Madame C. Durand et Monsieur Y. Mariani.

Je souhaitais aussi que notre établissement apporte sa contribution à la formation des jeunes professeurs en accueillant des certifiés stagiaires accompagnés à l'année par des professeurs expérimentés devenus leurs conseillers pédagogiques.

J'attachais une grande attention à l'élaboration des deux plans de formation que je construisais annuellement moi-même, celui des professeurs auprès de FORMIRIS, celui des personnels de l'OGEC auprès de l'OPCA.

Ces deux plans ont été soumis au Comité d'Entreprise, plans qui prenaient en compte les demandes individuelles et les besoins institutionnels, pour lesquels les budgets alloués ont toujours été utilisés dans leur totalité !

A la suite de mon licenciement j'ai reçu de nombreux témoignages de professeurs – stagiaires, de suppléants, d'anciens ou encore de jeunes en début de carrière me disant combien ils avaient apprécié l'attention que j'accordais à leur manière d'exercer leur métier.

Madame V. F.D., technicienne de laboratoire m'a adressé ses vœux : « *J'espère que votre reconstruction et vos nouveaux projets vous amèneront vers de nouveaux projets. Je vous remercie encore de la confiance que vous m'avez accordée au cours de toutes ces années* ». Cette personne est l'exemple d'une salariée qui voyait sont contrat réduit de moitié en raison de la diminution du nombre de classes, à qui j'ai proposé de suivre une formation pour devenir administratrice en informatique à mi-temps, lui permettant ainsi de conserver un emploi à temps complet.

Madame O.F., secrétaire chargée de l'accueil, m'adresse également ses vœux : « *Croyez bien qu'avec plusieurs collègues nous avons été choqués par ce départ brutal. Nous n'avions rien le droit de dire mais nous avons pensé à vous et garderons de bons souvenirs de ces années de travail communes* ».

5. Implication dans les instances et organismes officiels

Durant mes dix-sept années de présence à ND de Valbenoîte-Le Rond-Point, les directrices et directeurs successifs de chacune des unités se sont tous impliqués dans les instances représentatives des Chefs d'établissement auprès de l'Enseignement Catholique, des services de l'Académie et du Recorat et des collectivités locales, Municipalité, Département et Région. Par exemple, mon prédécesseur avait été durant quelques années Délégué départemental du SNCEEL. J'ai moi aussi apporté ma contribution pour que notre Institution soit pleinement partie prenante.

Ainsi ai – je participé aux travaux de la CAD – Commission Avenir et Développement – , instance départementale, où je représentais les Chefs d'établissement des Collèges et des Lycées pour le SNCEEL. A ce titre, je participais aux réunions de plusieurs groupes de travail ou commissions :

- A l'Inspection Académique de la Loire, sur les structures et les moyens horaires pour le 2nd degré.
- A la CCMA – Commission Consultative Mixte Académique, comme élu suppléant représentant académique du SNCEEL.
- Au groupe de travail qui en 2006 – 2007 a préparé avec le Directeur Diocésain l'étude « Prospective » confiée ensuite à l'Association Devenirs.
- A la Commission Conseil Général à propos des subventions attribuées aux Collèges pour financer les travaux de sécurité (Loi Falloux), l'équipement en informatique à usage pédagogique (Loi Informatique pour tous) et des actions péri-éducatives (Education à la citoyenneté et au développement durable).
- Au Comité de Pilotage Académique « Collèges au cinéma » je représentais les Chefs d'établissements de l'Enseignement Privé sous Contrat de la Loire.

Notre établissement était bien enraciné dans la ville de Saint-Etienne sud et tenait pleinement sa place dans le paysage scolaire du quartier, ce qui a permis de tisser des liens durables.

Les responsables de chacune des quatre unités du Groupe Scolaire étaient en lien avec les élus désignés par les collectivités locales et territoriales pour le suivi prévu par le Contrat d'Association. Ces élus participaient à l'Assemblée Générale Annuelle de notre OGEC, certaines ou certains venaient rendre visite à l'établissement en cours d'année. L'élu de chaque collectivité avait une bonne connaissance de ND de Valbenoîte – Le Rond-Point, la Municipalité de Saint-Etienne pour les deux Ecoles, Le Conseil Départemental pour le Collège, le Conseil Régional pour le Lycée. Nous, les directeurs et directrices leur transmettions une copie des demandes annuelles de subventions au titre de la Loi Falloux pour les travaux de rénovation ou de construction, des travaux de sécurité, de la Loi Informatique pour Tous pour l'acquisition ou le renouvellement des équipements informatiques à usage pédagogique, ou encore pour l'aide au financement d'actions péri-éducatives.

Au-delà, je peux mentionner d'autres actions de partenariats, de soutien ou de coopération.

La Municipalité était partie prenante pour la mise à disposition d'Agents de Sécurité aux heures d'entrée et de sortie Avenue de Rochetaillée.

Les deux Cadres d'Education, le Directeur-Adjoint du Collège et du Lycée, et moi-même, nous participions aux réunions du CLP – Comité Local de Prévention – de Saint-Etienne sud, avec les responsables des Centres Sociaux, de l'ANEF et du Collège public voisin. Cela nous permettait d'assurer un suivi éducatif de certains élèves et de leurs familles au-delà de leur scolarité. Au moins une des trois ou quatre réunions annuelles se déroulait dans nos locaux.

Pendant plusieurs années le Conseil Départemental de la Loire mettait à disposition de notre Collège deux Agents de Prévention et de Médiation qui assuraient une présence éducative permanente dans et aux abords de l'établissement.

Mon prédécesseur, Monsieur J.R., co - animait avec le Principal du Collège Fauriel la formation d'une semaine des Agents de Prévention et de Médiation. Prenant sa suite à mon arrivée en 2003, j'ai moi aussi animé cette formation en duo, d'abord, pendant quatre ans avec Monsieur C.L., Principal du Collège Fauriel, puis pendant deux ans avec Madame G.M., Principale du Collège Honoré d'Urfé.

En 2008-2009, le Conseil Départemental avait également choisi le Collège ND de Valbenoîte pour représenter l'Enseignement Privé Catholique sous contrat, aux côtés de quatre Collèges publics, comme établissememnt expérimental pour le déploiement de la nouvelle plateforme ENT – Espace Numérique de Travail – piloté par l'équipe du Cybercollèges 42. Madame N.G., l'Adjointe au Directeur de l'Enseignement Catholique - celle-là même qui m'a remplacé au matin du 20 mai 2009 ! - participait d'ailleurs avec moi et l'informaticien de la DDEC aux réunions qui se tenaient au siège du Conseil Départemental.

Madame A.T. de la Direction des Collèges au Conseil Général de la Loire répond à mes vœux pour l'année 2010 en m'écrivant : « *Un grand merci pour votre lettre et pour vos vœux qui m'ont beaucoup touchée. Sachez que je n'oublierai pas nos années de collaboration professionnelle qui se sont déroulées dans un climat serein et confiant. Je n'oublierai pas non plus le jour où vous m'avez si gentiment fait visiter votre établissement, auquel vous étiez si attaché et pour lequel vous avez tant fait. Cela n'était pas passé inaperçu à mes yeux, ni à ceux de mes collègues du Conseil Général. Aussi, c'est avec stupeur que j'ai appris la façon dont dont vous avez été remercié. Et vous m'en voyez profondément navrée pour vous. Malgré cet épisode douloureux, je souhaite que votre vie prenne une direction plus heureuse et je vous adresse tous mes vœux pour une merveilleuse nouvelle année* ».

Je citerai aussi la Direction de la Sécurité Civile de la Ville de St Etienne, avec laquelle nous menions en 2008-2009 un projet d'année d'éducation à la sécurité, en partenariat avec une classe de 5ème, sur le thème de la prévention des risques majeurs d'inondation liés à une crue soudaine du Furan.

Enfin, je n'oublie pas de rappeler que le Groupe Scolaire louait le gymnase à la Ville de Saint-Etienne pour les temps hors-scolaires, fin d'après-midi, soirée, fin de semaine. Sauf le mardi, réservé aux activités sportives, volley-ball et tennis, organisées par notre Comité d'Entreprise pour les personnels du Groupe Scolaire.

Le Lycée était également reconnu comme un établissement fiable de la part du Rectorat puisque depuis une dizaine d'années, la Division des Examens et des Concours nous sollicitait comme centre d'examen pour le Baccalauréat[1] :

- Centre départemental pour les épreuves anticipées du Baccalauréat de la série L - Littéraire : épreuves écrites, épreuves orales, et siège des commissions d'harmonisation et de correction centralisée.

- Centre d'examen complet pour les épreuves écrites du Baccalauréat des séries S ou ES.

---

[1] Le jour de mon éviction l'organisation des examens de juin et juillet 2009 était déjà bien engagée. Aussi puis-je témoigner que le Chef de la Division des Examens et des Concours s'est inquiétée auprès de mon Adjoint que je ne réponde plus à ses courriels. Ce dernier lui a expliqué la situation, à la suite de quoi il s'est entendu dire : "Je compte sur vous pour assurer l'organisation du centre d'examens « par empêchement » du Chef d'établissement " !

Je terminerai ce chapître, en ajoutant simplement que l'établissement a régulièrement été sollicité pour accueillir des sessions de formation de maîtres par FORMIRIS et autres organismes de formation, pour des réunions de syndicats de chefs d'établissement – SYNADIC – SYNADEC – SNCEEL – et même quelques fois par la Direction de l'Enseignement Catholique elle-même.

Ma place dans toutes ces instances était la preuve des obligations de l'Enseignement Catholique vis-à-vis de l'Education Nationale au nom du Contrat d'Association, et un Directeur quoique rémunéré par l'OGEC est une personne reconnue et légitimée par une instance au-dessus de l'OGEC, et non pas la marionnette d'un OGEC qui possèderait tous les pouvoirs sur lui.

Sachant tout cela, je me demande encore aujourd'hui comment le Frère Délégué à Tutelle a osé dire et écrire « *qu'il ne donnait pas cher de l'avenir de ND de Valbenoîte à la rentrée de septembre 2009* » ! Propos on ne peut plus méprisants, cultivés dans le jardin de l'ignorance ou de sa faiblesse manipulée par d'autres !

Chapitre 7

Dynamisme mis à rude épreuve

La vie du Groupe Scolaire ne s'écoulait pas comme celle d'un long fleuve tranquille. Evidemment, la baisse régulière des effectifs a pesé très lourd dans le vécu des quatre unités, le moral des équipes a été atteint par la restructuration et les deux plans successifs de suppression d'emplois, ainsi que par la perspective de délocalisation du contrat du Lycée.

Ainsi, au fil des années, le dynamisme des équipes a – t – il été fortement éprouvé, mais, malgré le contexte parfois lourd, je peux dire que jusqu'au dernier moment mes proches collaborateurs, comme la très grande majorité des personnels se sont investis sans ménagement pour continuer de faire vivre l'établissement, de dispenser un enseignement de qualité, d'être disponibles aux élèves et aux familles, de mener avec conviction des projets d'activités péri-éducatives, d'éveiller la foi chrétienne des élèves volontaires inscrits pour la catéchèse, à tous les niveaux d'enseignement, de la Maternelle à la Terminale.

Le dynamisme des équipes a aussi été mis à l'épreuve en raison d'événements traumatiques et d'épreuves douloureuses que le Groupe Scolaire a dû traverser durant ces années, sur lesquels j'apporterai ultérieurement plus d'informations.

1. Lycée et Collège pénalisés par les réformes du MEN

La Loi du 10 juillet 1989 (Loi dite Jospin) a instauré la réforme des Lycées qui est intervenue à la rentrée de septembre 1992, avec la création de la classe de 2nde GT – Seconde Générale et Technologique –, les classes de Première et Terminale L, ES et S. Le nouveau Baccalauréat pour chacune de ces séries en 1995.

A partir de là, l'orientation en fin de Collège a progressivement évolué, les élèves choisissaient de plus en plus une classe de 2nde GT en Lycée d'Enseignement Général et Technologique offrant l'année suivante une palette de filières beaucoup plus large. Le nombre d'inscrits en Seconde dans un Lycée n'offrant que les filières générales comme le nôtre a progressivement diminué.

Alors, afin d'offrir une plus large palette d'options en Seconde j'ai fait une demande d'ouverture de l'Option MPI – Mesures Physiques et Informatique –, hélas celle-ci a été refusée par l'IPR.

Au cours des années suivantes des filières d'enseignement général ont été ouvertes dans des Lycées auparavant technologiques par la création de 2nde GT, y compris dans l'Enseignement Catholique.

Le Collège, quant à lui, a également été pénalisé par de nouvelles mesures adoptées par l'Education Nationale.

En effet, à la rentrée de septembre 2005, avec la mise en place de la Nouvelle Troisième, l'option Technologie qui faisait partie des enseignements de cette classe a été supprimée. Or, cette formation nous donnait l'habilitation à recevoir des fonds en provenance de la Taxe d'Apprentissage qui dorénavant a disparu. Ainsi avons-nous subi brutalement une perte financière non négligeable !

Pour pallier cette perte, j'ai envisagé un partenariat avec le LP Sainte Barbe en vue de créer dans notre Collège une classe de Troisième DP6 – Découverte Professionnelle, prévoyant que cet enseignement de six heures soit assuré par un ou deux enseignants de son Lycée. Cette classe aurait assuré une parfaite continuité du dispositif d'alternance que nous avions mis en place dans les classes de Quatrième, à travers lequel les élèves étaient bénéficiaires d'une « première formation technologique et professionnelle » avec des stages dans des Lycées Professionnels et dans des Entreprises. Cela nous aurait permis de retrouver l'habilitation pour percevoir la Taxe d'Apprentissage.

Hélas, alors que le projet était bien avancé, le Directeur du Lycée Ste Barbe m'a informé, à son grand regret, que l'Autorité de Tutelle de son établissement, l'Institut des Frères des Ecoles Chrétiennes, ne souhaitait pas que ce partenariat se réalise... En effet, quelques années après, le LP Ste Barbe a été rattaché à Saint-Louis pour devenir l'Ensemble Scolaire La Salle - St Louis-Ste Barbe.

2. Projets avortés de développement du Lycée

Un premier projet : création d'une classe post-bac préparatoire à l'Enseignement Supérieur.

Ma volonté de donner à notre Lycée une possibilité de développement s'est concrétisée dans l'élaboration, en lien avec un groupe de Responsables de Lycées de Saint-Etienne, d'un projet inter-établissements de création d'une classe post-bac préparatoire à l'Enseignement Supérieur implantée au Lycée ND de Valbenoîte destinée à des bacheliers souhaitant mûrir leur projet personnel avant de choisir une filière de formation en adéquation avec leur projet professionnel en construction. J'ai déjà évoqué ce projet dans cet écrit.

Ce projet a été accueilli favorablement par la Direction des Lycées du Conseil Régional lorsque je l'ai présenté avec une collègue directrice de Lycée à Saint-Etienne, mais il n'a jamais vu le jour car la Région souhaitait s'engager seulement sur la durée d'une année pour financer cette création dans une démarche de soutien. Dommage.

Un second projet : implantation de classes d'enseignement général dans l'Ondaine.

Toujours avec la volonté de donner à notre établissement une possibilité de développement, j'ai piloté cet autre projet.

En 1998 j'ai été missionné par le CODIEC[1] et le Directeur Diocésain, M. Paul Malartre, pour envisager l'implantation de classes d'Enseignement général rattachées au Lycée ND de Valbenoîte dans la Vallée de l'Ondaine dans les locaux appartenant au LPP Lachaux : après deux ans de travail concerté avec les Chefs d'établissement du Collège Bénaud de Firminy, Monsieur J.-M. L., du Collège St Joseph, Monsieur J.-C. C., et du LPP Lachaux du Chambon Feugerolles, Monsieur D.R., j'ai présenté le projet au CODIEC qui l'a adopté[2] : délocalisation de l'une des cinq classes de Seconde à la rentrée 2001, suivie de la création en 2002 d'une classe de Première ES/S et en 2003 d'une Terminale ES/S. Malheureusement ce projet n'a pas non plus vu le jour en raison du refus opposé par le Rectorat d'accorder la dotation horaire requise pour les classes de Première et de Terminale alors que le CAEC – Comité Académique de l'Enseignement Catholique – avait inscrit ce projet dans ses priorités. Ce projet aurait permis de mettre en évidence et de développer des innovations marquantes, en particulier l'enseignement des langues vivantes partagé par visio-conférence, mais aussi la

---

[1] Décision du CODIEC en date du 26 février 2018 notifiée dans la lettre du 18 mars : « *Pour l'étude de ce projet, le CODIEC sollicite le Lycée ND de Valbenoîte – Le Rond-Point (et le Groupe Scolaire) afin qu'il apporte ses compétences de Lycée Général en complément des autres types de Formation existant dans la Vallée* »

[2] Accord du CODIEC, en présence de Mgr Joatton, Evêque de St-Etienne, dans sa délibération en Assemblée Générale en date du 31 janvier 2000, notifié le 7 février : « *A l'issue de l'Assemblée Générale du CODIEC qui a été amenée à entendre votre rapport sur l'implantation dans la Vallée de l'Ondaine à Lachaux d'un Lycée délocalisé adossé au contrat du Lycée Notre-Dame de Valbenoîte-Le Rond-Point, je viens vous indiquer l'avis favorable du CODIEC pour l'ensemble des dispositions présentées, calendrier compris* ».

consultation documentaire à distance du fonds documentaire de notre CDI.

Malgré toutes ces vicissitudes, les équipes du Lycée et du Collège ont réussi à développer des projets et des innovations que j'aborderai ultérieurement.

Chapitre 8

Vie du Groupe Scolaire marquée par de multiples épreuves

Comme je l'ai déjà indiqué plus haut, le climat de l'établissement a subi à plusieurs reprises de fortes turbulences mettant à rude épreuve le dynamisme de l'ensemble des équipes enseignantes, éducatives, administratives et de service de la communauté scolaire. Il m'est impossible de les passer sous silence en particulier un événement, événement traumatique majeur, sur lequel il me faut m'attarder un peu en raison de l'intensité de la violence qu'il a engendrée dont je n'ai pas été la seule victime. La violence déclenchée par leurs auteurs a également frappé mon équipe de direction, l'équipe enseignante, les dirigeants du Groupe Scolaire, les élèves aussi, cherchant à atteindre tout l'établissement avec la volonté de jeter le discrédit sur lui et sur son image.

Après le récit de cet événement traumatique, j'aborderai aussi d'autres épisodes lourds et épreuves douloureuses qui ont traversé la vie du Groupe Scolaire.

1. Un événement traumatique majeur

En octobre 1995, la vie du Lycée a été très profondément éprouvée à la suite du décès inattendu d'un professeur d'Anglais.

1.1 Signalement auprès du Procureur de la République

Son décès est intervenu au moment où il faisait l'objet d'une enquête préalable menée par la Brigade des Moeurs à la demande du Parquet de Saint-Etienne auquel j'avais transmis un signalement pour comportement inapproprié par l'intermédiaire d'une avocate.

En dehors de sa fonction d'enseignant, il encadrait comme directeur chaque été en juillet et août, deux séjours linguistiques de vacances en Angleterre en lien avec l'APEL – Association des Parents d'Elèves – qui s'était affiliée à UFCV pour être porteuse de l'organisation des séjours dirigés par ce professeur en toute indépendance de l'établissement scolaire sur le plan organisationnel et financier. L'APEL a quand même laissé planer une réelle ambiguïté quant au lien avec le Groupe Scolaire N-D de Valbenoîte.

Avant ma prise de fonction de Chef d'Etablissement du Lycée en septembre 1992, je connaissais déjà ce professeur car il avait fait sa formation au BAFD – Brevet d'Aptitude à la Fonction de Directeur de Centres de Vacances et de Loisirs – au cours d'un stage de l'UFCV dont j'avais été le responsable.

J'ai découvert plus amplement sa personnalité dès les premières semaines après la rentrée scolaire. En quelques mois, j'ai été confronté à des situations pour le moins inattendues, des situations que je qualifie de débordement, qu'il m'a bien fallu gérer. Il avait un rapport atypique à son métier de professeur, tant dans ses relations aux collègues, aux élèves, aux familles qu'avec la hiérarchie, mais aussi dans ses méthodes d'enseignement.

Plusieurs faits m'ont conduit à devoir le convoquer pour des mises au point qui, heureusement, se sont à chaque fois déroulées dans des échanges respectueux. Il reconnaissait ses débordements et m'assurait de ne pas récidiver. Aussi avions-nous au quotidien des relations on ne peut plus normales. D'ailleurs, la veille de son décès, nous avons pris le repas ensemble à la même table au self du Lycée en présence d'autres personnels de l'établissement.

Que puis-je dire des incidents qui m'ont obligé à intervenir ? Pour éclairer mon propos je veux simplement en évoquer quelques-uns.

Cela a d'abord porté sur le langage qu'il tenait, des propos grossiers, insultants, choquants, avec des évocations et des connotations à caractère explicitement sexuel, des gestes envers des élèves, plus que familiers, déplacés. Il se voulait humoristique en classe, ce qui faisait évidemment « rire la galerie » composée d'élèves de Première et de Terminale dont certains avaient participé à des séjours en Angleterre, avec qui il entretenait des relations de familiarité ou des connivences déplacées en cours d'Anglais. D'ailleurs, ils l'appelaient « guitou » comme pendant les séjours linguistiques !

J'ai donc reçu des plaintes, ainsi que mon adjointe de direction, de plusieurs parents d'élèves nouvellement arrivés dans l'établissement qui n'ont pas manqué de demander à rencontrer les responsables de l'Association des Parents d'Elèves.

Un autre fait plus que provocateur avait nécessité que j'intervienne auprès de lui. Ce professeur était fumeur, y compris dans la salle de classe, pendant et en-dehors des heures de cours, en particulier le soir où il y restait des heures jusque tard pour la correction des copies d'élèves et la préparation de ses cours.

Or, au 1er novembre 1992 entrait en vigueur une loi sur l'interdiction de fumer dans les établissements scolaires[1]. Comme les élèves étaient jusque-là autorisés à fumer au Foyer des Lycéennes et des Lycéens, j'ai fait modifier le règlement intérieur du Lycée le jour-même de ma prise de fonction, et fait avancer de deux mois la date d'entrée en vigueur de cette loi pour la rentrée du 1er septembre. Fin octobre, alors qu'il était en cure thermale, je lui ai adressé un courrier très officiel pour lui rappeler l'application du nouveau règlement et la date d'entrée en vigueur de la loi sur l'interdiction de fumer.

A son retour de congé de maladie – cure thermale de trois semaines comme chaque année depuis longtemps –, une dizaine de jours après les vacances de la Toussaint, lors d'un cours avec

---

[1] Loi du 10.01.1991 dont les modalités d'entrée en vigueur ont été précisées par le décret n°92-478 du 29 mai 1992 paru au B.O. n°25 du 18.06.1992.

des Terminales, il a posé un paquet de cigarettes sur son bureau et en a sorti une. C'est alors qu'un élève l'a interpelé en disant : « *Dis-donc Guitou, tu sais que c'est interdit ?* » Il lui a répondu : « *Je sais, mais je fais ce que je veux, même s'il y a Hitler en bas dans son bureau* ».

Peu de temps après, il a recommencé à fumer en classe pendant certains cours, à la suite de quoi je lui ai adressé une lettre très officilelle de rappel à la loi[1].

C'était là une provocation révélatrice des difficultés de ce professeur dans sa relation à la hiérarchie pas seulement de l'établissement mais aussi à l'égard des autorités académiques.

Enfin, en octobre, j'ai été invité comme Chef d'Etablissement à l'Assemblée générale annuelle de l'APEL qui, en plus des questions statutaires, avait inscrit au programme une conférence – débat sur le thème de « La prévention des abus sexuels et de la maltraitance » avec l'Association AISPAS[2].

Quel ne fut pas mon étonnement lorsqu'à la sortie de cette soirée, un parent d'élève membre du Bureau de l'APEL m'a pris à part et m'a dit : « On ne va tout de même pas mettre Monsieur M. en prison ? » Je me suis alors demandé pourquoi il me disait cela.

Les jours suivant cette réunion, ce thème semble avoir déclenché un phénomène qui a amené des enseignants, des élèves et même des parents à évoquer les écarts de langage et le comportement inapproprié du professeur d'Anglais. Des témoignages écrits viendront appuyer ces dires et seront insérés dans le dossier transmis au Procureur de la République.

---

[1] Lettre datée du 30 janvier 1993.

[2] L'Association AISPAS est une organisation interprofessionnelle qui se consacre à la prévention des abus sexuels et à l'accompagnement des victimes dans le département de la Loire.

Une délégation de trois professeurs m'a aussi demandé une rencontre, au cours de laquelle ils m'ont fait part des retours qu'ils avaient eus d'anciennes et d'anciens élèves au sujet de leur collègue professeur d'Anglais et de faits anciens le concernant dont ils avaient eux-mêmes été témoins. Ils m'ont invité à être attentif à ces questions car, selon eux, des rumeurs malveillantes vis-à-vis de ce professeur mais aussi de l'établissement, étaient en train de prendre une ampleur insupportable, elles couraient à l'encontre du Groupe Scolaire, nuisant à sa réputation. Les trois professeurs ont également insisté pour que, le cas échéant, le nouveau directeur que j'étais, fasse usage de son autorité à l'encontre de ce professeur.

Ultérieurement aux multiples incidents occasionnés par cet enseignant, concernant les entretiens de mise au point que j'ai eus avec lui, j'ai beaucoup regretté de n'avoir pas pris la précaution de le rencontrer en présence d'un représentant de la direction ou du personnel et de n'avoir pas systématiquement procédé à une consignation écrite des propos échangés lors de ces rencontres. Cela aurait évité que, à la suite de son décès, de nombreuses fausses informations soient portées sur la place plublique et notamment par les médias.

A cette période, il y eut des échanges épistolaires entre des membres de l'équipe enseignante et les responsables de l'APEL au sujet de leur collègue.

De son côté, Madame E.C., mon adjointe, recevait des parents et des élèves en cours de scolarité, mineurs et majeurs pour certains qui lui apportaient des témoignages et des plaintes la plupart du temps confirmées par courrier.

Aussi, dans les semaines qui ont suivi, des témoignages accablants à l'encontre du professeur d'Anglais nous ont-ils été adressés par courrier, surtout par d'anciennes et d'anciens élèves, portant sur des faits remontant à plusieurs années.

Que faire de ces documents ?

Que faire des faits rapportés ?

Heureusement que pour l'exercice de ma fonction de direction je pouvais compter sur les membres du Conseil de Direction, Madame E.C., directrice-adjointe, Monsieur J.-F. D., cadre d'éducation et Frère M.G., Coordinateur de l'Equipe d'Animation Pastorale et Documentaliste, ainsi que sur le Directeur Général et le Conseil de direction du Groupe Scolaire. Ils m'ont donné de pouvoir réfléchir à ces questions extrêmement délicates et graves et de gérer les situations plus qu'encombrantes qui se présentaient à moi.

La loi en vigueur, et plus précisément l'article 40 du Code de procédure pénale « *impose à chacun de ne pas se taire et d'agir face à un certain nombre de situations* », lui faisant donc l'obligation « *d'en informer les autorités judiciaires* ».

A cette époque il n'existait pas de réseaux sociaux, comme par exemple #Metoo, susceptibles de porter sur la place publique et de dénoncer ce genre d'informations.

Si, à cette période avait existé la CIASE – Commission indépendante sur les abus sexuels dans l'Eglise – qui s'est tenue de 2018 à 2021, il est fort probable que certains courriers que j'ai reçus lui auraient été adressés.

Il n'existait pas non plus de texte de l'Education Nationale avec des recommandations destinées aux responsables d'établissement pour gérer ce genre de révélations. C'est seulement en août 1997 qu'une circulaire sur ce sujet est parue au B.O.E.N. – Bulletin Officiel de l'Education Nationale. Si ce texte du MEN avait existé en 1994, j'aurais pu suivre ses recommandations, ma démarche aurait été facilitée, confortée et n'aurait pas donné lieu aux critiques ultra-violentes que j'ai dû subir.

Il s'agit de la Circulaire n° 97-175 du 26 août 1997, publiée au *BOEN hors-série n° 5 du 4 septembre 1997*, portant sur l'« *Instruction concernant les violences sexuelles* » signée par Claude ALLÈGRE, ministre de l'éducation nationale, de la recherche et de la technologie, et par Ségolène ROYAL, ministre déléguée, chargée de l'enseignement scolaire.

Face à l'obligation de signalement et pour ne pas encourir le risque de poursuite judiciaire pour non-dénonciation[1], j'ai pris l'attache, par l'intermédiaire de l'antenne stéphanoise de *l'Association Enfance et Partage*[2], de son avocate, que j'ai pu rencontrer à trois reprises entre novembre 1993 et janvier 1994. Celle-ci a effectué les démarches requises auprès du Procureur de la République de Saint-Etienne au printemps 1994. Bien entendu, je ne livre ici aucune information relative au contenu des témoignages transmis.

En raison de la gravité de la démarche judiciaire, j'ai pris la précaution d'en informer les autorités, redoutant que notre établissement ait à vivre tôt ou tard des moments difficiles.

Monsieur l'Inspecteur d'Académie m'a rapidement accordé une audience et m'a assuré de suivre l'affaire, de m'apporter tout son soutien pour l'exercice de mon autorité, me disant de ne pas hésiter à le solliciter si j'en éprouvais la nécessité.

Le Directeur Diocésain de l'Enseignement Catholique de Saint-Etienne, qui avait une connaissance certaine des agissements du professeur concerné, a compris le sens de ma

---

[1] A cet endroit je ne peux m'empêcher d'évoquer l'action en justice qui, il y a très peu d'années, avait concerné Mgr B., Archevêque de Lyon, pour non-dénonciation des actes pédophiles sur mineurs d'un prêtre de son Diocèse. Ce dernier a été destitué de son sacerdoce par un tribunal ecclésiastique et condamné à une peine de cinq ans de prison ferme par le tribunal correctionnel de Lyon.

[2] Association Enfance et Partage, reconnue d'utilité publique, ayant pour mission de « Protéger et défendre les enfants victimes de toutes formes de violences, qu'elles soient physiques, psychologiques ou sexuelles ».

démarche, m'indiquant qu'il s'informerait par Madame le Substitut des Mineurs auprès du Procureur de la suite donnée au dossier.

J'ai également rencontré et obtenu le soutien du Président en exercice de l'OGEC de N-D de Valbenoîte, pour le prévenir de l'imminence d'événements inattendus que l'établissement aurait à vivre. Il n'a pas été surpris car il avait eu quelques échos concernant ce professeur lorsque ses enfants étaient scolarisés dans l'établissement.

Enfin, je n'ai pas manqué de mettre au courant le Provincial de la Tutelle des Frères Maristes, Frère A.T., qui connaissait bien la plupart des enseignants du Lycée et n'était pas étranger au témoignage de certains d'entre eux concernant leur collègue d'Anglais. Il connaissait aussi l'histoire du professeur d'Anglais qui des années auparavant avait appartenu à sa congrégation.

Le Parquet a jugé utile de n'engager l'enquête préalable qu'à la rentrée de septembre 1995.

1.2 Une suite d'événements pénibles

Dans ma relation d'autorité avec ce professeur, je ne peux éviter d'évoquer d'autres situations très ennuyeuses qu'il m'a fallu affronter et gérer.

La première s'est présentée dans la semaine de reprise scolaire au retour des vacances de Noël début janvier 1994.

Il s'agit d'un incident d'une toute autre nature que ceux évoqués plus haut, qui m'a amené à prononcer contre ce professeur une sanction inhabituelle en le relevant de sa fonction de professeur principal et en lui baissant sa note administrative.

Que s'est-il passé ?

Le lendemain d'une très intense tempête de neige ayant empêché la presque totalité des élèves, des professeurs et des personnels d'atteindre le Lycée, le professeur a accueilli ses élèves en proférant des insultes à leur encontre mais aussi envers les parents, disant : « *A Sarajevo, des mômes vont à l'école sous les bombes. Vous êtes une bande de cons. Et les parents qui cautionnent en n'envoyant pas leurs gosses à l'école parce qu'il neige sont des cons aussi !* »

Propos plus que choquants qui, bien-sûr, ont entraîné des plaintes d'élèves et de parents, surtout que certains avaient été bloqués des heures durant dans la tourmente de neige qui s'était abattue sur la région la veille.

L'ayant convoqué à mon bureau, je lui ai fait part de ma désapprobation et des mesures prises à son encontre avant de les lui notifier officiellement par courrier et d'en informer les autorités académiques.

Je n'ai pas manqué d'informer l'Inspecteur d'Académie des mesures prises à l'encontre de cet enseignant.

Sans m'en informer, le professeur a contesté cette décision par courrier auprès de Monsieur l'Inspecteur d'Académie de Saint-Etienne. Ce dernier m'a adressé la copie de sa lettre de contestation en invitant le professeur plaignant, conformément au protocole adminstratif, à bien vouloir envoyer son courrier sous couvert du Chef d'Etablissement et a conclu sa lettre en lui écrivant : « La baisse de 0,9 point sur votre note administrative ne me paraît pas déraisonnable… »

Mes décisions prises à son encontre ont inévitablement pesé dans l'exercice de sa fonction d'enseignant. Dans les semaines et les mois suivants il n'a pas voulu échanger avec moi sur ces sujets qui, je l'ai appris plus tard, l'avaient affecté.

Deux autres situations se sont présentées, fort délicates et plus que troublantes, qui traduisent combien la personnalité de ce professeur était complexe. Il me demandait par lettre des faveurs concernant son emploi du temps en invoquant des motifs très personnels.

D'abord, début juillet 1994, il m'a envoyé un courrier pour me faire part de ses préoccupations concernant la santé de son épouse : « *Mon épouse est atteinte d'une malformation cardiaque grave qui nécessitera dès le 16 août trois séances hebdomadaires, l'après-midi à Lyon* », et pour me demander de lui libérer les après-midis du mardi, du mercredi et du vendredi.

Ensuite, près d'un an plus tard, il me remet une longue lettre datée du 18 mai 1995 dans laquelle il s'adresse à moi en écrivant « *Cher ami* », pour m'informer à travers des explications fort détaillées de ses graves ennuis de santé personnels, des traitements contraignants, lourds et extrêmement coûteux en temps et en argent, notamment en raison « *du traitement spécial « américain » non reconnu en France* », lettre qu'il termine par ces mots : « *Tout cela reste entre nous s'il te plaît. Cela te permettra de mieux me comprendre. Merci*[1] »

---

[1] Extraits de la lettre du 18 mai 1995 : « *Depuis janvier 1994, je suis sous « anti-dépresseurs » et déjà depuis longtemps « faible » des intestins, j'ai dû suivre depuis août 94 des traitements pour éviter une ablation de 25 cm d'intestin infestés de polypes. A l'origine on m'avait donné six mois de délai, puis huit mois... maintenant je dois subir une intervention chirurgicale le 20 août 95 et recommencer pour six mois ensuite... Cela me coûte maintenant 7 500 Francs par mois non remboursés par la SS, ce qui représente un gros « trou » dans le budget. (...) J'ai fait faire une coloscopie par mon chirurgien traitant à St Etienne il y a une semaine. (...) Ce chirurgien m'a conseillé un an d'attente en continuant ce traitement spécial « américain » non reconnu en France... Ma mère étant décédée d'un cancer du côlon, ma sœur ayant de sérieux problèmes, « on » m'a dit que c'était héréditaire donc qu'il fallait être très prudent pour éviter une évolution « cancéreuse ». (...) La raison pour laquelle je te raconte tout cela est le problème d'argent. (...) J'essaie de ne pas montrer que je souffre mais j'ai très souvent des douleurs très violentes au ventre surtout après les piqûres, j'ai maigri de 12 kg en un an. (...)*

Mi-août, je reçois un appel téléphonique de sa part, pour renouveler les mêmes demandes concernant son emploi du temps avec beaucoup d'insistance.

Ces courriers très personnels n'ont pas manqué de susciter en moi des questions en raison de la personnalité quelquefois ambivalente, voire manipulatrice, que je percevais chez cet enseignant. Il ne m'a fourni aucun justificatif médical, il n'a jamais laissé entrevoir des signes de fatigue, il travaillait tous les jours jusqu'à une heure tardive dans « sa salle de classe ».

Aussi, ai-je été très étonné plus tard de lire dans la lettre des responsables de l'APEL à ses adhérents : « *C'est au nom de la vérité que nous n'acceptons pas qu'on accrédite la thèse que ce suicide est dû à une déprime ou à une maladie* ».

La lettre du professeur sur ses problèmes de santé ne disait-elle pas la vérité ? Ou était-elle un tissu de mensonges manipulateurs ?

C'est donc seulement à la rentrée scolaire de septembre 1995 que le Procureur de la République de Saint-Etienne a ouvert l'enquête préliminaire pour laquelle le professeur était convoqué au Commissariat mi-octobre. Convocation à laquelle il n'a pas répondu puisqu'il est décédé quelques jours avant la date qui lui avait été fixée.

1.3 Ouragan sur le Lycée

Il s'est produit le vendredi 13 octobre 1995.

Le matin de ce jour, au grand étonnement de tous, le professeur d'Anglais n'est pas venu au Lycée pour assurer ses cours. Il ne répondait pas au téléphone lorsque le Cadre d'Education et la Secrétaire du Lycée l'ont appelé.

P.S. Les deux demi-journées (lundi matin et jeudi après-midi) sont les heures où je risque d'aller à Lyon pour mon traitement jusqu'au mois de février 96 au moins... Merci »

C'est en fin d'après-midi, par l'intermédiaire de Madame ..., membre du Bureau de l'APEL, qu'est tombée la nouvelle de sa mort. Elle en a été informée par le Commissariat de Police après que des fonctionnaires du Corps Urbain aient découvert le corps sans vie du professeur à son domicile.

A travers un écrit daté du 12 octobre, adressé à la Police, le professeur a indiqué que « *c'est volontairement que j'ai décidé de mettre fin à mes jours* ».

Le soir-même, les responsables de l'APEL, Madame la Présidente, Madame le Trésorière, et un autre parent membre du Bureau, ont diffusé l'information, ajoutant avec certitude que la diretion de l'établissement a poussé ce professeur au suicide.

C'est vrai que ces trois personnes ont eu des contacts avec lui dans les vingt-quatre heures précédentes, la présidente étant même venue le rencontrer au Lycée, disant qu'elle l'avait trouvé « dépressif ».

La disparition de cet enseignant était en effet d'une extrême brutalité, ressentie par tous les membres de la communauté scolaire du Lycée, ses élèves étant profondément choqués.

Le retentissement de la nouvelle de cette mort a été d'autant plus devastateur que Madame la Trésorière de l'APEL, à qui le professeur avait laissé une lettre écrite juste avant son décès, a envoyé un courrier aux adhérents de l'Association des Parents d'Elèves et à un certain nombre de proches anciens élèves affirmant explicitement que la « *responsabilité de la direction de l'établissement était gravement engagée dans cette mort d'homme* ». Elle a eu l'indécence de joindre à sa lettre la copie de celle – courrier privé – que lui avait laissée le professeur.

A partir de là, la vie du Lycée a subi un déchaînement de violences, prise dans l'œil d'un véritable cyclone.

Des graffitis avec des menaces de mort, d'insultes et d'injures envers la direction ont fleuri sur la face extérieure du mur d'enceinte du Lycée, dirigés contre le directeur, son adjointe, le directeur général et la Tutelle. Empêchement des cours par quelques groupuscules d'élèves, certains reclamant même la démission du directeur ! Manifestation de parents de l'APEL et d'anciens élèves sur la rue devant l'entrée de l'établissement. Sitting d'élèves devant et à l'intérieur de la salle de cours du professeur décédé. Menaces de mort à l'encontre du directeur par téléphone au Lycée et à son domicile, menaces également diffusées sur des tracts et par téléphone au domicile de la directrice – adjointe.

Il nous a même fallu engager une société de surveillance durant quelques nuits et la fin de semaine pour assurer la sécurité des locaux, empêcher les intrusions et lutter contre les risques de vandalisme.

Le lendemain matin, samedi 14 octobre, avant la première heure de cours, les professeurs du Lycée se sont tous retrouvés, tous bien – sûr très affectés par la disparition brutale de leur collègue. Ils ont fait preuve d'une immense solidarité autour de la direction, et, pour la plupart, apprenant à ce moment-là seulement qu'une démarche de signalement avait été effectuée auprès du Procureur de la République, qu'une enquête préliminaire était en cours, ils m'ont assuré, moi et toute l'équipe, de leur approbation et de leur total soutien.

Toute l'équipe des enseignantes et des enseignants, tous sauf un m'ont assuré d'un soutien inconditionnel, confirmé par une lettre signée de toutes et tous, me remerciant même d'avoir eu le courage de prendre mes responsabilités en engageant le signalement.

Le seul professeur qui ne s'est pas joint à l'équipe était un jeune enseignant d'Anglais, un ami, ancien élève et collègue du professeur décédé, très impliqué dans l'organisation des séjours linguistiques en Angleterre. Certains élèves et anciens le désignaient même de « *fils spirituel de Monsieur ...* », ce dernier apparaissant quasiment comme un « *gourou* », en hommage duquel ils demandaient que « sa salle de classe » soit transformée en « mausolée ». Il est vrai que « sa salle de classe » lui était exclusivement réservée, il en avait fait sa propriété, comme si c'était son domicile privé, avec une décoration on ne peut plus personnalisée, d'aucuns ne pouvait s'arroger le droit d'en déplacer le moindre objet, et surtout pas le crucifix posé sur le bureau ! Et en dépit du crucifix gadget à connotation pornographique dissimulé dans le tiroir du bureau du professeur, gadget que ce dernier sortait pour ses élèves de façon humoristique.

Les suites de la mort du professeur avaient pris une tournure délirante.

Les responsables de l'APEL mettaient tout en œuvre pour discréditer, voire se débarrasser de la direction, et pour obtenir le ralliement d'autres parents et des anciens élèves en utilisant massivement les médias dans les jours qui ont suivi, et, ô suprême indécence, avant même les funérailles du professeur décédé. De nombreux médias[1], y compris nationaux, ont titré, souvent à la Une, que le professeur avait été « *tué par la rumeur*[2] ». Un déferlement médiatique indescriptible. Même France 3 est venue au Lycée et a diffusé dans son journal du soir et dans celui de France 2 des images du professeur en classe, alors qu'il s'agissait d'une vidéo d'archives tournée en Angleterre lors d'un séjour linguistique d'été. La plus grande sensation médiatique a quand même été suscitée par Le Nouveau Détective Magazine n°685 du 2 novembre 1995 qui a publié une double page sur cet événement – avec la photo en plain-pied du professeur et celle de son bureau à son domicile –, alors que

---

[1] Presse Quotidienne Régionale, Quotidiens nationaux, Magazines hebdomadaires et mensuels.

[2] La Tribune – Le Progrès, rubrique Rétrospective 1995.

j'avais refusé de répondre au téléphone à la sollicitation d'un de ses journalistes !

Les nombreuses et violentes attaques dont le Lycée et l'ensemble des dirigeants ont été la cible à travers les médias et quelques courriers de parents, ont fortement porté atteinte à l'image et à la notoriété de l'établissement tout en exprimant des vélléités de vengeance, y compris lors des funérailles.

Ce déchaînement médiatique a heureusement fait réagir un nombre certain de parents et d'anciens élèves qui, pour la plupart, nous ont écrit pour nous apporter leur soutien dans l'épreuve, et quelques fois pour porter à notre connaissance de nouveaux témoignages, hélas à charge contre le professeur décédé, portant sur des faits remontant à plusieurs années, témoignages sans aucune ambiguïté quant au comportement, aux agissements de ce professeur.

Voici, à titre d'exemples parmi d'autres, des extraits de trois courriers de remerciements reçus.

Un premier, le témoignage, daté du 2 novembre, reçu des deux parents d'une élève qui venait de passer le Baccalauréat en juin : « *Cher Monsieur Obringer, suite aux événements, nous vous apportons notre soutien. Nous avons toujours apprécié le dévouement, la disponibilité et le sens des responsabilités de l'équipe dirigeante et des enseignants. Vous renouvelant notre confiance, nous vous prions de recevoir nos respectueuses salutations. P.S. Notre fille a appris le décès* « *en lisant le journal et son seul commentaire a été :* « *Au moins, il ne fera plus de mal* ».

Le second, une lettre datée du 22 octobre 1995, reçue d'une mère d'élèves qui écrit qu'elle tient « *à rester anonyme pour protéger mes enfants qui sont dans l'établissement* ». Il s'agit de la copie de la lettre qu'elle a envoyée à la Présidente et à la Trésorière de l'APEL, dans laquelle elle leur écrit : « *(...) Mais de grâce ne reportez pas votre culpabilité sur l'administration qui n'a fait que son devoir : transmettre des plaintes de parents à la justice. Nous sommes parents, donc éducateurs et devons enseigner à nos enfants les valeurs de l'amour, la tolérance, le respect de l'autre. Savez-vous que nos enfants ont été très perturbés par la disparation de ce professeur, par vos propos, par les écrits sur les murs du Lycée ? Ayez la sagesse de vous retirer (...) Nous sommes dans une école chrétienne et j'ai été effrayée par les propos tenus à l'enterrement du professeur : " Nous te vengerons"*[1] *».*

Le troisième exemple de lettre m'est arrivé d'une ancienne élève, en 1re S et TC de 1987 à 1989, Madame S.R., habitant dans le département du Cher :

« *Suite à un reportage diffusé sur France 2 dans le journal de 13 heures le 19 octobre 1995, je souhaite apporter mon témoignage* ».

Elle décrit un certain nombre de faits, de paroles et de gestes déplacés du professeur « *qui a eu une attitude indigne de celle d'un enseignant* ».

Elle poursuit : « *Six ans après avoir quitté le Lycée, je me rappelle très bien m'être personnellement fait traiter de « pute » et de « salope » à plusieurs reprises. Plusieurs fois il m'a dit : Je vais t'apprendre à faire la pute !*

(...) De ce fait, je suis scandalisée par la défense de Monsieur... envers la réalité et souhaite apporter mon soutien aux personnes qui ont eu le courage de dénoncer le comportement intolérable de Monsieur M. dans le Lycée ».

---

[1] Propos tenus par un membre de la famille d'un ancien élève devenu professeur d'Anglais, ayant comme « maître spirituel » le professeur décédé comme cela était écrit dans le fascicule de présentation de l'équipe d'animation du séjour linguistique en Angleterre du mois d'août 1995.

Je ne peux m'empêcher d'évoquer aussi un fait plus que choquant qui s'est produit la veille des funérailles. Dans l'après-midi, la belle-fille du professeur d'Anglais dont le fils était scolarisé au Lycée, s'est introduite en furie dans mon bureau, sans même frapper à la porte, hurlant qu'elle m'interdisait de participer aux funérailles le lendemain, jetant sur mon bureau devant moi une carte signée de sa mère, veuve du professeur d'Anglais, Monsieur ... : « *Madame ... , selon les dernières volontés de son mari vous demande de ne pas assister aux funérailles et de fêter l'événement...* ». Puis elle est repartie en claquant violemment la porte. Un professeur, témoin de sa sortie de mon bureau a été interloqué !

Au moment où cette personne s'est brutalement introduite dans mon bureau et précipitée en furie dans ma direction, mon esprit a été traversé par un violent éclair de peur, peur d'une agression physique.

Nous, responsables du Lycée et du Groupe Scolaire, nous avons refusé de répondre aux multiples sollicitations des médias. Nous avons uniquement accepté de recevoir une équipe de France 3. Quant à la presse écrite, nous n'avons fait qu'une seule et unique information dans la presse quotidienne régionale, d'ailleurs pour une mise au point suite à la diffusion de fausses informations dans La Tribune-le Progrès[1] : « *Le décès de Monsieur ..., enseignant au lycée, a plongé tous les membres de notre communauté éducative dans une profonde tristesse.*
Devant ce drame et le mystère de la mort, nous aurions préféré que le recueillement et la dignité s'imposent afin que les questions légitimes que suscite cette disparition puissent trouver des réponses dans la sérénité.
Nous regrettons que ce temps de silence n'ait pu être respecté et que les élèves aient été troublés dans leur souffrance.

---

[1] « Lycée Valbenoîte - Réactions et précisions », article paru dans La Tribune – Le Progrès du samedi 21 octobre 1995.

Depuis le début de la semaine, l'équipe de direction accompagnée de Monsieur M., directeur diocésain de l'enseignement catholique, de Frère A.T., Provincial des Frères Maristes, avec l'aide de toute l'équipe éducative ont œuvré pour accompagner les élèves et leur apporter la sérénité qu'ils sont en droit d'attendre d'adultes et d'éducateurs.

Malgré les pressions multiples dont nous sommes l'objet, parfois extérieures au groupe scolaire, le Lycée ND de Valbenoite continuera d'œuvrer dans la voie de la paix et du recueillement, avec le souci prioritaire de l'éducation des jeunes ».

1.4 Fonctionnement du Lycée assuré : soutien et présence éducative

Durant toute la période pendant laquelle le Lycée était plongé dans la tourmente, mon équipe de direction et l'équipe enseignante ont été soutenues et bien entourées par tous les responsables institutionnels : Direction générale du Groupe Scolaire, Président de l'OGEC, Tutelle des Frères Maristes, Direction Diocésaine de l'Enseignement Catholique, Mgr l'Evêque, les collègues Chefs d'établissements et le SNCEEL.

Au retour des vacances de la Toussaint, la vie du Lycée parut apaisée, les cours ont repris, y compris les cours d'Anglais. Le service du professeur décédé a été réparti sur trois enseignantes expérimentées pour l'enseignement en Première et Terminale, dont une qui exerçait déjà à temps partiel dans le Lycée.

Cela n'a pas empêché quelques élèves « *encore sous influence* » de se plaindre auprès du Recteur de l'Académie de Lyon de l'une de ces nouvelles enseignantes « *parce qu'elle a pris la décision unilatérale de changer le programme des cours et des révisions du baccalauréat prévus par Monsieur M.*[1] ».

Comme j'ai apporté une explication détaillée en réponse au courrier de Monsieur le Recteur, celui-ci m'a indiqué : « *Vous avez bien voulu me communiquer les observations qu'appellent de votre part le courrier qui m'a été transmis par certains élèves de Terminale de votre établissement, j'estime, comme vous, que les auteurs de ce courrier auraient dû vous faire part de leurs inquiétudes, et je considère que cette correspondance n'appelle pas de réponse de ma part*[2] ».

Dans les semaines qui ont suivi, avec les responsables institutionnels, en présence de Mgr l'Evêque, Père J., avec la participation de tous les élèves – délégués, nous avons tenu une réunion plénière de l'équipe enseignante et éducative. Ainsi ai-je pu apporter des informations sur la démarche juridique que j'avais dû engager, mais aussi, à la grande surprise de tous, les révélations sur ses soi-disant graves problèmes de santé que m'a faites le professeur d'Anglais lui-même dans ses courriers.

En décembre a été diffusé auprès des familles des plus de deux-mille quatre-cents élèves ainsi qu'à tous les personnels du Groupe Solaire le magazine annuel « Valbo- Informations » dans lequel ils ont pu découvrir les lignes éditoriales de Monsieur J.R., Directeur Général, de Monsieur P.M., Directeur de l'Enseignement Catholique, de Frère A.T., Provincial de la Tutelle Mariste.

---

[1] Lettre du 6 février 1996 adressée au Recteur d'Académie par des élèves de Terminale Littéraire et de Terminale Sciences Economiques et Sociales.

[2] Lettre du 4 avril 1996 signée de Monsieur D.B., Recteur de l'Académie de Lyon.

Extrait de l'éditorial du Directeur Général :

« *Les circonstances du décès de Monsieur G.M., Professeur dans l'établissement depuis 1967, a bouleversé tous ceux qui le connaissaient.*

À ce trouble et à l'émotion ont répondu des actions cherchant à diviser et à déstabiliser notre communauté.

Grâce à la solidarité de l'équipe éducative, au soutien constant de notre Tutelle Mariste, de la Direction de l'Enseignement Catholique, de l'OGEC, des directeurs des établissements catholiques stéphanois, aux nombreux témoignages individuels, nous avons pu traverser ces moments difficiles et œuvrer pour que les jeunes retrouvent sérénité et confiance. (...)

Que nos cœurs restent ouverts au message de Noël : Vie, Espérance et Humilité ».

Extrait du message du Directeur Diocésain de l'Enseignemement Catholique :

« *Après plusieurs rencontres auxquelles assistait notre Evêque, le Père J., je tiens à exprimer en total accord avec lui, combien nous partageons pleinement les termes et le sens du message que vous adresse Frère A.T. Au cours de cette douloureuse période, responsable de l'Enseignement Catholique, soumis à des interrogations et à des pressions contradictoires, nous n'avons poursuivi qu'un seul objectif : préserver l'avenir du Lycée Notre-Dame de Valbenoite – Le Rond-Point, non pas pour lui-même, mais pour tous les jeunes qui continueront à y préparer leur vie d'adulte.*

Nous souhaitons vivement que l'Etablissement continue à vivre dans la complémentarité et la confiance réciproque les relations indispensables entre Direction, Elèves, Parents et l'Equipe éducative. »

Quant au Frère Provincial Mariste, il écrit :

« *Au nom de la Tutelle, au cœur de ce drame, j'ai pu vérifier la dignité des jeunes du lycée qui, tout en voulant comprendre, ont su retrouver très vite, malgré l'émotion oppressante, le sens de leurs responsabilités pour reprendre dans la sérénité le cours de leurs études. J'ai été témoin d'une profonde solidarité de tout le corps professoral, ne comptant pas son énergie et son temps pour aider ces jeunes à surmonter ce choc psychologique et pour entourer l'équipe de Direction dans ces moments difficiles. Et plus particulièrement encore, j'ai pu apprécier le courage et surtout la lucidité et le sens éducatif de toute cette équipe de Direction pour faire face à des attaques tout à fait injustes et pour privilégier par-dessus tout le bien de vos enfants qui nous sont confiés.*

Parce qu'Ecole Catholique Mariste, notre Etablissement se doit de vivre, dans le respect de chacun, l'esprit de famille, y compris et surtout dans les moments difficiles comme ceux que nous venons de vivre. Nous sommes donc tous invités, après le temps de l'émotion légitime, à tout mettre en œuvre pour que, dans l'unité retrouvée, nous nous mettions, chacun à notre place, au service de vos enfants pour les aider à devenir des hommes et des femmes debout, libres et responsables. Personne, ni pour les jeunes, ni pour l'établissement, n'a intérêt à promouvoir le contraire. »

1.5 Conclusions du Parquet

A la suite du signalement effectué fin avril 1994 auprès du Procureur de la République par l'intermédiaire de Maître A.S., avocate, l'enquête préliminaire, commme je l'ai déjà indiqué, a donc été ouverte mi – septembre 1995 à la demande du Parquet par la Police Judiciaire à l'Hôtel de Police situé Cours Fauriel à Saint-Etienne.

Le 16 octobre 1995, en raison du décès de Monsieur G.M., professeur d'Anglais, le Procureur de la République a pris la « *Décision de classement sans suite* » en précisant que cette « *Action publique est éteinte* ».

Un mois après, Madame M., veuve de Monsieur G.M., a adressé une lettre de remerciement aux élèves qui avaient eu son mari comme professeur, dans laquelle elle a affirmé : « *Je vais me battre jusqu'à sa complète réhabilitation* ».

Dans un premier temps, elle avait pris comme avocat pour sa défense, un ancien élève de son mari.

Une association de soutien « Les amis de Monsieur ... » a été fondée fin mars 1996 par des anciens élèves et des ex-participants à des séjours linguistiques.

Un an après, le dossier a été rouvert, Madame ..., veuve du professeur d'Anglais, avec l'appui d'une nouvelle avocate, ayant déposé plainte avec constitution de partie civile pour dénonciation calomnieuse contre moi, un professeur et deux ex-élèves.

Cette avocate s'est montrée particulièrement virulente. Un jour elle a rencontré notre avocate dans le hall du Palais de Justice et lui a lancé : « Je vous préviens, la peau de Monsieur O., je l'aurai ! »

Voilà des propos bien indignes d'une avocate connue pour être quelqu'un d'expérimentée. Mais cela a démontré que tout était fait pour jeter le discrédit sur notre établissement.

Le 6 décembre 1996, j'ai été convoqué au Palais de Justice de Saint-Etienne pour être interrogé comme Témoin au Tribunal de Grande Instance de Saint-Etienne par Monsieur le Juge d'Instruction.

Une seconde convocation « de personne visée par une plainte avec constitution de partie civile » m'a été adressée par Monsieur le Vice-Président du Tribunal, pour le 25 février 1998.

Je me suis rendu à cette convocation accompagné de Maître A.S., avocate. A cette rencontre, à laquelle était également présente l'avocate de Madame ..., veuve du professeur d'Anglais, Monsieur le Vice-Président lui a indiqué que le Tribunal avait bien recueilli des témoignages anciens à charge contre le professeur, et que, par conséquent, la démarche en tant que Chef d'établissement effectuée M. Obringer auprès du Parquet ne pouvait pas être qualifiée de dénonciation calomnieuse.

Le 27 juillet 1998 je reçois un avis du Cabinet de Monsieur le Vice-Président du Tribunal m'avisant que l'information du dossier était terminée et qu'il sera « communiqué aux fins de règlement à Monsieur le Procureur de la République ».

Le 13 septembre 1999, je reçois un courrier du Cabinet du Vice-Président du Tribunal de Grande Instance : « *J'ai l'honneur de vous faire connaître conformément aux dispositions de l'article 183 du Code de Procédure Pénale, que le Vice-Président vient de rendre une ordonnance de : NON LIEU* ».

Les autres personnes, deux anciennes élèves et un professeur, ont également bénéficié de cette ordonnance de non-lieu.

La procédure a duré trois ans, quatre années se sont écoulées depuis le décès du professeur.

Au moment de conclure sur cet événement, je pense qu'il n'a pas échappé au lecteur combien le traumatisme subi par le Lycée et l'ensemble du Groupe Scolaire a laissé des traces indélébiles, à l'instar d'une cicatrice qui a heureusement fini par fermer une plaie béante. Cela me fait repenser à une phrase que m'a dite un psychothérapeute : « Cet événement, comme une cicatrice une fois refermée, vous marquera à vie, il vous faudra toujours vivre avec elle. »

Certes le « non-lieu » prononcé par la justice a clarifié bien des choses au nom de la vérité, mais cet évènement reste bien une cicatrice imprégnée des menaces de vengeance qui ont été proférées : on dit que la vengeance est un plat qui se mange froid. Aujourd'hui dans le calme revenu, « à froid » on peut se demander à travers les évènements explosifs de 2009 si la vengeance en question n'a pas attendu ce retour au calme pour exploser et « exploser » comme souhaité le directeur que j'étais.

2. Vie de l'Institution traversée par d'autres épisodes lourds

Au début des années 2000, le Groupe Scolaire a connu une nouvelle évolution importante à la suite de la restructuration motivée par l'obligation impérative de faire des économies, ce qui a nécessité de déménager le Lycée sur le site historique de Valbenoîte durant l'été 2003 et de procéder à un plan de licenciement de personnels non-enseignants. A cela s'est ajoutée l'obligation faite par le Procureur de la République de procéder à l'enlèvement de la toute nouvelle cafétéria construite illégalement en raison d'une très grave défaillance de l'architecte qui non seulement n'avait pas déposé le permis de construire alors qu'il engageait la réalisation puis l'achèvement de la construction, que le bâtiment se situait en zone inondable et qu'il n'avait pas respecté les règles dans ce cas !

2.1 Restructuration et déménagement du Lycée en 2003

La mise en œuvre de la restructuration était une opération extrêmement complexe, sa préparation coordonnée par Monsieur J.R, Directeur Général, assurée par l'équipe élargie de la direction générale du Groupe Scolaire. J'y ai moi-même pris une part importante aux côtés du Directeur Général, car en tant que Directeur du Lycée, j'avais reçu une lettre de mission spécifique de la part de la Tutelle Mariste pour le soutenir et travailler dans la perspective de lui succéder au 1er septembre.

Concernant le personnel, il s'agissait d'anticiper la nouvelle organisation des emplois sur le site nouveau du Pôle second degré à Valbenoîte, d'une part, et pour l'Ecole ND du Rond-Point sans la présence du Lycée, d'autre part.

Le plan social a été piloté pour le compte de l'OGEC par le Directeur Général : c'est avec lui, en lien avec le responsable administratif et le responsable des travaux, et avec les deux directrices d'Ecole que nous avons anticipé ensemble la nouvelle répartition des emplois, notamment ceux du service d'entretien.

Il m'est revenu de finaliser le plan de réduction des emplois tout de suite après avoir pris mes nouvelles fonctions.

D'aucuns ne manqueront pas de comprendre combien il a fallu être présent auprès des personnels avant et après le déménagement qui a eu lieu les 12 et 13 juillet. L'atmosphère n'était pas à l'euphorie !

Quant à la création du nouveau Pôle second degré, il a fallu prévoir les locaux, la répartition entre ceux utilisés par le Collège et ceux prévus pour le Lycée. J'ai effectué et obtenu une demande de subvention auprès de la Région Rhône – Alpes dans le cadre de la Loi Falloux. La directrice des Services des Lycées elle-même est venue sur le site quelques mois avant pour mieux s'approprier l'organisation envisagée.

Quelques locaux spécifiques au Lycée ont été créés, dont un nouveau CDI, pensé par les trois documentalistes du Groupe Scolaire avec la participation, les conseils et les recommandations de Madame l'Inspectrice Pédagogique Régionale, en prévoyant l'intégration des NTIC - Nouvelles Technologies d'Information et de Communication. A l'intérieur de ce nouveau CDI nous avons aussi pu créer un espace spécialement dédié aux entretiens avec une conseillère d'orientation et à la documentation sur l'orientation que nous avons appelé le BIO – Bureau d'Information pour l'Orientation. Grâce à l'apport de l'architecte, la réalisation finale a été d'une qualité remarquable, tant au plan fonctionnel qu'au plan esthétique.

A cette occasion, les laboratoires de sciences existant sur le site ont été rénovés, trois nouveaux ont été créés en utilisant le matériel provenant du Rond-Point, enrichis de locaux attenants destinés à l'EXAO – Expérimentation Assistée par Ordinateurs. En relation avec les enseignants concernés, tout a été prévu pour que soient intégrées les nouvelles recommandations pédagogiques spécifiques à chaque discipline.

Comme je l'ai déjà mentionné, le rôle de Monsieur J.-L. V., Responsable des Travaux et de la Sécurité a été déterminant pour que tout soit prêt à la rentrée. Sa présence sur le terrain et auprès des entreprises et artisans a été plus que louable.

De même, les documentalistes du Lycée ainsi que la technicienne de laboratoire ont apporté une contribution très précieuse, consciencieuse, voire généreuse à l'organisation du déménagement : emballage sur l'ancien site et déballage sur le nouveau.

Le déménagement lui-même a été effectué en deux jours par une société spécialisée qui s'est montrée à la hauteur de ce qui lui avait été commandé.

Les conditions du déménagement ont été rendues difficiles, car quitter le Rond-Point a suscité chez beaucoup un sentiment de tristesse, et parce qu'à partir du 15 juillet il a fallu assurer le fonctionnement de l'ensemble avec moins de personnels.

Tristesse des personnels ayant perdu leur emploi. Tristesse et sentiment de vide des personnels restés en place, conscients qu'ils ont perdu des collègues et que dorénavant ils auront à faire face à leurs tâches en étant moins nombreux...

Quant à moi, toute la période du déménagement a été éprouvante.

Dès le quinze juillet les personnels administratifs ont pu commencer à se plonger dans les dossiers spécifiques au Lycée. J'ai encore en tête l'image du couloir de l'administration au premier étage où les déménageurs ont entreposé et empilé les cartons sur les deux côtés, du sol au plafond.

La vue de ce spectacle m'a donné la chair de poule !

Dans les mois suivants, j'ai souhaité que l'investissement et les efforts consentis par ces personnels soient gratifiés d'une prime exceptionnelle, comme c'est la pratique dans toute entreprise qui se respecte. J'ai été très surpris, au moment de présenter ce projet au conseil d'administration de l'OGEC du refus plutôt agressif de certains de ses membres. J'ai tout de même fini par obtenir leur accord mais pour un montant dérisoire !

Au moment du déménagement, les responsables de Secteurs du Collège venaient d'achever les emplois du temps des professeurs et des classes du Collège pour la rentrée de septembre et partaient ensuite en vacances. Je me suis alors retrouvé tout seul dans une situation on ne peut plus déprimante pour la création des emplois du temps du Lycée.

Je n'ai pas eu d'autre solution que d'emporter à mon domicile l'ordinateur dédié à l'élaboration des emplois du temps. Ainsi ai-je consacré plusieurs jours à la mise au point des services des professeurs du Lycée et des horaires des classes, et je peux me targuer d'avoir pleinement abouti sans avoir apporté la moindre modification à ce qui avait été programmé pour les enseignants du Collège !

L'arrivée du Lycée sur le site du Collège n'a pas suscité un véritable enthousiasme. Au contraire, la situation inédite a, semble-t-il, déstabilisé bon nombre de personnes. Je me suis même heurté à des résistances de certains enseignants, notamment au sujet de la répartition des locaux et de la mise à disposition du matériel pédagogique, quelques-uns se sentant dépossédés de leurs biens. La journée de pré-rentrée des professeurs n'était pas spécialement animée par la volonté commune d'un certain nombre d'enseignants de relever le défi d'une rentrée réussie.

Malgré le contexte pesant, ma détermination n'a pas été entamée pour assurer la rentrée. Voici un petit extrait de mon intervention à l'ouverture de la journée de prérentrée du 1er septembre 2003 : « *Nous réussirons en sachant être patients les uns vis-à-vis des autres, compréhensifs. Nous réussirons si nous savons gagner la confiance les uns dans les autres. Nous réussirons si nous gardons (ou retrouvons) la confiance en l'avenir* ».

Hélas, pour des raisons extra-professionnelles, à la suite du décès brutal d'un membre très proche de ma famille dans une région éloignée de Saint-Etienne, je n'ai pas pu être présent dans l'établissement le jour – même de la rentrée des élèves.

Double coup dur pour moi : la perte d'un être cher et la frustration de ne pouvoir accueillir les élèves le jour de leur rentrée !

C'est seulement le lendemain qu'avec le Directeur-adjoint et les Responsables de Secteur, nous sommes allés à la rencontre des élèves, de la Sixième à la Terminale, passant dans chaque classe pour leur souhaiter la bienvenue dans leur nouvelle classe et une bonne rentrée.

2.2 Plusieurs vagues de réduction d'emplois

Comme déjà évoqué, la situation économique défavorable a nécessité la prise de mesures drastiques. Situation qui, à notre grande désolation, s'est encore aggravée en 2003. Pourquoi ? Simplement parce que le Lycée a quitté le site du Rond-Point : dans les comptes il a fallu inscrire « *une perte se traduisant par la sortie de la valeur nette comptable des immobilisations d'un montant de - 332 116 €* », c'était un sujet très technique que nous ont expliqué l'Expert-Comptable et le Commissaire aux Comptes. Je crois que peu de personnes en ont eu connaissance et donc, n'en ont pas mesuré les conséquences ! Cette perte s'explique d'abord parce que le propriétaire des locaux du Rond-Point, la Congrégation des Sœurs Maristes, n'a apporté aucune contribution financière aux frais de déménagement, ensuite, parce que, dans le budget, le montant de cette perte est très conséquent, qui correspondait aux importantes dépenses pour travaux réalisés au fil des années par l'OGEC ND de Valbenoîte dans les locaux loués jusque-là. Dépenses perdues… Un vrai choc ! Le bilan du compte de résultats de 2003-2004 est alors tombé à un déficit de - 288 295 euros. Heureusement, j'ai pu revenir à une situation plus acceptable en ramenant le résultat à seulement - 66 764 euros dès l'année 2005-2006 !

A partir de 2003 il a donc fallu procéder à une réduction des charges de personnels. En conséquence, le Groupe Scolaire a été frappé à deux reprises en quatre ans par des mesures de réduction des emplois des personnels non-enseignants : un premier plan de licenciement déployé dans le cadre de la restructuration que je viens d'évoquer et du déménagement du Lycée sur le site historique de Valbenoîte à la rentrée 2003, un second en 2007, en raison de la baisse ininterrompue des effectifs d'élèves, baisse qui a touché aussi des établissements voisins, publics et privés de Saint-Etienne. Deux plans subis en quatre ans !

A notre grand regret, année après année, malgré la restructuration, l'évolution du Groupe Scolaire n'a cessé de se dégrader au niveau de l'effectif des élèves, à tel point qu'il a fallu, sur recommandation du Commissaire aux Comptes, prendre de nouvelles mesures économiques de réduction des charges pour la rentrée 2007, qui ont eu pour conséquences, en plus du second plan de réduction des emplois, la baisse des frais de fonctionnement par la fermeture d'un bâtiment.

L'équipe enseignante, elle aussi, a été frappée par une réduction des postes en raison de la diminution du nombre d'élèves, réduction accentuée à partir de 2007 par une mesure nationale de suppression de postes décidée par le Ministère de l'Education Nationale, disposition qui a d'ailleurs touché tous les établissements. Ainsi, certains professeurs ont-ils été obligés de partager leur emploi entre deux établissements et quelques autres ont dû quitter notre équipe pédagogique pour être nommés dans un autre établissement sur proposition de la Commission Académique de l'Emploi.

Je peux affirmer que les procédures de départ du Groupe Scolaire des personnes touchées par les plans de réduction d'emplois de personnel non-enseignants ou pour des professeurs en pertes d'heures ou de poste se sont déroulées non seulement en conformité aux règles et lois en vigueur, mais surtout, et j'insiste là-dessus, dans un profond respect des personnes. Les comptes – rendus du Comité d'Entreprise peuvent en attester. Cette séparation n'a été facile pour personne.

D'aucuns ont pleinement conscience que cette période a pesé sur le moral des membres de la communauté éducative, ayant même suscité chez certains un sentiment de découragement et de pessimisme pour leur avenir professionnel.

Quant à moi, à la relecture des événements, je ne peux que déplorer l'absence de soutien et d'un véritable accompagnement de la part de la Tutelle Mariste, de l'OGEC et de l'APEL. Aucun de leurs responsables n'avait conscience de la situation réellement vécue sur le terrain. Ce que j'ai écrit à leur sujet plus haut montre, au contraire, que leur absence, leur silence et leur posture ont contribué à accentuer le sentiment d'incertitude et surtout d'abandon.

2.3 Obligation de démolir la nouvelle cafétéria

Enfin, le Groupe Scolaire a vécu douloureusement la démolition début juillet 2005, de la toute nouvelle cafétéria du Lycée qui avait été construite en lieu et place d'un bâtiment préfabriqué en bordure du Furan, emplacement situé en zone rouge inondable selon une étude effectuée par l'Equipement après la publication en 2003 d'une nouvelle loi[1]. Celle-ci faisait l'obligation aux collectivités locales et territoriales d'élaborer

---

[1] Loi n° 2003-699 du 30 juillet 2003 relative à la prévention des risques technologiques et naturels et à la réparation des dommages.

des PPRI[1] – Plan de Prévention des Risques d'Inondation – et des PPRM[2] – Plan de Prévention des Risques Majeurs. L'architecte, probablement pris dans des habitudes anciennes et une certaine routine de fonctionnement, n'avait pas pris la précaution d'interroger le Service de l'Urbanisme de la Ville en vue d'effectuer les démarches préalables au projet de nouvelle construction, ni déposé la demande de permis de construire avant le démarrage des travaux. Cela paraît invraissemble, et pourtant c'est bien comme cela que cela s'est passé ! Question : comment se fait-il qu'un architecte n'ait pas pris connaissance ou n'ait pas mesuré l'importance d'une nouvelle loi de cette ampleur, qui plus est quand il s'agit d'accueillir un public scolaire ?

Pourtant, à chaque réunion hebdomadaire de chantier durant les mois précédant le déménagement du Lycée, je lui ai demamdé avec insistance où il en était des démarches pour le permis de construire. Chaque fois il me répondait : « Ne vous inquiétez pas, je m'en occupe ». Nous ne pouvions que lui faire confiance. N'avait-il pas déjà travaillé à deux reprises pour le Groupe Scolaire, au Rond-Point, pour la construction d'un bâtiment dédié aux Science de la Vie et de la Terre, puis, quelques

---

[1] Le PPRI est un plan spécifique de prévention des risques d'inondations. Il évalue les zones pouvant subir des inondations. C'est un document cartographique et réglementaire (après enquête publique et arrêté préfectoral). Il définit les règles de constructibilité dans les différents secteurs susceptibles d'être inondés. La délimitation des zones est principalement basée sur les crues de référence.

[2] Le PPRM est un document d'urbanisme qui porte sur un ou plusieurs types de risques. Il équivaut à une servitude d'utilité publique qui s'impose à tous : particuliers, entreprises, collectivités, État. Il s'impose à tous les projets et notamment lors de la délivrance des permis de construire.

années après, pour un nouveau bâtiment comportant le self-service, des salles de classe et une salle de motricité pour l'Ecole ?

Or, à la renttrée de septembre, lorsque j'ai sollicité la Commission de Sécurité – démarche obligatoire – pour obtenir l'autorisation d'ouverture de la cafétéria, l'architecte était « aux abonnés absents ». Ayant alors contacté le Service de l'Urbanisme de la Ville, il m'est répondu qu'aucune demande de permis n'a été déposée. Stupeur ! J'ai su seulement à ce moment-là par les deux confrères de l'architecte avec qui il était en cabinet, qu'il faisait une grave dépression et qu'ils allaient s'occuper du dossier.

La Commission de Sécurité a tout de même autorisé provisoirement l'ouverture du bâtiment sous réserve de régulariser le dossier auprès du Service de l'Urbanisme.

Une inauguration très officielle de la Cafétéria a eu lieu le 21 novembre 2003 en présence du Député Monsieur G.A., de la Conseillère Départementale Mme D., élue désignée pour représenter le Département au Conseil d'Administration de l'OGEC et de Monsieur G.Z., Vice-Président du Conseil Départemental en charge de l'Education.

C'est vers décembre que le cabinet d'architectes a enfin déposé la demande de permis de construire, mais le Service de l'Urbanisme de la Ville et le Maire l'ont refusée en raison des risques majeurs d'inondation dûs à une crue soudaine du Furan tout proche.

Nous nous sommes tournés vers des élus, notamment le député G.A., ancien élève très attaché et très proche de notre établissement, qui était présent à presque toutes les réunions et à l'assemblée générale de l'Amicale des Anciens Elèves de Valbenoîte.

Monsieur L.B., Attaché Parlementaire de ce député s'est également beaucoup investi en notre faveur, tant auprès de

Monsieur le Maire qu'auprès de l'Equipement et du Département.

Tous les deux, Député et Attaché Parlementaire, ont vraiment défendu notre cause en demandant qu'on nous accorde une dérogation à la nouvelle loi, car la cafétéria a été édifiée à l'emplacement d'un ancien bâtiment qui était utilisé comme salles de classes auparavant. Il nous a été répondu qu'il s'agissait d'une nouvelle construction puisqu'elle a été bâtie à partir d'un terrain rendu nu du fait de l'obtention du permis de démolir !

Monsieur L.B., l'Attaché Parlementaire, a demandé et obtenu un rendez-vous à Paris auprès du Service d'Urbanisme du Ministère de l'Equipement qui était alors placé sous l'autorité du Ministre Monsieur Gilles de Robien. Il était accompagné de Monsieur G.F, membre de l'OGEC de Valbenoîte représentant le président Monsieur J.-P. M. et de Monsieur M.S., mon adjoint, qui m'a représenté.

Hélas, l'autorité ministérielle a refusé notre demande et, dans les semaines suivantes, une plainte a été déposée par le Service de l'Urbanisme de Saint-Etienne auprès du Procureur de la République contre l'OGEC de Valbenoîte pour avoir réalisé une construction illégale en raison de l'absence de permis de construire. Au moment de l'instruction du dossier, le président de l'OGEC et moi-même avons été convoqués séparément au commissariat.

Nous avons été abasourdis lorsque le Procureur de la République nous a annoncé son refus et ordonné de démolir la cafétéria dans les meilleurs délais et avant la rentrée de septembre, et de lui faire savoir la date d'enlèvement afin qu'il puisse faire vérifier l'exécution de cette décision.

La démolition a en effet été exécutée début juillet.

C'était pour moi un tel crève-cœur que, entendant les machines à l'oeuvre depuis mon bureau, j'ai décidé de ne pas me rendre sur le chantier qui a tout de même duré trois jours ! Le lendemain, un officier de justice est en effet venu faire le constat de l'enlèvement de ce bâtiment... tout neuf !

Cela a bien sûr généré une dépense imprévue qui est venue alourdir notre budget.

Etant donné l'importante perte financière[1] à laquelle s'est ajouté l'immense préjudice moral douloureusement ressenti par les élèves et les famillles, l'OGEC a engagé sans tarder une action en justice contre l'architecte pour demander réparation. Je crois savoir que le procès engagé à ce moment-là a fini par aboutir en faveur de ND de Valbenoîte seulement en 2010 !

C'est vrai que l'architecture et l'aménagement de la cafétéria étaient une belle réussite qui répondait au besoin de convivialité attendu des lycéennes et des lycéens. Ils aimaient s'y retrouver et la Société de Restauration a su faire des propositions de consommations demandées et appréciées par les jeunes à des tarifs à portée de toutes et tous.

Nous avons immédiatement pris l'engagement auprès des jeunes de créer une autre cafétéria. Grâce à l'apport financier obtenu par notre député et à la bonne volonté de la Société de Restauration et de son gérant, Monsieur E.K., nous avons pu ouvrir une nouvelle cafétéria dans d'autres locaux dès le mois de novembre suivant.

Cet événement concernant la cafétéria a fait subir à toute la communauté éducative un violent traumatisme qui, selon l'expression familière, « lui a mis un gros coup au moral ». Nous n'avions vraiment pas besoin de cela à cette période !

---

[1] Montant de la perte : 125 000 euros (114 000 € pour la construction et la démolition et 11 000 € de préjudice estimé).

3. Autres épreuves douloureuses

Au cours de ces années pendant lesquelles la vie du Groupe Scolaire a été traversée par des événements pesants, elle a de surcroît été endeuillée par le décès de plusieurs membres de la communauté éducative : Monsieur Daniel P., professeur d'Arts Plastiques au Collège ; Fanny A., élève de 5^{ème}F ; Monsieur Marc C., Professeur d'Allemand ; Monsieur Georges F., Président de l'Amicale des Anciens et ex-membre de l'OGEC ; Madame Maria G., employée de service ; Marion C., élève de Terminale ES. Six décès en moins de trois ans, cela faisait beaucoup !

▪ Monsieur Daniel P., professeur d'Arts Plastiques au Collège.

Emporté par la maladie en novembre 2005. Il avait une personnalité très discrète. Apprécié de ses élèves, il savait éveiller chez de nombreux jeunes des talents artistiques insoupçonnés. Monsieur Daniel P. était aussi un artiste peintre, créateur de nombreux tableaux qu'il présentait dans de multiples expositions. Un hommage émouvant lui a été rendu le 10 juin 2006, jour de la fête annuelle du Groupe Scolaire pour laquelle, à l'initiative de son frère, nous avons organisé dans notre établissement une exposition spécialement consacrée aux œuvres de Daniel P. Sa famille a tenu à offrir une de ses œuvres à notre Institution, œuvre que j'ai fait poser pour son exposition permanente à l'accueil située 10 Place de l'Abbaye : un tableau émouvant représentant un enfant portant une clé à son cou : « *L'enfant à la clé* »

- Fanny A., élève de 5^{ème}F, s'est éteinte en mars 2007.

Fanny a hélas perdu son combat contre un cancer. Elle avait d'abord été longuement éloignée de la scolarité avec sa classe. Elle a bénéficié de cours individuels à l'hôpital et à son domicile, dispensés par quelques-uns de ses professeurs dans le cadre du dispositif « Enfants malades » que l'Inspection Académique avait mis en place à ma demande. A la rentrée de septembre 2006, elle était heureuse de retrouver ses camarades au Collège. Hélas, sa santé s'est à nouveau dégradée, l'obligeant une seconde fois à interrompre sa scolarité. Rapidement le cancer s'est généralisé et a fini par lui ôter la vie. Son départ a beaucoup marqué les élèves du Collège, mais aussi ceux du Lycée, car elle avait un grand frère en classe de Première. Dans ces moments difficiles, l'infirmière scolaire était très présente auprès des élèves. Pour faire face à cette situation traumatique, j'ai sollicité l'intervention des psychologues du SPO – Service de Psychologie et d'Orientation – qui a mis en place une cellule d'écoute pour les élèves mais aussi pour les professeurs, eux aussi éprouvés par le décès de leur élève.

L'émotion était grande à la célébration des funérailles de Fanny A. qui s'est déroulée à l'Eglise de Valbenoîte.

- Monsieur Marc C., Professeur d'Allemand et administrateur informatique, est décédé le 2 octobre 2007.

Il a été emporté par un cancer à l'âge de 51 ans après plus d'une année de lutte, au cours de laquelle il est volontairement resté très discret quant à sa maladie et à ses souffrances. Peu avant son décès il me confiait au téléphone : « *Personne ne peut s'imaginer quel été épouvantable j'ai vécu, mais cela ira, il va me falloir encore beaucoup de patience* ». Je ne peux que lui rendre hommage pour tout ce qu'il a apporté à ses élèves et au Groupe Scolaire, lui qui est arrivé à ND de Valbenoîte en 1985. Il avait également enseigné à l'Ecole Nationale Supérieure des Mines et à l'Université.

La personnalité de Monsieur Marc C. était très affirmée au sein de l'équipe pédagogique. Il était d'une extrême conscience professionnelle, très engagé dans son métier de professeur d'Allemand et dans l'établissement pour ses compétences d'administrateur en informatique à usage pédagogique.

C'était un professeur aimé de ses élèves, même de ceux qu'il bousculait : il avait le souci de faire progresser chacun. Apprécié pour ses qualités humaines, son humour et sa culture… Très rigoureux et exigeant, avec les autres comme avec lui-même.

Monsieur Marc C. était un pionnier en matière de pédagogie adaptée aux besoins de chaque élève, et, à cet effet, il s'était approprié très tôt les nouvelles technologies de l'information et de la communication. C'est lui aussi qui a organisé les échanges franco – allemands et franco – autrichiens de ND de Valbenoîte.

Grâce à lui notre établissement s'est porté à la pointe de l'innovation.

Ce professeur a consacré beaucoup de temps et d'énergie à la mise en place de l'enseignement de l'Allemand LV3 et de l'Italien LV3 par visio-conférence, partagé avec le Lycée Sainte Marie à Saint-Chamond à partir de la rentrée 2003. Pour cela, avec lui, nous avons créé une nouvelle salle d'informatique spécialement équipée. Cette salle servait aussi aux professeurs de Mathématiques pour l'usage des NTIC dans leur enseignement.

Je regrette énormément que cette innovation – partage de l'enseignement de deux langues vivantes par visio-conférence – unique dans l'Enseignement Catholique du Diocèse, de l'Académie et de la Région n'ait jamais été valorisée par les autorités, hélas « aux abonnés absents » ! Mais aussi méconnue par les associations diverses de l'établissement, OGEC et APEL, comme étant un plus de la pédagogie pratiquée à Valbenoîte. Elle aurait pu être transférée à bien d'autres établissements pour mutualiser les moyens en dotation horaire et en offre d'options à proposer aux élèves, tout en étant un élément attractif pour le recrutement d'élèves.

En 2006, grâce à une subvention de la Région Rhône-Alpes, j'ai fait installer un nouveau laboratoire numérique de langues vivantes étrangères en remplacement de l'ancien laboratoire devenu obsolète. Son acquisition s'est également faite en concertation avec Monsieur Marc C. C'est lui qui devait le gérer, former l'ensemble des professeurs de langues du Collège et du Lycée – Allemand – Anglais – Espagnol – Italien – et les accompagner dans l'utilisation de cet équipement afin que tous les élèves puissent en bénéficier.

La disparition de Monsieur Marc C. a été une très grande perte pour le Collège et le Lycée, tant comme enseignant qu'en tant qu'administrateur informatique pédagogique. Dans les années à venir il aurait dû jouer un rôle central dans le développement de l'enseignement des langues vivantes que nous avions inscrit comme axe prioritaire dans le projet d'établissemment pour le futur.

Enfin, Monsieur Marc C. a également assuré la mise en service des nouvelles applications informatiques, d'abord au Lycée, ensuite au Collège, destinées à l'informatisation des bulletins trimestriels, des relevés de notes et la mise en ligne des notes pour être consultables par les parents sur le site de l'établissement. De plus, il a créé et administré le site Internet du Groupe Scolaire jusqu'en juillet 2006.

Le départ définitif de Monsieur Marc C. représentait pour nous, et pour moi personnellement une perte douloureuse. Ses funérailles, selon son souhait, se sont déroulées dans la totale intimité familiale.

- Monsieur Georges F., Président de l'Amicale des Anciens et ex-membre de l'OGEC, est décédé le 24 octobre 2007, terrassé par un infarctus.

Dans les pages précédentes, j'ai déjà évoqué sa personnalité et son implication dans la vie du Groupe Scolaire. Je veux ici juste souligner quelques autres traits de sa personnalité.

Monsieur Georges F. était de ceux qui pensent que les Anciens, les « *Aînés* » comme il aimait à dire, ont un rôle à jouer, modeste certes, mais un rôle irremplaçable au sein de l'Institution Scolaire pour permettre à celle-ci d'appréhender l'avenir tout en restant fidèle à son esprit, à « l'esprit de Valbo », qu'il entretenait sans relâche et cela malgré la diminution régulière du nombre d'adhérents à l'Amicale des Anciennes et des Anciens. Il était imprégné, sans doute sous l'influence de cet « esprit de Valbo », de la profonde conviction que l'engagement des Anciens est de l'ordre de la responsabilité, de l'ordre du devoir.

Je ne peux m'empêcher de signaler aussi son rôle déterminant de président des Anciens Elèves joué les dernières années, en lien avec les documentalistes et le cadre d'éducation du Lycée, dans la gestion financière de la bourse aux livres du Lycée au titre de la Convention de son Association passée avec le Conseil Régional pour permettre aux lycéennes et lycéens de bénéficier de l'aide financière assurée par la carte M'RA.

Monsieur Georges F. s'est beaucoup dépensé, et jusqu'au bout il est resté fidèle à ses engagements, avec une égale générosité, une humeur à ne jamais baisser les bras.

Marcellin Champagnat est une figure qui avait beaucoup d'importance à ses yeux. Les valeurs qu'il avait reçues à Valbenoîte lorsqu'il était élève, il les a mises au service de notre Institution. Marcellin Champagnat doit avoir bien des raisons d'être fier de lui.

▪ **Madame Maria G.**, employée de service, est décédée le 3 juillet 2007.

Elle n'avait que 59 ans. Elle a exercé comme agent de service, longtemps sur le site du Rond-Point, puis à Valbenoîte jusqu'en octobre 2005. Ensuite, longtemps absente pour raison de santé, elle a été déclarée inapte par le Médecin du Travail en janvier 2007. Et, par conséquent, l'OGEC ND de Valbenoîte s'est trouvé dans l'obligation de la licencier.

Le 29 juin 2007, à l'occasion du repas de fin d'année, Mme Maria G. nous avait rejoints pour marquer avec l'ensemble des personnels et ses anciennes et anciens collègues la fin officielle de sa carrière professionnelle intervenue six mois auparavant pour inaptitude. Elle n'a hélas pas pu profiter de sa retraite, elle est décédée quelques jours après.

- Marion C., élève de Terminale ES, est décédée début juillet 2008.

Marion était atteinte de Myélodysplasie. Durant son année de Première elle devait déjà s'absenter souvent. Elle a pu reprendre sa scolarité en Terminale, mais elle a hélas dû abandonner assez tôt, définitivement.

Marion C. aurait eu besoin d'une greffe de moëlle osseuse, dont elle n'a malheureusement pas pu bénéficier, faute d'un donneur compatible. Des appels au don ont été lancés et plusieurs fois renouvelés dans la Lettre aux Familles, un site internet a même été créé *www.sauvezmarion.com*, invitant les personnes qui le souhaitaient à demander des informations ou à y répondre, à prendre contact avec l'*Etablissement Français du Sang* de Saint-Etienne en téléphonant au secrétariat des donneurs. Un parent d'élèves qui travaillait dans cet établissement se proposait pour faciliter le lien entre un donneur et l'EFS.

La recherche d'un donneur compatible n'ayant pas abouti, Marion C. a vu les portes de la vie se fermer définitivement devant elle alors qu'elle ne demandait tout simplement qu'à vivre ! Son départ a été vécu comme un événement cruel par sa famille, mais aussi par ses amis, ses camarades et ses professeurs.

En achevant ce chapitre, je me fais la réflexion que la relecture de tous ces événements pesants qui ont marqué la vie de la grande famille formée par le Groupe Scolaire, m'a été vraiment utile. Elle apporte des indications significatives qui expliquent, ô combien cela a porté atteinte à la sérénité et au moral des personnels qui, malgré tout, ont toujours œuvré à la bonne marche de l'institution.

Chapitre 9

Œuvre éducative dynamique en flux continu

Depuis mon arrivée dans le Groupe Scolaire, j'ai consacré beaucoup d'énergie à animer le projet éducatif mariste, à dynamiser les équipes au service des enfants et des jeunes, à mettre au service de tous, jeunes et adultes, des conditions et des outils de travail à la hauteur des exigences de la formation scolaire et de l'éducation, déterminées par l'Education Nationale, déclinées dans le Groupe Scolaire par les projets d'établissement élaborés par chaque unité.

1. Avancées éducatives en faveur des enfants et des jeunes

L'institution toute entière, je l'ai déjà mentionné, a depuis de nombreuses décénnies été habitée à chaque niveau d'enseignement, par une dynamique pédagogique et éducative inscrite dans le projet éducatif mariste, qui a été formalisée plus tard dans la fiche numéro cinq (sur six) du TREM – Texte de Référence de l'Educateur Mariste – , intitulée : « Pragmatisme et Créativité ».

Les responsables ont toujours été déterminés à faire évoluer les pratiques pédagogiques, à s'engager dans l'innovation, à s'ouvrir à l'extérieur et à toujours oeuvrer en équipe en conformité avec la culture de la concertation qui, au fil de son histoire, s'était profondément enracinée dans la vie de l'institution, autrefois instaurée, pratiquée et cultivée par les frères maristes. C'est ainsi qu'est né l'« esprit Valbo » qui n'a cessé de se développer dans le temps, partagé avec les laïcs, de plus en plus nombreux, qui n'ont pas manqué de reprendre le flambeau, de le faire vivre et de le transmettre.

J'ai déjà indiqué que j'ai découvert la coloration mariste du projet éducatif bien avant d'arriver dans le Groupe Scolaire. Aussi ne m'a-t-il pas été bien diffcile d'inviter chacun des membres des personnels d'enseignemement, éducatifs, administratifs et de services à continuer de cultiver cet esprit. En réalité, je n'ai fait que poursuivre tout ce qui avait été entrepris par les responsables, religieux et laïcs, qui m'ont précédé dans chacune des unités de l'institution.

Pour cela, j'ai mis beaucoup d'énergie à donner une place centrale à la qualité de la relation éducative des adultes avec les enfants et les jeunes, à donner à ces derniers la possibilité de s'engager, au-delà de leur simple scolarité, dans des activités, des animations, des responsabilités qui font la richesse de la vie de leur établissement.

A susciter et à encourager les pratiques pédagogiques innovantes, à développer les activités péri-éducatives, à l'animation des activités de pastorale et de catéchèse.

A établir des liens de confiance avec les parents, être à leur écoute, leur donner la possibilité de s'investir dans la vie de l'établissement.

A mettre à la disposition de tous des locaux bien entretenus et adaptés, agréables et fonctionnels, ainsi que les outils pédagogiques indispensables pour chaque discipline enseignée.

Voilà autant d'aspects, d'ailleurs on exhaustifs, dans lesquels je me suis engagé au titre de mes responsabilités successsives de direction. Jamais je ne me suis dérobé ! D'aucuns penseront peut-être qu'il ne s'agit-là que de mots. Parmi la longue listes des réalisations, je veux ici mettre l'accent sur un certain nombre d'entre elles, mettre en évidence leur enracinement profond dans la vie de l'institution et ainsi démontrer que ce ne sont pas des mots en l'air !

La description de ces quelques activités significatives peut aussi donner l'occasion à certains membres de l'OGEC, de l'APEL et de la Tutelle Mariste, s'ils les lisent un jour, de découvrir toutes les richesses de notre institution que leur aveuglemment n'a pas permis de voir !

- D'abord, au plan éducatif, au-delà des cours et des enseignements à suivre par les élèves, des actions et des dispositions spécifiques ont toujours été inscrites dans les activités déployées à ND de Valbenoîte

L'accompagnement à l'orientation tenait une grande place dans les établissements du réseau mariste, c'était une marque de fabrique mariste : tests individuels, tests collectifs, séances d'information sur les filières et les métiers, par les psychologues du SCO – Service Complémentaire d'Orientation [1]– et plus tard par le SPO – Service de Psychologie et d'Orientation de la Direction de l'Enseignement Catholique.

Une infirmière scolaire présente à mi-temps assurait le suivi ou une aide ponctuelle aux élèves qui en avaient besoin. Les personnes qui travaillent avec des enfants et des adolescents-tes savent qu'il y a souvent des petits bobos à soigner et que l'infirmerie est le refuge qui leur offre la possibilité de se ressourcer ou de reprendre pied.

En lien avec l'infirmière, nous avons tenu à mettre en place des permanences d'écoute régulières pour des Collégien-nes et des Lycéen-nes qui rencontraient des difficultés personnelles, permanences assurées par une psychologue du SPO.

Quant à l'implication des jeunes dans la vie du Lycée, plusieurs années avant mon arrivée, le cadre d'éducation avait créé un comité de rédaction d'un journal des Lycéennes et des Lycées, à parution trimestrielle. Initiative que j'ai trouvée fort pertinente pour donner la parole aux jeunes en devenir d'adultes.

---

[1] Le SCO – Service Complémentaire d'Orientation – , fondé en 1969 par Frère Jean Vernhes, était établi dans l'immeuble jouxtant ND de Valbenoîte. Après lui, il a été dirigé par Frère M.ichel F., ex-directeur général du Groupe Scolaire.

Aussi, ai-je souhaité donner un poids encore plus influent dans leur engagement en proposant au début de chaque année aux délégués d'élèves une formation animée par des intervenants extérieurs, psychologues et formateurs. Il m'importait de compléter la formation scolaire d'élèves engagés par une dimension citoyenne qui les éclaire dans l'exercice de leur mandat.

Pour la rentrée 2003, j'ai associé les délégués d'élèves du Lycée à la réflexion puis à la rédaction du « Contrat de la vie lycéenne » qui a remplacé le règlement du Lycée, document dont la mouture finale a été rédigé par Madame E.C., ma directrice – adjointe qui a pris sa retraite cet été-là. Ce texte a été inspiré par la circulaire du Bulletin Officiel du MEN qui définissait la « Charte de la vie lycéenne », devenue obligatoire dans les établissemments publics. Sa nouveauté résidait dans la formalisation des obligations incombant aux élèves, mais aussi celles des enseignants pour garantir la qualité de leur enseignement.

En associant ainsi les représentants des élèves à la bonne marche de leur établissement, notre Lycée ne développait-il pas une relation éducative qui rejoignait le cœur du projet éducatif mariste ?

▪ A partir de 2007, conformément à la nouvelle loi de 2005 sur la scolarisation des élèves en situation de handicap, nous avons effectué un repérage systématique des élèves concernés : dyslexie, dyspraxie, diabète, mobilité réduite, maladie de Crohn, etc… Repérage réalisé en début d'année en lien avec la médecine scolaire et les familles en passant par les professeurs principaux, le secrétariat, l'infirmière scolaire. Un contact formalisé a été établi avec chaque famille, le professeur référent et la MDPH. Ainsi avons-nous pu procéder à l'élaboration de PPS – Projets Personnalisés de Scolarisation – , notamment pour les jeunes en vue du Brevet des Collège ou du Baccalauréat.

▪ Création de classes de 4ème puis de 3ème expérimentales pour l'accueil d'élèves dylexiques et dyspraxiques, pour lesquelles j'ai constitué des équipes pédagogiques sur la base du volontariat. Les professeurs étaient tous présents aux réunions éducatives avec la participation des parents des élèves en situation de handicap, le médecin, l'infirmière, l'orthophoniste, et l'AVS qui avait été intégrée à l'équipe pédagogique. Cette rencontre avait pour but de faire le point sur les aménagements pédagogiques personnalisés spécialement élaborés.

2. Innovations pédagogiques - Ouverture sur l'extérieur

Le dynamisme insufflé depuis des années par les responsables, dans la concertation avec les équipes, la valorisation des initiatives prises par des enseignantes et des enseignants à fort charisme ont donné naissance à des actions et des dispositifs innovants que l'Education Nationale n'a réussi à mettre en place que bien des années plus tard.

▪ Innovations remarquables au Collège

Les études encadrées ont été une nouveauté formidable, leurs inventeurs ont été de vrais précurseurs. Elles étaient organisées trois jours par semaine à la fin de la journée scolaire par des professeurs qui se rendaient disponibles aux élèves de 6ème, 5ème et 4ème au moment d'effectuer leurs devoirs et d'apprendre leurs leçons. Chaque soir, ils étaient près d'une centaine dans une même grande salle, aidés par trois professeurs de trois matières différentes, auxquels les élèves faisaient appel d'un petit signe de la main chaque fois qu'ils rencontraient des difficultés. Un vrai service rendu aux élèves et aux parents, soulagés de savoir que leurs enfants avaient fini leur travail en arrivant à la maison.

Aujourd'hui, en 2024-2025, le sujet des devoirs effectués à l'Ecole ou au Collège est plus que jamais d'actualité !

D'autres innovations ont été déployées par des professeurs dans le cadre des IDD – Itinéraires De Découverte : c'étaient les ateliers hebdomadaires de théâtre, d'arts plastiques, de technologie.

Nouveautés aussi dans les classes à PAC – Projet Artistique et Culturel – pour des actions de découverte des sciences (Graine de Sciences, partenariat avec l'Ecole des Mines de St Etienne), ou de mise en valeur d'un patrimoine industriel (La Passementerie, en lien avec le Musée d'Art et d'Industrie de St Etienne et avec le Musée de la Passementerie de Bussières), ou encore pour la connaissance des entreprises (classe de 4ème d'alternance jumelée avec une entreprise en partenariat avec l'UIMM et l'Association 3E).

Cette classe de 4ème d'alternance était pilotée et coordonnée par un professeur de Technologie, Monsieur G.T., qui s'est investi à fond auprès des élèves et des entreprises partenaires, grâce à qui les élèves ont vécu avec enthousiasme les séquences en milieu professionnel et la semaine de découverte en entreprise organisée par l'UIMM. A la séance de restitution de fin d'année, les élèves ont surpris leurs professeurs par les compétences scolaires qu'ils ont développées dans cette classe : expression écrite, orale, présentation de dossiers vidéo-projetés, rapports de stages, description des activités de l'entrepise partenaire, exposition des avancées dans leur projet personnel d'orientation et de formation professsionnelle.

Autre initiative remarquable, celle du projet d'année d'une classe de 5ème pour une « Action de sensibilisation aux risques majeurs » en partenariat avec la Direction de la Sécurité Civile Municipale de Saint-Etienne, pour l'élaboration du PPMS – Plan particulier de Mise en Sûreté face aux risques d'inondation dûs à une crue soudaine du Furan.

Enfin, je voudrais ne pas oublier de mentionner la création de la Section sportive Badminton en partenariat avec le Club de Badminton de Firminy ainsi que celle des classes bi-langues (Anglais – Allemand et Anglais – Espagnol).

- **Actions innovantes spécifiques au Lycée**

Vers les années 2000, le Lycée était encore sur le site du Rond-Point, tous les professeurs de Terminale se sont audacieusement lancés dans l'expérimentation d'une nouvelle organisation de l'année scolaire répartie en deux semestres : 1ère période de septembre à mi-janvier, 2nde période de mi-janvier à fin mai. Dans quel but ? Tout simplement, dans la perspective de la constituion des dossiers de candidature post-bac, pour éviter que l'année soit constituée de deux trimestres courts et d'un troisième réduit à une peau de chagrin. Dans la nouvelle répartition calendaire, les bulletins semestriels restituaient des appréciations et des résultats bien plus probants. En conséquence, pour le bon suivi du travail des élèves, nous avons institué un conseil de mi-semestre fin novembre et un autre fin mars pour lesquels nous remplissions un bulletin intermédiaire. Cette nouveauté a intensifié le suivi des élèves, d'abord pour eux-mêmes, ensuite pour les professeurs et enfin pour les parents. Cela a nécessité un plus grand investissement de la part de l'équipe enseignante, mais jamais aucun de ses membres n'a regretté sa participation à cette expérimentation qui a tout de même duré deux ans.

- **Autres sujets remarquables**

Depuis plusieurs décennies, la vie de notre Lycée a été marquée chaque année par une action très spécifique à l'établissement : le stage des Terminales en milieu professionnel durant toute la semaine avant les vacances de Noël. Là-aussi, les auteurs de cette initiative ont été très audacieux, car dans la préparation des lycéennes et lycéens à leur entrée dans l'enseignement supérieur, cette démarche leur était au moins aussi profitable que les cours de cette dernière semaine scolaire de décembre. Ils devaient rédiger un rapport de stage qui, ensuite, était corrigé par un jury composé de professionnels adhérents à l'Amicale des Anciennes et Anciens Elèves. Chaque élève avait aussi à faire une présentation orale de son immersion en milieu professionnel devant un jury de deux professionnels. Enfin, les élèves ayant réalisé les meilleures prestations, à l'écrit et à l'oral, étaient récompensés et mis à l'honneur lors d'une réception très officielle de remise de prix à l'occasion de la cérémonie de clôture de la Matinée Etudes-Carrières en présence de tous les intervenants. C'était – là l'ultime étape de tous les dispositifs de préparation à l'orientation mis en œuvre dans le Collège et le Lycée ND de Valbenoîte-Le Rond-Point.

A propos de l'évocation des actions innovantes développées dans l'établissement, je ne vais pas m'arrêter là.

Dans le projet d'établissement actualisé vers les années 2000, nous avons ensemble décidé que l'un des axes prioritaires porterait sur le développement des langues vivantes étrangères. Ainsi avons-nous pu, au moment du déménagement du Lycée, ajouter l'Italien LV3 aux enseignements déjà proposés : Anglais LV1, Allemand LV2 et LV3, Espagnol LV2. Pour cela, comme je l'ai déjà relaté plus haut, nous avons créé un partenariat avec le Lycée Ste Marie à St Chamond avec qui nous avons partagé l'enseignement dispensé par visio-conférence de l'option Italien LV3, assuré par Mme F.B. à St Chamond et de l'option Allemand LV3 enseignée à St Etienne par Monsieur Marc C.

L'implication de l'ensemble des professeurs de langues vivantes a tout naturellemment entraîné un retentissement de cet axe prioritaire sur le Collège qui s'est concrétisé par la création des classes bilingues dès la 6ème.

Tout cela n'a fait que consolider l'idée de la création d'un nouveau laboratoire numérique de langues que j'ai réussi à faire installer gâce aux subventions du Conseil Régional et du Conseil Départemental.

Hélas, je l'ai évoqué précédemment, le partage de l'enseignement de l'Italien et de l'Allemand par visio-conférence s'est arrêté fin 2007 à la suite du décès du professeur d'Allemand, emporté par un cancer.

Pour l'enrichissemment de la filière littéraire, les professeurs de lettres et de langues se sont lancés dans un partenariat avec le cinéma ABC Le France, cinéma d'art et d'essai classé recherche, avec lequel nous avons conclu un jumelage. Les professeurs étaient toujours animés par la volonté d'ouvir leur enseignement sur l'extérieur. Dans ce cadre, les élèves de notre établissement bénéficiaient de tarifs d'entrée préférentiels, et les élèves de Seconde et de Première profitaient chaque année d'une journée entière de « Palmarès du cinéma ». Jouant à cette occasion le rôle de festivaliers, les élèves voyaient 3 ou 4 films dans la journée, puis ils proclamaient leur palmarès. Selon le thème, la journée se concluait par une conférence assurée par un professeur de Lettres Sup du Lycée Fauriel. Les thèmes des dernières années : *« Le rire, une arme ? », « L'homme et la machine », « L'avenir de la planète », ou « Les films tirés de nouvelles »*. Là encore, un travail conséquent était effectué en classe avant et après cette journée, ce qui en faisait un moment particulièrement enrichissant sur le plan culturel pour tous, pas seulement pour les littéraires.

Toujours dans le domaine de l'ouverture à la culture cinématographique, je ne veux pas omettre de mentionner l'Atelier Artistique Cinéma créé au Lycée en septembre 2001, toujours en partenariat avec le cinéma ABC Le France. S'agissant d'une activité de loisirs culturels qui explore les diverses facettes du 7ème art, il réunissait chaque semaine une vingtaine d'élèves autour des professeurs-animateurs, parfois assistés de professionnels du cinéma.

Enfin, en matière d'innovation, je tiens à mentionner un autre atelier original animé par les professeurs de Lettres, intitulé *« Ecrire au Musée »*, en partenariat avec le MAMC - Musée d'Art Moderne et Contemporain de Saint-Etienne. Dans le prolongement de l'étude en classe d'un groupement de textes poétiques intitulé « Blasons du corps féminin », les élèves de 1ère Scientifique ont visité deux expositions consacrées au corps humain.

Et je poursuis cette présentation par un autre atelier d'écriture organisé par une professeure de Lettres pour des classes de Seconde, cette fois-ci à Notre – Dame de l'Hermitage à Saint-Chamond, haut – lieu spirituel bien connu des membres de la communauté éducative de ND de Valbenoîte – Le Rond-Point.

Pour terminer, je n'oublie évidemment pas les actions et projets à caractère scientifique, très nombreux, tant au Collège qu'au Lycée, je les évoquerai ultérieurement en abordant le sujet de l'introduction des NTIC – Nouvelles Technologies de l'Information et de la Communication – dans les disciplines scientifiques, SVT – Sciences de la Vie et de la Terre –, Sciences Physiques et Chimie et Mathématiques.

3. Qu'en était-il du budget pédagogique ? Parlons-en !

En juillet 2008, Monsieur le Président de l'OGEC, avec l'aval du Frère Délégué à la Tutelle Mariste, avait pris la décision unilatérale de supprimer les fonctions de Responsables de Niveaux au prétexte que leur coût allait inéluctablement contribuer à précipiter le Groupe Scolaire à la faillite financière.

Je pense en effet, qu'à cette période la situation financière du Groupe Scolaire était tendue et que l'alerte du Commissaire aux Comptes n'était pas déplacée. Monsieur le Président de l'OGEC a saisi cette opportunité pour lancer des messages qui ont engendré un sentiment de panique auprès des équipes enseignantes et du personnel.

Mais il s'est bien gardé de parler du budget pédagogique alloué à chaque unité et à chacune des disciplines scolaires, qui n'a en rien souffert de la situation décrite comme dramatique de la part de l'OGEC et de la tutelle ! Ce budget était très conséquent, il n'est venu à l'idée de personne de le sacrifier au nom des économies à réaliser pour, selon Monsieur le Président de l'OGEC, éviter la faillite !

En effet, le montant du budget pédagogique était loin d'être insignifiant, je pense que dans peu d'établissements on planifiait une enveloppe aussi élevée. A titre d'information, en 2004-2005, le budget pédagogique global pour les quatre unités du Groupe Scolaire s'élevait à 33 600 euros. En 2008-2009, il était tout de même encore d'un montant de : 20 173 euros.

Sa répartition : Collège et Lycée : 13 455 ; Ecole de Valbenoîte : 3 450 euros ; Ecole du Rond-Point : 2 500 euros ; Pastorale : 770 euros.

En abordant cet aspect financier, je veux juste indiquer que jamais les activités et les actions pédagogiques comme celles, nombreuses, que j'ai évoquées ci-dessus, n'ont souffert d'une quelconque restriction ou été menacées pour des raisons budgétaires.

En conclusion de ce chapitre, comme je faisais vivre un projet éducatif très dynamique et diversifié, le lecteur comprendra qu'il est difficile de croire ce que Monsieur le Président de l'OGEC a pu reprocher au directeur que j'étais lorsqu'il affirmait dans la lettre de licenciement : « *Vous n'adhérez manifestement plus aux projets de notre établissement* » et « *Vous n'avez eu en fait de cesse de vous éloigner de votre mission* ».

Affirmations déplacées, mensongères et calomnieuses !
A quels projets et à quelle définition de la mission faisait-il allusion ?

4. Evolution sans relâche des pratiques pédagogiques

Avec l'équipe de direction du Collège et du Lycée, nous étions particulièremment attentifs à intégrer les nouveautés des programmes d'enseignement qui, chaque année, étaient introduites par le Ministère de l'Education Nationale afin d'être toujours en capacité de répondre aux attentes des élèves et des familles et que notre Lycée soit à jour de ses obligations d'enseignement définies par son Contrat d'Association avec l'Education Nationale.

Les professeurs participaient aux journées d'information et de formation organisées par les IPR – Inspecteurs Pédagogiques Régionaux.

Par exemple, l'IPR d'Anglais est venu deux jours dans notre établissement pour animer une formation collective des enseignants d'Anglais et pour rencontrer chacun individuellement après une inspection en classe.

L'introduction des NTIC – Nouvelles Technologies de l'Information et de la Communication – a nécessité que les professeurs de Sciences, de Mathématiques et de Technologie suivent des formations spécifiques.

Pour leur permettre d'intégrer ces nouveautés dans leurs pratiques pédagogiques quotidiennes, j'ai fait équiper l'établissement de salles d'EXAO – Expérimentation Assistée par Ordinateur – en complément des laboratoires de Sciences, j'ai fait installer des ordinateurs et des vidéo-projecteurs dans de nombreuses salles pour les Mathématiques et les Sciences Humaines.

Pour moi il n'était pas question de manquer le train de la modernité. C'est pourquoi, je dépensais beaucoup de temps et d'énergie à l'élaboration des dossiers de demandes de subventions pour l'informatqiue à usage pédagogique auprès du Conseil Départemental pour le Collège et du Conseil Régional pour le Lycée.

Je crois que les membres de l'OGEC et les représentants de la Tutelle Mariste n'avaient aucune représentation ni conscience du niveau d'exigence et de l'obligation à évoluer qui s'imposaient aux établissements d'enseignement, ni même de ce que cela m'a demandé comme investissement pour que notre Collège et notre Lycée soient dans le coup !

Je peux affirmer que notre établissement était un des plus avancés dans ce domaine. Notre Lycée était le premier établissement dont le fonds documentaire du CDI était entièrement informatisé avant même que n'existe le logiciel spécifique BCDI de l'Education Nationale. Et cela, grâce aux compétences déployées par Frère H.R., spécialiste en informatique. C'est lui aussi qui avait mis au point très tôt un logiciel récapitulatif des résultats scolaires trimestriels informatisés utilisés en conseil de classe.

Concernant l'équipement des salles d'informatique, la secrétaire comptable du Groupe Scolaire, Madame M-F P., peut témoigner de l'énergie que j'ai personnellement dépensée au montage des dossiers complexes qui devaient obligatoirement contenir la description détaillée de l'utilisation pédagogique de ces équipements.

Le dynamisme des équipes enseignantes et le déploiement des moyens et des outils adaptés ont largement contribué non seulement à la réussite des élèves au DNB – Diplôme National du Brevet des Collèges et du Baccalauréat, mais aussi à la poursuite de leur scolarité ou de leurs études.

5. Avancées dans le partenariat éducatif avec les parents d'élèves

Dans la vie de ND de Valbenoîte, les parents d'élèves ont depuis toujours pris une place prépondérante, notamment au sein des instances dirigeantes de l'OGEC, de l'APEL ou du Conseil Pastoral, mais aussi par leur représentation dans les instances consultatives comme le Conseil d'Etablissement du Groupe Scolaire, la Commission Permanente, le Conseil d'Etablissement du Collège, du Lycée, le Conseils de chacune des deux Ecoles.

Ils étaient invités et bienvenus dans les rencontres proposées par les Frères Maristes au sein du Réseau des établissements maristes.

Ils étaient associés à la réflexion et à l'élaboration des règles de fonctionnement du Groupe Scolaire, dans lesquelles leur représentation a été formalisée. Ce texte a été finalisé et adopté dès 1992, nous l'avons actualisé ensemble en 2006.

Malgré les vicissitudes que l'Association des Parents d'Elèves a connues à certaines périodes, comme je l'ai évoqué plus haut, les parents étaient présents dans la vie des quatre unités et des classes.

Je n'hésite pas à parler d'avancées dans le partenariat éducatif avec les parents, car leur représentation a été réaffirmée avant même la restructuration au moment de l'élaboration ou de l'actualisation des projets d'établissement des Ecoles, du Collège et du Lycée.

En réponse à l'une des attentes fortes exprimées par de nombreuses familles, nous avons instauré pour toutes les classes de la Sixième à la Terminale des rencontres individuelles parents / professeurs pour le bilan de mi-année en janvier-février.

Les parents d'élèves étaient étroitement associés à la vie de chaque classe par des parents – correspondants, cooptés par l'ensemble des parents à la réunion de rentrée. Leur rôle a été formalisé dans une charte du parent-correspondant que nous avons réussi à élaborer ensemble en 2006 – 2007, en lien avec l'APEL.

De la même manière, nous avons abouti à la rédaction des règles de fonctionnement des conseils de toutes les classes, de la 6ème à la T^{le}, adoptées par toutes les parties, direction, professeurs, parents et même par les délégués d'élèves.

6. Appartenance renouvelée au réseau des établissements maristes

Les relations avec le Service de la Tutelle des Frères Maristes ont été profondément modifiées à partir de 2002, comme décrit plus haut, en raison de la réorganisation de la Province des Frères Maristes par la congrégation elle-même. Il nous fallait inventer ensemble de nouvelles modalités pour continuer de cultiver le lien presque bicentenaire de ND de Valbenoîte avec l'Institut des Frères Maristes.

Conformément à ma lettre de mission reçue en 2003, j'ai activement œuvré au renouvellement et au renforcement de l'appartenance de ND de Valbenoîte – Le Rond-Point au réseau des établissements de la Tutelle Mariste : ainsi la signature très officielle et solennelle d'un contrat nouveau d'appartenance est-elle intervenue le 8 décembre 2004.

A partir de là, avec les autres responsables du Groupe Scolaire, nous avons créé des temps forts « maristes » chaque 8 décembre et le 6 juin pour la St Marcellin Champagnat.

Dans chaque unité nous avons incité des professeurs et des personnels à participer encore plus nombreux aux manifestations organisées dans le cadre du réseau mariste : journée annuelle de Tutelle, formations, commissions, rencontres d'échange de compétences par les professeurs de quelques disciplines et par les personnels administratifs et de service, etc.

Dans les semaines suivant la rentrée de septembre, la Responsable de Secteur des 6èmes, en lien avec les animatrices en Pastorale, programmait des animations de découverte de l'Institut des Frères Maristes, de son histoire, de son implication dans la vie de ND de Valbenoîte, quelques fois à l'occasion d'une journée organisée sur le site de ND de l'Hermitage à St Chamond, le lieu de la fondation de l'Institut par St Marcellin Champagnat.

Chapitre 10

Entretien et rénovation des locaux
Adaptation et modernisation des outils de travail

Dans la continuité de l'action des responsables qui m'on précédé et des administrateurs de l'OGEC de cette période, en lien avec les propriétaires des locaux[1], conformément aux recommandations chaque année renouvelées par l'Expert-Comptable et plus tard par le Commissaire aux Comptes, j'ai veillé avec mes collaborateurs à la réalisation des travaux indispensables d'entretien, d'adaptation et de rénovation des locaux, à l'acquisition des équipements, des logiciels et des matériels pédagogiques indispensables pour un enseignement et une formation scolaire de qualité.

1. Nouveautés sur le site du Rond-Point

Quelques années après l'installation du Lycée ND de Valbenoîte sur le site du Rond-Point en 1976, le directeur et les responsables avaient fait construire un bâtiment comportant des laboratoires dédiés aux Sciences de la Vie et de la Terre.

Puis, en 1993, un an après ma nomination à la direction du Lycée, les effectifs du Lycée ayant beaucoup augmenté les années précédentes, en concertation avec l'OGEC, la Congrégation des Sœurs Maristes, propriétaire des lieux, et la Tutelle des Frères Maristes, j'ai supervisé la construction d'un nouveau bâtiment qui a été inauguré à la rentrée 1994. Ce bâtiment abritait au rez – de – chaussée le self – service et le restaurant scolaire pour l'Ecole et le Lycée, destiné aux élèves et aux adultes, et à l'étage quatre salles, deux utilisées par

---

[1] Site Valbenoîte : Association Immobilière du Gier relevant des Frères Maristes pour les locaux du Collège et de l'Ecole, Congrégation de Religieuses pour les locaux de l'Ecole Maternelle. Site Rond-Point : Congrégation des Sœurs Maristes pour l'Ecole et le Lycée jusqu'en 2003.

l'Ecole, dont la salle de motricité, et deux salles de cours spécialisées pour l'enseignement de l'Histoire et de la Géographie au Lycée. Pour les parties utilisées par le Lycée, j'avais sollicité et obtenu de la part du Conseil Régional une subvention au titre de la Loi Falloux qui nous a été octroyée sur cinq annuités. Ainsi m'a-t-il fallu chaque année faire une demande de renouvellement de cette subvention.

La grande salle dédiée à la restauration était également utilisée et équipée pour les réunions des parents, les assemblées plénières des personnels du Lycée, de l'Ecole ou même du Groupe scolaire, ainsi que pour des conférences, des réunions de chefs d'établissements, des formations d'enseignants à la demande de Formiris. C'était-là un bel outil qui faisait la fierté de ceux qui travaillaient sur le site du Rond-Point.

Peu après l'entrée en fonction du nouveau bâtiment, nous avons vécu avec satisfaction la rénovation du bâtiment principal du Lycée, décidée et financée par les propriétaires. Nous étions heureux de voir l'image de notre établissement prendre de nouvelles couleurs. L'Ecole et le Lycée se situaient dans un cadre magnifique.

2. Création d'une cafétéria : une première dans un Lycée

Ces mêmes années passées sur le site du Rond-Point, alors que la vie du Lycée subissait les turbulences consécutives au décès d'un professeur d'Anglais – événement largement décrit plus haut – nous avons vécu dans un climat habité par un dynamisme qui n'a pas seulement été animé par la rénovation pédagogique, mais aussi par un projet d'établissement qui a donné de l'impulsion à la vie lycéenne : nouvelle salle pour le foyer des élèves, création d'une caféteria indépendante du self, dans des locaux embellis donnant sur le parc et sur la terrasse, avec une implication forte de la société de restauration qui a fourni un mobilier spécifique et moderne, et même des parasols pour les beaux jours ! A cette période, notre Lycée était précurseur dans la réalisaton de projets qui ont contribué à la transformation du Lycée en un lieu de vie agréable favorisant la vie lycéenne. D'ailleurs en 2003, en quittant ce site, les jeunes nous ont reproché la perte de ce cadre qui leur était si sympathique.

3. Introduction de l'EXAO en Sciences

Après la mise en service du nouveau bâtiment, nous avons pu modifier l'agencement du rez-de-chausée de l'imposant bâtiment principal du Lycée donnant sur un très beau parc arboré dans lequel se situaient deux terrains pour des activités sportives en plein-air (hand-ball, basket, piste d'athlétisme) : rénovation des laboratoires de Sciences, création de la première salle d'EXAO – Expérimentation Assistée par Ordinateurs – durant ces années où étaient entrées en vigueur d'importantes réformes de l'Education Nationale inscrites dans une nouvelle Loi d'Orientation sur l'Education[1] qui a largement modifié le fonctionnement du système éducatif français. Au Lycée, elle est entrée en vigueur à la rentrée 1992 avec l'instauration de la classe de Seconde Générale et Technologique, l'année suivante, la mise en place des nouvelles séries L, ES, S et le nouveau Baccalauréat en 1995.

J'éprouve une certaine fierté à l'évocation de cette période au cours de laquelle les équipes enseignantes du Lycée étaient très engagées et animées d'une grande volonté de réussir l'application des nouveautés par des innovations pédagogiques remarquables. Je dois dire ici toute ma gratitude à ces professeurs qui ne ménageaient pas leur énergie et leur temps pour que nos élèves soient les premiers bénéficiaires du regain de dynamisme qu'ils insufflaient à leur enseignement. Je veux rendre un hommage plus qu'appuyé à l'un des professeurs de SVT, Monsieur S.R., qui m'a consacré beaucoup de son temps

---

[1] Loi d'orientation n° 89-486 du 10 juillet 1989, dite loi Jospin, nom du Ministre de l'Education en exercice.

pour que je puisse entrer dans la compréhension de ces nouvelles technologies appliquées aux sciences.

Je lui dois aussi de m'avoir progressivement fait acquérir la maîtrise de logiciels administratifs, works puis excel, qui me sont devenus familiers et très utiles pour les multiples tâches administratives de ma fonction.

Ce sont les projets pédagogiques des équipes et la solidité de ceux-ci qui m'ont permis d'alimenter les demandes de subventions auprès du Conseil Régional pour l'informatique à usage pédagogique destinée aux Sciences Physiques, Sciences de la Vie et de la Terre, aux Mathématiques, aux Sciences Humaines et à la Documentation. Chaque année j'ai déposé une demande de subvention, et pour chacune j'ai toujours obtenu l'accord de financement pour le montant sollicité.

4. Restructuration : réorganistion complète du site de Valbenoîte

De très importants travaux ont dû être menés avant l'arrivée du Lycée sur le site de Valbenoîte, ce qui a nécessité de repenser la répartition des locaux, la création des équipements spécifiques, et en même temps de satisfaire aux obligations de mise en conformité que nous imposait la Commission de Sécurité.

Ces nouveautés ont eu un important retentissement, comme en écho, sur le site du Rond-Point au moment du départ du Lycée, notamment parce que la partie haute de la propriété a été vendue par les Sœurs Maristes[1] et que celles-ci ont cédé l'Ecole et ses locaux au Diocèse, à l'AIECL – Association Immobilière de l'Enseignement Catholique de la Loire. Nécessité d'aménager un secrétariat, de construire un préau, d'aménager une salle des

---

[1] Le haut du parc avec son entée rue Francisque Voytier est devenu le « Clos Sainte Marie » après la transformation des bâtiments en logements.

sports, de créer un cheminement en plan incliné pour l'accès aux personnes à mobilité réduite.

L'OGEC a dû contracter un emprunt de 945 K€ sur quinze ans pour financer les travaux induits par la restructuration.

Le 1er septembre 2003, en prenant la succession de Monsieur J.R., Directeur Général du Groupe Scolaire et Chef d'Etablissement du Collège, à la suite de son départ à la retraite, j'endosse ses responsabilités qui viennent alors s'ajouter à ma fonction de Chef d'Etablissement du Lycée.

Pour la rentrée de 2003, avec la création du Pôle second degré, seules les infrastructures pédagogiques avaient pu être préparées à temps pour la nouvelle organisation du site de Valbenoîte. A partir de là, d'autres efforts devaient être consentis pour faire avancer le Groupe Scolaire.

En effet, malgré des moyens financiers contraignants, le Groupe Scolaire a su réaliser des avancées, année après année, en fonction de sa capacité d'autofinancement dégagée par le budget. Et cela, il convient de le porter à l'actif du Directeur Général que j'étais devenu et de mes proches collaborateurs dont je ne peux que mettre en relief, une fois encore, la conscience professionnelle exemplaire et le dévouement.

Dans ma fonction, j'ai tenu à poursuivre avec détermination les avancées relatives à l'immobilier, à la rénovation des locaux administratifs et scolaires, ainsi que les travaux de sécurité, selon un plan pluriannuel, actualisé chaque année sur proposition de la commission travaux : le Groupe Scolaire a bénéficié chaque année d'une subvention conséquente du Conseil Général de la Loire pour les travaux de mise en conformité relatifs au Collège. Pour cela, j'élaborais un dossier de demande au titre de la « Loi Falloux » avec toujours la précieuse collaboration technique de Monsieur J.-L. V., Responsable des Travaux et de la Sécurité.

Je tiens aussi à mettre l'accent sur la réorganisation du bâtiment administratif avec la rénovation et l'aménagement du nouveau bureau de l'accueil, l'implantation de l'infirmerie au rez-de-chausée, deux nouvelles salles pour les professeurs, un nouveau parloir pour les RDV des parents avec les professeurs. A cela il faut ajouter la rénovation au 1er étage des bureaux et salles annexes de la direction générale, l'aménagement de deux salles de réunion utilisées par les professeurs (conseils de classe, concertations pédagogiques), par l'OGEC, l'APEL, le Comité d'Entreprise, etc. Et pour finir, le dernier étage, longtemps occupé par la communauté des Frères Maristes, a subi une réorganisation complète avec la création des salles destinées aux activités de l'Aumônerie et d'une grande salle polyvalente.

5. Déploiement des outils informatiques : une révolution !

A cette période, l'usage de l'outil informatique était en plein développement et n'appartenait plus seulement à quelques personnes intéressées par une pratique d'avant-garde, que ce soit pour l'informatique administrative ou pour l'usage pédagogique. C'était une affaire urgente et fort complexe, et, heureusement j'étais bien accompagné et conseillé par un parent d'élève que j'ai déjà mentionné qui dirigeait une société d'informatique. Affaire complexe, oui, car nous vivions dans une période traversée par de profondes mutations technologiques, un domaine nouveau pour tout le monde, avec de surcroît un coût élevé. Il fallait acquérir les ordinateurs, créer les réseaux internes, prévoir la sécurité des données, acquérir les logiciels adaptés à nos usages, assurer la formation de tous les personnels d'enseignement et des autres personnels, aménager les salles spécialisées, déployer le câblage pour la mise en réseau sur un site aussi vaste que celui de Valbenoîte.

Pour cela aussi, je me dois de remercier Monsieur J.-L. V., le Responsable des Travaux, électricien de métier au départ, qui a relevé le défi de câbler et d'interconnecter les nombreux bâtiments du site immense de Valbenoîte, chantier qui s'est étalé sur plusieurs années pour relier l'Ecole Elémentaire, l'Ecole Maternelle, le Collège, le Lycée et l'administation générale !

Avoir su faire avancer le Groupe Scolaire et avoir réussi le déploiement de l'outil informatique administrative et des NTIC pour l'enseignement est quelque chose dont je suis très fier. En y repensant, je crois qu'il y a peu de gens qui ont pris conscience de la difficulté à laquelle moi-même et mes proches collaborateurs étions confrontés pour avancer dans ce domaine. Même Monsieur le Président de l'OGEC, celui-là même qui a réclamé et procédé à mon licenciement, qui travaillait pourtant dans une très grande société de téléphonie, n'avait pas conscience du chantier que cela représentait pour un grand Ensemble Scolaire comme le nôtre, qui plus est, établi sur deux sites !

▪ Modernisation de l'informatique administrative

Concrètement, sa réalisation s'est effectuée en deux années, de 2004 à 2006, sur deux volets :

Le premier, pour l'adaptation et l'extension du réseau pour l'informatique administrative et la mise en réseau de tous les bureaux, y compris ceux des Secteurs du Collège et du Lycée.

Le second, avec la mise en route d'un nouveau serveur pour l'administration, équipé d'un nouveau logiciel intégré (Statim Charlemagne) englobant la gestion administrative, comptable (comptes, paie, facturation), pédagogique (bulletins trimestriels et relevés périodiques de notes) et pour la restauration (self-service et cafétéria).

Deux exemples concrets :

D'abord, concernant les élèves et les familles : pour le paiement des repas pris au self ou à la cafétéria, chaque élève était en possession d'une carte lui permettant de régler sur place le montant de sa consommation, les parents ayant préalablement alimenté le compte de la famille au secrétariat, et de recevoir un ticket à remettre à ses parents comme preuve d'achat.

Ensuite, pour les professeurs qui allaient pouvoir effectuer la saisie des notes de leurs élèves par internet, permettant ainsi aux familles de consulter dès le lendemain les notes de leurs enfants sur le site internet du Groupe Scolaire.

Enfin, je ne passerai pas sous silence la création du site internet du Groupe Scolaire, réalisée par Monsieur Marc C., professeur d'Allemand, à qui nous avions également confié l'administration de l'informatique générale, professeur que j'ai déjà présenté, et qui nous a quittés en octobre 2007, emporté par la maladie. Cette fonction a ensuite été exercée par Monsieur T.D., le nouveau Directeur-Adjoint du Collège et du Lycée.

Aujourd'hui tout cela est devenu tellement courant que cela paraît banal, et d'aucuns ont du mal à croire que c'était quelque chose de tout nouveau il y a à peine une vingtaine d'années ! Je peux me targuer qu'à Valbenoîte, sous ma responsabilité, nous avons été capables de nous hisser à la hauteur des exigences que la modernité imposait à une institution scolaire !

- **Développement de l'informatique à usage pédagogique**

L'introduction de l'informatique à usage pédagogique était quelque chose de très complexe.

L'usage des NTICE, c'est-à-dire l'informatique à usage des professeurs pour leur enseignement est intervenu très tôt et en premier en Technologie, les enseignants de cette discipline étaient avant-gardistes et les premiers concernés parce qu'ils entretenaient des relations étroites avec le monde des entreprises. Parmi les salles dédiées à cet enseignement, l'une d'elles a d'emblée été équipée d'une vingtaine d'ordinateurs.

A l'approche des années 2000, tous les programmes d'enseignement du Collège et du Lycée ont intégré l'usage des NTICE – Nouvelles Technologies de l'Information et de la

Communication Educative. Dans chaque discipline, les Inspecteurs Pédagogiques Régionaux convoquaient régulièrement les enseignants à des journées de formation pour qu'ils évoluent dans leurs pratiques pédagogiques en utilisant ces nouveaux outils.

Très naturellement, les Sciences Expérimentales (Physique – Chimie – SVT) ont introduit l'EXAO au début des années 1990, les Mathématiques et les Sciences Humaines (Histoire – Géographie – Sciences Economiques et Sociales) ont suivi vers les années 2000.

J'étais satisfait à cette période que les professeurs de nos équipes se soient lancés dans l'aventure pour l'utilisation de ce nouvel outil. Bien-entendu, en plus des salles d'informatique – multimédia, il a fallu équiper des salles spécialisées avec un ordinateur contenant des logiciels spécifiques et un vidéo-projecteur. Certaines de ces salles étaient jumelées avec une salle d'informatique pour compléter une séquence théorique conduite par le professeur en classe entière par un travail individuel à effectuer ensuite par chaque élève sur un ordinateur. Il en était de même pour le CDI, suffisamment spacieux pour permettre un travail en grand groupe alterné avec une recherche documentaire individuelle. Il nous a donc fallu repenser la répartition des locaux dans leur globalité en tenant compte de la complémentarité pédagogique recherchée par les professeurs.

Et, concernant les langues vivantes étrangères, comme l'ancien laboratoire était devenu obsolète, je l'ai fait remplacer en 2006 par un laboratoire de langues numérique, toujours grâce à une subvention des collectivités territoriales.

Enfin, je me dois de revenir sur la mise en place à la rentrée 2006, grâce au Conseil Départemental, de l'ENT Cyberbureau Collèges. Le Collège ND de Valbenoîte a été choisi en 2008 – 2009 pour devenir expérimental, en plus de quatre Collèges publics, dans le but de préparer le déploiement à la rentrée 2009 à tous les Collèges du Département de la Loire, de la nouvelle plateforme ENT – Espace Numérique de Travail – appelée Cybercollèges42.

Avec la généralisation de l'usage des NTIC s'est imposée à nous, la nécessité de veiller à la bonne utilisation de l'internet par les élèves. Ainsi avons-nous élaboré, dès 2006, sous l'impulsion de mon nouveau Directeur-adjoint, Monsieur T.D., une « *Charte de la bonne utilisation d'internet* » avec application immédiate, que chacun des élèves du Collège et du Lycée s'est engagé à respecter.

Au terme de cette présentation, tout un chacun aura véritablement mesuré l'ampleur de mon implication dans la vie du Groupe Scolaire et ainsi pu constater que mon rôle ne peut en aucun cas être qualifié d'irresponsable comme l'affirmaient et le Frère Délégué à la Tutelle Mariste et Monsieur le Président de l'OGEC dans leurs courriers pour justifier le retrait de mon agrément et mon licenciement.

On aura aussi pu relever les nombreux atouts que possédait le Groupe Scolaire pour le développement desquels j'ai largement apporté ma contribution durant mes dix-sept années de responsabilités. Pour leur valorisation, la solidarité dans l'effort, le soutien et les encouragements de la Tutelle Mariste et de l'OGEC ND de Valbenoîte auraient été plus que bienvenus !

Chapitre 11

De belles satisfactions
et des moments de grand bonheur

J'ai vécu dix-sept années en responsabilité à ND de Valbenoîte-le Rond-Point.

La brutalité avec laquelle j'ai été jeté dehors juste avant la fin de la dernière année a été tellement destructrice sur ma personne comme je l'ai évoqué dans la première partie de mon témoignage qu'elle a aussi failli faire exploser toutes ces années qui correspondent tout de même à près de la moitié de ma carrière professionnelle : c'eût été un assassinat professionnel parfait, mais, la petite flamme de la vie qui scintillait tout au fond de moi-même a résisté. C'est elle qui m'a fait renaître comme je l'ai expliqué, et, les années suivantes m'ont donné de faire une relecture approfondie de mon vécu, relecture que j'ai transformée en récit qui lui a redonné vie.

Voilà pourquoi il me faut évoquer ici des événements de satisfaction, de joie et de bonheur que j'ai connus durant les dix-sept années passées dans le Groupe Scolaire dont quelques – uns restent profondément gravés dans ma mémoire, dont le souvenir a largement contribué à ranimer la flamme de la vie.

1. Vie lycéenne

Concernant la vie lycéenne, j'ai apprécié la publication du BIL – Bulletin d'Information des Lycéens – écrit et produit par les élèves en lien avec le Cadre d'Education qui était habité par la conviction que la qualité de la vie lycéenne devait être animée par les jeunes eux-mêmes. Ce journal était le reflet de la vitalité et du dynamisme qui animaient la vie lycéenne à travers les clubs (vidéo, échecs, jeux de rôles, jeux de société, Allemand, Musique, le Foyer, les tournois de volley-ball, de football, de basket, de baby-foot), les conférences, les ateliers, etc…

J'ai également en mémoire le souvenir de « La journée Méons » organisée en tout début d'année scolaire par les professeurs d'EPS pour tous les élèves du Lycée au stade de Méons. Journée d'intégration pour faire connaissance, journée de fête, au cours de laquelle chaque élève participait à au moins une activité sportive soit en sport collectif, foot, volley, basket, soit en épreuve individuelle d'athlétisme. Quelle ambiance ce jour-là, qui donnait le ton pour toute l'année !

2. Compétitions et animations sportives

Au plan sportif, le Lycée et le Collège se sont régulièrement distingués par les résultats de leurs équipes dans les compétitions scolaires de l'UNSS, des années durant en Hand-Ball en remportant plusieurs fois le championnat d'Académie. L'équipe de Hand Junior a même été vice-championne de France après avoir disputé la finale à Vannes en 1992. Plus tard, ce fut en Badminton avec la participation plusieurs années de suite au Championnat de France au milieu des années 2000. Des équipes de Volley-Ball se sont distinguées en championnat départemental. Enfin, en athlétisme, plusieurs de nos élèves, par ailleurs membres du club stéphanois Le Coquelicot participaient avec succès à des compétitions académiqes et nationales. Et en gymnastique, des élèves ont obtenu le titre de champions départementaux, en épreuve individuelle et en équipe. Il va de soi que les professeurs d'EPS encouragés et soutenus par la direction de l'établissement ont su dynamiser leurs élèves.

Dans l'histoire de ND de Valenoîte, je n'oublie pas de mentionner le cyclisme qui s'est développé jusqu'en 1992 dans le cadre de l'ECSEV – Espoirs Cyclistes Saint-Etienne Valbenoîte, club créé sous l'impulsion d'un parent d'élève, Monsieur P.R., ancien coureur cycliste professionnel originaire de Pélussin, traditionnelle terre de cyclisme. Pendant de nombreuses années et jusqu'au début des années 2000, le

Groupe Scolaire employait un animateur spécialisé dans les activités du cyclisme.

Ce club de cyclisme a évolué en 1992 – 1993 pour devenir l'ECSEL – Espoirs Cyclistes Saint-Etienne Loire – pour s'adosser à un établissememt stéphanois qui a créé une section sport-études cyclisme en vue de préparer des jeunes lycéens sportifs à se diriger vers le cyclisme professionnel. Il est quand même bon de rappeler que ce club est né et s'est enraciné à ND de Valbenoîte !

3. Activités et comédies musicales

Sur un tout autre plan, la vie du Groupe Scolaire était imprégnée par une forte tradition musicale, marquée par un concert de fin d'année de haute qualité dirigé par un professeur de Musique que je n'ai pas eu la chance de connaître. Mais j'ai eu la joie d'assister à la perpétuation de cette tradition avec le concert de fin d'année des chorales, une des Ecoles, une du Collège et une du Lycée, dirigées par les professeurs de Musique Messieurs C.D et P.T.

Avec eux, et avec l'assistance d'un mettteur en scène de la Comédie de St-Etienne, mon prédécesseur à la direction générale, Monsieur J.R., passionné de théâtre, de comédie musicale et de mise en scène, a fondé l'Association « Allons Z'Enfants ! » pour produire des comédies mucicales avec une troupe composée de lycéennes et de lycéens. Une dizaine de comédies musicales ont vu le jour, les textes écrits par Monsieur J.R. et les musiques composées par les deux professeurs de Musique. Leurs prestations frisaient le niveau professionnel. D'ailleurs, ils sont allés jouer un spectacle à Nazareth, oui, à Nazareth en Israël, représentant à cette occasion la Ville de St Etienne jumelée avec Nazareth. Ils ont également joué à Montréal, en Amérique du Nord, dans le cadre d'un échange avec la troupe d'un établissemment scolaire que nous avons d'ailleurs eu la joie d'accueillir en retour à St Etienne. Ils ont même connu la joie d'aller jouer à New-York !

Les comédies mucicales et les concerts des chorales ont tous été enregistrés sur cassettes, et plus tard, sur DVD.

Pour moi, ces manifestations culturelles étaient empreintes de la marque de fabrique « Valbo » et nourrissaient le sentiment d'une fierté incommensurable pour notre Groupe Scolaire !

4. Activités péri-éducatives, voyages culturels, séjours linguistiques

D'autres moments ont également été pour moi source d'une grande joie ou de satisfaction parce qu'ils apportaient aux enfants et aux jeunes la possibilité de vivre des journées inoubliables et en même temps de faire des découvertes comme lors des voyages au Futuroscope, à Vulcania, classe de 4ème industrie transplantée une semaine dans une région à tradition industrielle (Metz en 1999, Orléans en 2000, La Rochelle en 2001), au Parlement européen, Championnat de France UNSS de Badminton à Mulhouse, le CERN à Genève, Centre d'Histoire de la Résistance et de la Déportation à Lyon...

Je peux aussi mentionner les voyages en Angleterre, en Espagne, les échanges franco-espagnols, franco-allemands, franco-autrichiens, les week-ends à Taizé, journées à La Louvesc ou à Noirétable, pélerinage à Rome, les séjours de recherche et de découverte en géologie, les classes de neige, etc.

Les cérémonies et réceptions pour la remise de récompenses à des élèves méritants ont également été des occasions exceptionnelles pour partager la joie des jeunes qui s'étaient distingués en compétition sportive, aux Orthofolies, au concours Bravo l'Industrie, Concours Intégral de Mathématiques, Concours Départemental de la Résistance.

Toutes ces activités sont nées de la volonté, des initiatives et de l'investissement des professeurs, des éducateurs et des animatrices en Pastorale.

5. Manifestations festives au sein du Groupe Scolaire

A cela je ne peux manquer d'indiquer que les adultes ont également vécu des moments de joie partagée, par exemple à la cérémonie des vœux du Nouvel An ou au pot de départ à la retraite d'un membre du personnel ou d'un profeesseur, et aussi à l'une des manifestations organisées par le Comité d'Entreprise comme la dégustation du Beaujolais nouveau ou le repas festif de fin d'année des personnels et surtout l'Arbre de Noël pour les enfants de tous les personnels. J'ai le souvenir de mes propres enfants, et de tous ces enfants dont les yeux pétillaient de joie en recevant leur cadeau du Père Noël avant le goûter servi par les membres du Comité d'Entreprise !

Enfin, je terminerai par la Fête annuelle du Groupe Scolaire qui se déroulait dans la grande cour de Valbenoîte un samedi de début juin, qui mobilisait tous les acteurs du Groupe scolaire, parents d'élèves de tous les niveaux, enseignants, éducateurs, agents de service : une immense fête avec de nombreux stands de jeux, des spectacles produits par les élèves de toutes les classes des Ecoles, chants, danses, acrobaties, une grande tombola. C'était toujours une journée vraiment exceptionnelle ! Le bénéfice de cette fête alimentait essentiellement le budget des animations et le budget pédagogique des Ecoles, du Collège et du Lycée.

Voilà autant de manifestations et d'événements qui, plusieurs décennies durant, ont émaillé la vie des quatre unités du Groupe Scolaire ND de Valbenoîte – Le Rond-Point. Ils ont contribué à la construction de l'histoire de l'institution, bâtie sur un socle imprégné des valeurs cultivées depuis près de deux siècles par le projet fondateur mariste, socle qui a été bien ébranlé en ce mois de mai 2009 !

Les événements, manifestations et activités que j'évoque dans mon récit concernent pour la plupart le Lycée et le Collège parce que j'en étais le chef d'établissement et que mes souvenirs sont enracinés dans ces deux unités. Loin de moi, une quelconque volonté de laisser de côté toutes les richesses, foisonnantes, vécues au cœur de chacune des deux Ecoles, ND du Rond-Point et ND de Valbenoîte.

EPILOGUE

Arrivé au terme de mon récit, je suis habité par une grande sérénité et je ressens un profond sentiment de libération, je lève les yeux vers le ciel, il s'éclaire d'une immense lumière qui inonde tout mon être dans ce je ne sais quoi qui me fait renaître et enfin respirer à nouveau pleinement la joie de vivre !

Dorénavant, **ma dignité, mon honneur, mon honorabilité sont définitvement restaurés.** Je vis chaque jour comme un renouveau de la vie dans un univers où les nuages de honte, de dénigrement, se sont évaporés.

J'ai été victime d'une incommensurable humiliation qui a ébranlé tout mon être par sa brutalité, j'ose dire sa sauvagerie destructrice déployée par quelques personnes qui n'avaient pas conscience de ce qu'elles faisaient. Je ne peux m'empêcher ici de penser à la crucifixion de Jésus au sommet du Gogotha. Avant de rendre son dernier souffle, Jésus a prié en implorant : « *Père, pardonne-leur, car ils ne savent pas ce qu'ils font*[1] ».

Parce que ma foi chrétienne est enracinée dans la résurrection de ce Jésus devenu le Christ le troisième jour après sa mise en croix, j'ai réussi à revivre après ma mise à mort professionnelle.

Et c'est aussi à cause de la brutalité de la méthode utilisée par quelques responsables religieux et laïcs, en totale contradiction avec les valeurs évangéliques auxquelles est référé le projet éducatif d'un établissement catholique d'enseignement que j'ai décidé de ne pas taire ces pratiques plus que scandaleuses et inacceptables.

Par mon récit, je veux aussi apporter **ma contribution** « *au combat contre la maltraitance institutionnelle qui prend des*

---

[1] Extrait de l'Evangile selon St Luc 23,34

formes de plus en plus violentes à l'encontre de personnes, touchées par ce fléau d'inhumanité[1] »

Mon témoignage trouvera peut-être un écho auprès de personnes qui dans leur travail, leurs engagements, dans leur vie sont en grande souffrance, surmenées, sournoisement harcelées, brimées, mises au placard, déconsidérées, voire faussement accusées ou sanctionnées…, frappées par une violence sourde et destructrice de leur personne, licenciées comme je l'ai été.

Qui, dans son entourage proche ou éloigné, dans ses relations professionnelles ne connaît pas au moins une personne subissant une telle situation qui la fait sombrer dans la dépression ou plonger dans un burn-out dévastateur ? Il arrive régulièrement qu'un salarié ou qu'un employé mette fin à ses jours parce qu'il n'arrive plus à endurer la situation.

Ce phénomène survient dans tous les milieux professionnels, que ce soit dans une entreprise, une administration, la grande distribution, une institution, une structure spécialisée, etc, y compris, hélas, dans des établissements catholiques d'enseignement. Aussi le nombre de ruptures conventionnelles n'a-t-il cessé d'augmenter ces dernières années.

Il m'aura, en effet, bien fallu ces quinze années pour me libérer définitivement du traumatisme qui m'a anéanti ce soir du 19 mai 2009, qui a détruit ma vie professionnelle et qui n'était pas loin de détruire aussi l'homme que je suis. Oui, quinze années se sont passées durant lesquelles je n'ai pas vécu un seul jour sans des retours de pensées concernant la violence subie et son ignominie.

Ces quinze années-là, je les décomposerai en trois périodes :

---

[1] Propos retenus de mon entrevue avec Monsieur Gérard Wiel début août 2024.

Dabord, les trois années du long et âpre combat juridique dont je suis sorti vainqueur : la double condamnation par la Cour d'Appel de Lyon de mon ex-employeur l'OGEC ND de Valbenoîte, m'a donné de recouvrer mon honneur et ma dignité, et en même temps de proclamer la disqualification à cette période de la Tutelle des Frères Maristes du fait de son incapacité à conjuguer et à mettre en adéquation le droit canonique[1] avec le droit social.

Je suis sorti vainqueur d'une violente attaque déloyale portée à mon encontre par la toute-puissance et le machiavélisme d'un responsable de l'OGEC, qui plus est, lesquels étaient probablement animés par un sentiment de vengeance personnelle.

Incapacité de la Tutelle qui s'explique par l'incompétence, l'imprudence, voire l'inconscience de son représentant, incapable de prendre le recul indispensable pour observer, analyser, comprendre et évaluer non seulement une situation certes problématique mais aussi l'histoire et la complexité d'une institution aussi vaste que le Groupe Scolaire. Incapacité aussi de percevoir les agissements sournois et pervers de quelques membres de l'OGEC, et de déceler la contradiction pourtant criante avec les valeurs maristes et les valeurs évangéliques premières, à savoir le respect de la personne et de sa dignité humaine[2], une personne « à l'image de Dieu ».

---

[1] Le **droit canonique**, parfois appelé **droit canon**, est l'ensemble des lois et des règlements adoptés ou acceptés par les autorités catholiques pour le gouvernement de l'Église, de ses institutions et de ses fidèles. Actuellement, le Code canonique faisant autorité a été adopté et promulgué par le Pape Jean-Paul II en 1983.

[2] Dans un entretien avec F. Lacassin en 1969, Georges Simenon disait : « Le plus grand crime que l'on puisse commettre contre un homme, ce n'est pas de lui prendre la vie, mais c'est de lui prendre sa dignité »

Ensuite, j'ai vécu *des années de lent retour à une vraie vie sociale* au cours desquelles j'ai pu retrouver des activités professionnelles dans les champs de l'éducation et de la formation correspondant à mes principales compétences. Ainsi, grâce à la reconnaissance qui m'était accordée dans ces activités, j'ai pu restaurer la confiance en moi qui avait été annihilée, j'ai pu nourrir au plus profond de moi-même les forces qui m'ont fait renaître et vérifier cette assertion de Nietsche : « Ce qui ne détruit pas rend plus fort ».

Enfin, ces deux dernières années, *j'ai consacré mon activité principale à l'écriture de mon témoignage sur cette mise à mort professionnelle* subie avec une extrême brutalité, témoignage aussi sur les nombreuses années précédentes vécues à ND de Valbenoîte afin que la réalité et la vérité des faits soient connues et l'ignominie dénoncée.

L'institution ND de Valbenoîte Le Rond-Point qui jouissait depuis très longtemps d'une notoriété et d'un rayonnement bien établis et justifiés, a subi une grave altération de son image, une image brisée qui, selon moi, a été injustement pénalisée par les décisions de quelques personnes coupables des préjudices subis, pas seulement au niveau de son image et de sa notoriété, mais aussi au plan financier en raison des procédures et procès perdus. Ironie du sort, ces personnes ont agi en se présentant ou se prétendant comme sauveurs de la situation économique de l'institution décrite par eux comme étant catastrophique ! Par leurs décisions inappropriées, beaucoup d'argent, beaucoup trop, a été jeté par la fenêtre, et le budget de l'établissement a été amputé !

Comment s'expliquer que ces personnes n'aient jamais eu à rendre de comptes à qui que ce soit alors que des dégats irréparables ont été commis ?

A la suite de mon licenciement j'ai été soutenu par un grand nombre de personnes, parmi lesquelles certaines ont clairement qualifié cela d'un « immense gâchis ».

Comme je l'ai montré, les quatre unités du Groupe Scolaire disposaient d'atouts majeurs et auraient sans doute apporté la preuve de la capacité du Groupe Scolaire à s'adapter dès 2010 à une nouvelle organisation planifiée au niveau du Diocèse, des Etablissements Catholiques de Saint-Etienne et de sa région. Pour cela il aurait fallu que les perspectives de cette évolution fussent gérées avec sérénité et responsabilité, en sachant raison garder et en refusant le déni. Le projet de délocalisation du contrat du Lycée ND de Valbenoîte à Saint-Galmier aurait pu se réaliser autrement.

L'aveuglement ainsi que la bêtise et l'incompétence de quelques personnes en responsabilité ont brisé l'image de l'institution, bafoué les valeurs maristes et ébranlé le socle du projet éducatif qui s'est construit à Saint-Etienne durant près de deux siècles.

Dire qu'il s'agit-là « d'un immense gâchis » est très vrai, car étonnament, la délocalisation a bien fini par se réaliser, mais seulement cinq ans plus tard que prévu ! Elle a été officiellement annoncée aux familles du Groupe Scolaire par une lettre datée du 14 janvier 2015, signée par le Délégué à la Tutelle Mariste et le Directeur Diocésain, celui-là même qui avait annoncé en réunion plénière des personnels de ND de Valbenoîte en avril 2009 que les classes de Secondes seraient délocalisées dès la rentrée 2010 à St Galmier !

La délocalisation a également fait l'objet d'une annonce diffusée par le journal quotidien régional Le Progrès le 10 février 2015 dans un article publié sur la page « Loire et sa région », intitulé « *Valbenoîte : redéploiement des moyens dans l'enseignement catholique* », accompagné d'une photo des responsables institutionnels dont le Directeur Diocésain et le

Délégué à la Tutelle Mariste, tous deux déjà sur le terrain au moment de mon licenciement... « *Ce n'est pas la mort de Valbenoîte* » peut-on lire dans l'article qui se poursuit par des propos correspondant curieusement à ce que je disais déjà six ans auparavant. Monsieur C.S., le Délégué à la Tutelle Mariste en exercice, indique : « *Nous avons choisi de redynamiser le lycée en le délocalisant là où il y a des besoins. Et ces besoins se faisaient sentir sur la plaine du Forez. Mais ce n'est pas une fermeture, ce n'est pas la mort de Valbenoîte, c'est un lycée qui se déplace. C'est un peu comme un don d'organes. Il s'agit d'un redéploiement des moyens de l'enseignement catholique. Nous avons agi ainsi par souci du bien commun. Ce redéploiement s'effectuera sur 3 ans et, dès septembre 2015, ce sont les classes de 2nde qui seront « délocalisées » vers le Collège Saint-Pierre de Montrond-lès-Bains. (...) Cette nouvelle donne s'appuie sur un double constat. D'une part, il y a des besoins au niveau lycée dans la plaine du Forez (entre Montbrison et Chazelles-Sur-Lyon, il n'y a pas de lycée d'enseignement catholique), un secteur en plein développement démographique. D'autre part, l'offre scolaire sur Saint-Étienne, qui perd des habitants, est « importante »* ».

Il en aura donc fallu des années pour admettre la réalité et sortir du déni, à l'origine de l'aveuglement qui a permis de désigner et sacrifier un « bouc émissaire » au lieu d'aller de l'avant. Les quelques personnes, des laïcs et des religieux, qui ont plongé l'institution dans une situation chaotique enclenchée dès 2008 portent une lourde responsabilité dans la survenue et dans l'intensité de la crise qui a suivi.

Ces quelques gens-là étaient loin d'avoir le charisme des hautes figures maristes de l'Institution ou de la Province qui ont marqué ND de Valbenoîte de leur empreinte. Récemment, en évoquant ce sujet avec une personne qui a effectué toute sa carrière d'enseignante dans cette institution, nous évoquions certaines figures des dernières décennies que nous sommes un certain nombre à avoir connues, en particulier Frère Joannès Fontanay, Frère Gabriel Michel, Frère Jean Vernhes, Frère Jean Roche, Frère Antoine Vallet, Frère Maurice Bergeret...

Mais où sont-ils donc, les successeurs de ces personnalités-là, les vrais héritiers de Marcellin Champagnat ?

L'événement de 2009 qui s'est passé à Valbenoîte, que j'ai vécu, est la *conséquence d'une forme de déviance de la gouvernance d'un établissememt par ses responsables*, et, au-delà de cet exemple, se pose la question de la gouvernance des Etablissements Catholiques d'Enseignement en général.

Certes, il existe des textes qui portent sur les statuts des établissements catholiques, le statut des chefs d'établissements, statut d'un OGEC, textes de la FNOGEC sur les responsabilités respectives de la Tutelle, du Chef d'Etablissement, de l'OGEC, des Associations de Parents d'Elèves, sur la gestion des personnels de droit privé et celle des personnels enseignants, contractuels de l'Education Nationale, agents de service public, ou encore sur la question centrale de la nomination d'un chef d'établissement. Dans le quotidien, cette complexité empoisonne souvent les relations entre les divers responsables, empêchant une gouvernance transparente, respectueuse des textes et des personnes et de l'esprit du fondateur. Les abus de pouvoir sont quand même fréquents et surtout sans contrôle de qui que ce soit, faisant passer au second plan ce qui fait la raison d'être d'une Ecole, d'un Collège, d'un Lycée, à savoir l'éducation et la formation des enfants et des jeunes, fondées sur un projet éducatif référé aux valeurs évangéliques et aux valeurs de la congrégation fondatrice dans un établissement sous Contrat d'Association avec l'Education Nationale.

Dans mon expérience de chef d'établissement, et plus tard de formateur intervenant dans divers établissements, j'ai eu un certain nombre d'échos d'abus de pouvoir, et, pour plusieurs cas, des abus de la part des OGEC qui sont dirigées par des personnes bénévoles, certes, mais incompétenctes et privilégiant leur « faire-valoir personnel », agissant uniquement en fonction de la réalité économique, et qui oublient ou qui ignorent (oui, il existe des chefs d'entreprise ignorants !) qu'un établissemment scolaire est d'abord une entreprise-institution d'éducation et non une entreprise de production en recherche de bénéfice au profit d'actionnaires, dans laquelle la gestion économique doit se mettre au service du projet éducatif pour sa bonne réalisation sans jamais oublier qu'un responsable d'OGEC n'est en aucun cas un chef d'entreprise travaillant pour des actionnaires, et que sa compétence morale et humaine est indispensable. En affirmant cela, je ne tiens pas de propos irresponsables. Aussi me faut-il préciser que je considère moi aussi, qu'il est de la haute responsabilité d'une association gestionnaire de gérer un établissement scolaire avec la même rigueur et les mêmes exigences comptables qu'une entreprise mais avec une déontologie dans le but de mieux se mettre au service du bon fonctionnement de l'établissement sans jamais oublier de faire vivre le projet éducatif, en se rappelant toujours que son responsable premier est le chef d'établissement !

Voilà pour la question financière.

Une autre dérive possible se traduit souvent par l'abus de pouvoir de la part de parents qui siègent au conseil d'administration de l'OGEC ou de parents en responsabilité d'une Association de Parents d'Elèves et qui s'érigent en donneurs d'ordre au Chef d'Etablissement sur des sujets qui relèvent exclusivement de la responsabilité éducative de ce dernier. C'est lui, le chef d'établissement, le seul responsable en dernier lieu des activités d'enseignement relevant des obligations liées au contrat d'Association avec l'Education Nationale. Dans bien des situations on assiste à une confusion totale des rôles de l'organisme gestionnaire d'une part et de l'association des parents d'élèves d'autre part.

Ma longue expérience me fait dire que *les déviances prennent leur source dans les abus de pouvoir qui se produisent fréquemment en raison des confusions de rôles, de compétences et de responsabilités* entre représentants de la tutelle, gestionnaires (OGEC) et parents (APEL). Et peut-être les déviances naissent-elles parfois d'engagements à des fins personnelles qui ne sont pas forcément au service de l'institution.

Les OGEC et les APEL sont des organismes fonctionnant sous le régime des Associations relevant de la Loi de 1901, obligatoirement à but non lucratif en raison du Contrat d'Association par lequel l'établissement perçoit le forfait d'externat par l'Etat et/ou les collectivités locales et territoriales. Dans ce cadre, il arrive quelques fois qu'un parent en prenne la responsabilité parce qu'il est plein de bonne volonté et dispose d'une certaine disponibilité.

Comment cette personne est-elle préparée pour exercer sa responsabilité ? Au-delà d'un minimum de compétences en matière de gestion financière, quelle expérience a-t-elle de la gestion des ressources humaines dans une structure éducative ? Quelle connaissance a-t-elle de la complexité des instances et des autorités publiques[1] qui régissent un établissement scolaire ? Quelle expérience a-t-elle du projet éducatif et du projet d'établissement enraciné dans la longue histoire et dans la tradition d'une congrégation enseignante ou du Diocèse[2], quelle compétence en matière de pédagogie ? En connaît-elle les valeurs fondamentales et la coloration évangélique spécifique à

---

[1] Instances et autorités publiques : MEN, Rectorat, Inspection Pédagogique Régionale, Inspection académique, Préfecture départementale, Préfecture régionale, Collectivités locales et territoriales : Municipalité, Département, Région

[2] Autorité de Tutelle : Congrégation religieuse ou Diocèse

l'institution ? Cette personne en responsabilité saura-t-elle différencier le droit canonique du droit social ?

Voilà autant de questions qui mériteraient d'être traitées dans une réflexion écrite formulée de la façon suivante : « *Comment prévenir les déviances dans la gouvernance des établissements catholiques d'enseignement* » ?

Une autorité morale, compétente et reconnue ne serait-elle pas nécessaire pour réguler, contrôler toute déviance de quelque ordre qu'elle soit qui fait perdre son identité à un établissement catholique d'enseignement sous contrat d'association ?

Après toutes ces interrogations et réflexions qui ont émergé du plus profond de moi-même au moment de conclure mon écrit, je veux exprimer toute ma gratitude à mon épouse, à mes enfants et à leurs conjoints, à tous mes proches et amis, à mes collaborateurs et collaboratrices de ND de Valbenoîte – le Rond – Point qui ont partagé ma souffrance et traversé la tourmente des événements à mes côtés, qui m'ont soutenu sans réserve, ainsi qu'à mes ex-collègues chefs d'établissements et aux parents qui m'ont apporté leur soutien.

Ecrire ce témoignage m'a ouvert les chemins de la libération.

Récit que je dédie à toutes ces personnes, récit que j'étais déterminé à écrire pour le partager et en faire don à chacune et chacun d'elles.

C'est grâce à toutes ces personnes que la flamme de ma vie s'est ranimée et que celle-ci, dorénavant, est à nouveau remplie de Paix.

POSTFACE

par

Eliane Courbon

19 mai 2009 : en cette fin de journée je termine des courses dans mon village quand J.-F. D., collègue toujours en activité téléphone à la retraitée que je suis (mais toujours très attachée à ce Groupe ND de Valbenoîte qui a accueilli toute ma carrière d'enseignante) et m'informe de ce qui vient de se passer au 1er étage du bâtiment administratif : Arthur Obringer vient d'être « expulsé » de son poste et de l'établissement par des « miliciens » !

Je suis abasourdie et bouleversée : la méthode employée et le motif invoqué (« faute grave ») me semblent ubuesques, invraisemblables et cependant on n'est pas dans la science-fiction !

Passé le temps de la sidération, vient le temps de la réflexion : le comportement du Président d'OGEC, du Délégué à la Tutelle Mariste sont d'une indignité telle que je me demande si l'esprit mariste, l'œuvre de Marcellin Champagnat ne sont pas réduits à l'état de chimères.

Quant à une éventuelle « faute grave » d'Arthur Obringer, si l'imagination pourrait divaguer, pour ma part après avoir côtoyé pendant dix ans ce responsable d'établissement , en qualité d'Adjointe de Direction, et à une époque difficile pour le Lycée, mais aussi en qualité de professeur Français, j'ai pu découvrir qui il est vraiment : un être humain qui comme chacun de nous a ses défauts, mais surtout un être humain dont l'intégrité, l'honnêteté, le sens du devoir, des responsabilités sont sans faille : quelqu'un dont la foi et l'esprit mariste sont vivants, quelqu'un qui a une capacité de travail énorme – trop parfois – au service de sa mission !

Alors, passé le temps de la réflexion, vient le temps pour moi de la colère face à l'ignominie de cette accusation de faute grave : colère que je partage très vite avec mes anciens collègues et partage avec tous ceux, nombreux, qui sont convaincus qu'Arthur Obringer est victime d'une cabale qui depuis 14 ans couvait les braises d'une vengeance face au courage, à la rigueur et à l'objectivité qui lui sont propres pour dénoncer très légalement et avec circonspection un danger qui menaçait très concrètement et gravement nos lycéens (alors que si la loi française évoluait déjà l'église catholique refusait encore de « faire des vagues ») ; même si dans son récit avec retenue et pudeur Arthur Obringer évoque cet évènement douloureux, qui a enflammé un temps l'établissement (voire les Mediaş bien manipulés par une association de parents peu scrupuleuse), il ne faut pas oublier qu'à cette époque, Arthur Obringer comme d'autres a été menacé ouvertement, et qu'un appel à la vengeance avait été dans un lieu public prononcé ; « la vengeance est un plat qui se mange froid », dit-on : elle aurait patienté pendant 14 - 15 ans, attendant de trouver des hommes « de paille » pour rallumer un feu qui finalement n'a pas permis de détruire leur proie.

En effet, Arthur Obringer n'est pas détruit, n'en déplaise à ses détracteurs : le Tribunal des Prudhommes lui a rendu entièrement justice en réfutant toutes les accusations mensongères : une satisfaction pour lui et sa famille et tous ses amis. Mais tous ceux qui le connaissent savent qu'au-delà de ce jugement péremptoire, l'affaire n'était pas terminée : en effet quand un homme a été à ce point blessé, la justice des hommes via un tribunal ne suffit pas pour cicatriser les blessures ; il faut du temps pour évacuer : 15 années se sont écoulées, et c'est avec beaucoup de satisfaction que j'ai accepté de relire cet écrit d'Arthur : une fourmilière très dense, rigoureuse et objective comme l'homme qu'il est, fourmilière qui relate point par point, avec le souci de la vérité et des preuves ce qui s'est passé : une fourmilière qui permettra je pense à Arthur Obringer d'évacuer sa souffrance accumulée même si une cicatrice persistera à vie.

Mais surtout au-delà de cette renaissance d'un homme, puisse cet écrit permettre aux instances de l'Enseignement Catholique, aux instances des tutelles religieuses, à tous les établissements privés sous contrat, à l'éducation nationale, de se doter de barrières réelles et efficaces pour lutter contre les abus de pouvoirs de tous ordres, les manipulateurs pervers narcissiques de tous poils, et protéger les éducateurs de bonne volonté et de qualité à tous les niveaux, pour le service des élèves qui nous sont confiés.

Puisse ce précepte de Georges Pompidou être pour chacun des acteurs de l'Enseignement Catholique une vérité vécue au jour le jour et garantie : « *En toute circonstance préserver la morale de l'action* »

Documents annexes
Annexe n°1

Article publié le 2 mars 2012
Edition numérique de La Tribune – Le Progrès

Loire - Enseignement. Lycée de Valbenoîte : l'ancien directeur licencié à tort

À trois ans de la retraite, en 2009, un chef d'établissement du privé a vu sa carrière basculer brutalement quand il a été raccompagné à la porte de son lycée privé stéphanois. Aujourd'hui, il veut réhabiliter son "honneur".

"Je tiens à réhabiliter mon honneur et ma dignité qui ont été bafoués il y a trois ans lorsque j'ai été licencié". Arthur Obringer, 60 ans, habitant Génilac, a vu sa carrière de chef d'établissement brutalement interrompue un soir de mai 2009. La tutelle des frères maristes vient de lui signifier son licenciement « pour faute grave, sans préavis ni indemnité ». L'Ogec, l'association qui gère l'établissement, lui reproche notamment d'avoir affiché un communiqué qui aurait mis le feu aux poudres. Dans ce communiqué, l'enseignement catholique proposait alors à la tutelle mariste de délocaliser à Saint-Galmier le lycée de Valbenoîte en perte d'effectifs, pour répondre aux besoins de la plaine du Forez.

A l'époque, aucune explication n'est donnée aux élèves, aux parents et au personnel de Valbenoîte, ce qui favorise les rumeurs : adultère, pédophilie, escroquerie. "J'ai tout entendu ?!" Le 10 février dernier, c'est la libération. Les magistrats professionnels de la cour d'appel de Lyon confirment le jugement des prud'hommes de Saint-Etienne : "Le licenciement d'Arthur Obringer est sans cause réelle et sérieuse". L'Ogec est condamnée à payer 104 000 euros à Arthur Obringer, "ce qui correspond aux salaires que j'aurais perçus si je n'avais pas été licencié".

Plus de détails dans nos éditions payantes de samedi 3 mars

Ci-dessous un commentaire qu'un internaute a posté sur cet article :

« Bravo au proviseur pour sa combativité et sa conviction de faire éclater la vérité, il réhabilitera son honneur ». sapè

Extraits d'articles publiés le 3 mars 2012
Edition papier de La Tribune – Le Progrès

Titre paru sur la Une avec ma photo
ST-ETIENNE : *Après son licenciement abusif, l'ex-directeur de Valbenoîte témoigne*

Plusieurs articles sont publiés sur toute la page 11, sous la rubrique « La Loire et sa Région »

Lycée de Valbenoîte : l'ancien directeur veut retrouver son « honneur bafoué »

(...) « J'ai été traité comme un dangereux malfaiteur », estime Arthur Obringer, les larmes aux yeux quand il évoque les années de souffrance qui ont suivi pour lui, sa famille et ses proches. « J'ai toujours cherché à être exemplaire dans l'exercice de ma fonction de chef d'établissement, m'impliquant 70 heures par semaine, travaillant aussi souvent pendant mes vacances ». Son éviction, il la ressent durement car elle tombe à 3 ans de la retraite, après 17 ans de responsabilité dans le même établissement scolaire. Du jour au lendemain, il est rayé de la carte de Valbenoîte, à sa grande stupeur, car si les tensions existaient avec l'Ogec, « j'étais loin de m'attendre à un licenciement ».

À l'époque aucune explication n'est donnée aux élèves, aux parents, au personnel de Valbenoîte, ce qui favorisent les rumeurs... (...)

Aujourd'hui, ce dernier n'a aucun esprit de revanche. « Je ne vise pas l'enseignement catholique », rappelle – t – il fréquemment au cours de notre entretien. Mais s'il a souhaité porter son *affaire sur la place publique - ce dont se seraient fort bien passés un maximum de gens -, c'est pour faire savoir que la justice l'a réhabilité. Et il clôt ainsi le chapitre de son épreuve : Pour moi, le respect de la personne est l'une des valeurs les plus fondamentales ».*

Véronique Décot

Article de la rubrique : *QUESTIONS A ...*
J.-F. Coursol, administrateur du SNCEEL

« *Aucune indemnité ne compensera la souffrance* »
Le syndicat national des chefs d'établissement de l'enseignement libre a accompagné Arthur Obringer.

Quel a été votre rôle ?
Nous avons vocation à accompagner nos pairs, ce que nous avons fait pour Arthur lors de la commission de conciliation qui a échoué, de manière à sortir du conflit par un autre moyen que le licenciement. De toute évidence, celui-ci n'était pas fondé.

Quel est votre commentaire sur ce cas précis ?
La manière brutale de ce licenciement a été dommageable à la fois pour l'emploi mais également pour l'honneur d'Arthur Obringer, laissant planer des doutes sur les motifs de la décision.

Etes-vous satisfait de la somme actée par la cour d'appel pour la victime ?
Nous sommes satisfaits de l'issue favorable, qui répare une injustice commise. Mais aucune indemnité ne compensera la souffrance vécue.

Un encadré a été publié sur la même page, intitulé : *Une carrière*

Professeur d'Allemand, Arthur Obringer démarre dans l'encadrement au sein de l'enseignement catholique au Lycée Sainte Marie de Saint-Chamond comme directgeur des études en 1985. Il prend la direction du Lycée du Rond-Point en 1992, conduit en 2003 la délicate opération de transfert du cette unité pédagogique sur le site de Valbenoîte. La tutelle des frères maristes lui confie la direction générale du groupe scolaire en 2003, comprenant quatre établissements, 1 350 élèves de la maternelle à la terminale, une centaine d'enseignants et une quarantaine de personnels non-enseignants en 2009.

Annexe n°2

Extraits de la lettre de licenciement avec mes commentaires et rectifications transmises à l'avocat pour ma défense aux Prud'hommes.

1. « Les motifs ... sont ceux que nous avons évoqués lors de notre entretien »

Faux : les motifs énoncés dans cette lettre de licenciement ne correspondent pas à l'entretien dont le contenu intégral est rapporté dans la restitution écrite de l'entretien par Madame M.B. qui m'a accompagné.

3. « Vous n'adhérez plus aux projets de notre établissement »

Affirmation qui ne correspond pas du tout à la réalité du vécu :
- A travers les divers supports de communication : lettres d'information aux familles de chaque période, lettres d'information hebdomadaire aux professeurs et éducateurs, site internet et sa mise à jour quasi hebdomadaire à propos de l'agenda.

- A travers les actions de promotion de l'établissement : lettre aux parents pour la réinscription accompagnée du dossier de réinscription, tracts diffusés pour les journées portes ouvertes
- Par la présence du directeur : quotidiennement sur le terrain à l'une des entrées ou sorties de l'établissement ; à chacune des très nombreuses réunions internes à l'établissement, en particulier à toutes les réunions statutaires ; aux réunions de chef d'établissement organisées par le directeur diocésain ; à l'AG de l'Apel Loire Sud ; à l'AG de l'Udogec.
- Le directeur n'a jamais cessé de communiquer « courtoisement » par courriel avec les membres de l'OGEC, en particulier avec le président, notamment à propos des ordres du jour des réunions de Conseil d'Administration ou du Bureau du CA.

4. « ... vos agissements inadmissibles »

Lesquels ?

N'y a – t – il pas là un jugement diffamatoire ?

5. « *les raisons profondes de votre défaut manifeste et incompréhensible de maîtrise de la gestion de notre établissement au regard de la présentation de votre budget* »

Le budget prévisionnel 2008 / 2009 dont il est question appelle plusieurs commentaires :

- Il s'agissait d'une première ébauche, à retravailler, à l'ordre du jour du CA du 7 juillet 2008.

- Celui-ci a été porté à la connaissance du président de l'Ogec en même temps qu'au directeur le 3 juillet directement par l'expert – comptable.

- Il n'a fait l'objet d'aucun échange entre le président d'Ogec et le directeur

- Il s'agissait-là d'une procédure identique à celle des années précédentes, le budget prévisionnel « première ébauche » ayant toujours été retravaillé après la rentrée pour être adopté définitivement seulement en octobre, voire en novembre, une fois les données statistiques stabilisées, en particulier celles relatives aux effectifs des élèves (cf convocation CA du 19 novembre 2007)

- Le budget prévisionnel 2008/2009 dit « définitif » a été examiné en même temps que le budget après l'arrêté des comptes de l'année 2007/20008, au CA du 24 novembre 2008, prévoyant un déficit de 19 900 € : c'est le budget présenté à l'AG du 24 février 2009.

- Le plan de trésorerie annuel a été élaboré par le directeur avec la comptable et a été présenté dans sa forme actualisée à chaque début de mois.

- Un outil de suivi du budget engagé a été élaboré par moi suite au travail d'une commission et a été opérationnel à partir de décembre 2008 : son élaboration a d'ailleurs été très chronophage pour le directeur et a fait l'objet d'un travail technique / informatique très complexe.

Questions :

- Pourquoi une telle précipitation cette année ?
- N'y a-t-il pas comme un sentiment de panique ?

A signaler un fait de gestion qui n'a jamais été abordé en réunion : en novembre 2008, l'OGEC a perdu la subvention dite « Fallloux » qui avait été votée par le Conseil Régional pour aider au financement de travaux de rénovation, d'un montant d'un peu plus de 21 000 €. Perte due à la transmission tardive du bail signé. Ce retard est à imputer au seul et unique fait que le président d'Ogec avait décidé plus d'un an auparavant, de traiter lui – même ce dossier directement avec le représentant de l'Association Immobilière du Gier, Frère M.V. (voir courriels des 29/09 et 4-5/10 ; voir aussi bordereau à la DLY et courriel de la DLY du 21/10).

7. « ...vos problèmes de comportement et de positionnement »

Ah bon ? De quels problèmes est-il question ?

9. « le caractère sensible et donc considéré comme confidentiel de la communication qui vous avait été adressée ... »

10. « ... intention manifeste... certitude de votre part de mettre le feu aux poudres... »

11. « ... élément déclencheur de notre décision ... »

Voilà encore des jugements et des interprétations à caractère diffamatoire.

12. « il y a véritablement de votre part un acte réfléchi à l'encontre de toutes les composantes de l'institution Valbenoîte... »

14. « ...geste de provocation et défaut total de sens de vos responsabilités... »

Toute l'année, chaque fois que des personnels enseignants ou non-enseignants ont exprimé des inquiétudes, j'ai cherché à rassurer et invité chacune et chacun à rester confiant, rappelant que ma mission était de veiller autant que faire se peut, à la cohésion, à la solidarité, au bon fonctionnement de l'ensemble du Groupe Scolaire.

Annexe n°3

Communiqué du Conseil d'Administration du C.O.D.I.E.C. du 6 mai 2009

Compte tenu du caractère exceptionnel des décisions prises durant le conseil d'administration du 6 mai 2009, il nous a semblé important et urgent de développer une communication claire et précise pour vous annoncer :

- <u>Première motion votée par le conseil d'administration à l'unanimité</u> :

Le conseil d'administration du CODIEC décide d'implanter un lycée sur la commune de Saint-Galmier. Il propose à la Tutelle Mariste la délocalisation du Lycée Notre-Dame de Valbenoite pour les classes de Seconde à la rentrée 2010, pour les classes de Première à la rentrée 2011, pour les classes de Terminale à la rentrée 2012. Ainsi tout élève qui rentrera en Seconde à la rentrée 2009 sur le site Notre-Dame de Valbenoîte à Saint-Étienne pourra y achever sa scolarité.

- <u>Deuxième motion votée par le conseil d'administration à la majorité et une abstention</u> :

Dans une démarche dynamique et volontariste, le conseil d'administration du CODIEC propose l'implantation d'un second lycée dans la Plaine du Forez ou dans tout autre lieu où un projet de l'Enseignement Catholique pourrait se développer et répondre à un besoin réel.

Pour la Présidente du C.O.D.I.E.C.
M.-T. C.
Secrétaire

Annexe n°4

Extrait de la Lettre d'Informations aux Familles de décembre 2008

Editorial

Près de quatre mois se sont écoulés depuis la rentrée de septembre et voilà que s'achève la première grande étape de l'année scolaire : les bilans viennnent d'être tirés dans les conseils de cycles et les conseils de classe.

Maintenant les esprits et les cœurs se tournent tous vers les Fêtes de Noël et du Nouvel An.

Nous souhaitons qu'elles donnent l'occasion à tous de prendre du temps pour se reposer et se ressourcer en famille et avec les amis, pour donner et recevoir.

Prendre aussi du temps pour faire une pause, pour se sortir du tourbillon de la vie quotidienne et de la tornade des malheurs qui s'abattent sur le monde, là bas au loin, mais aussi à notre porte.

Prendre du temps pour réfléchir à ce qui est essentiel dans la vie, de dépasser les simples préoccupations matérielles.

La fête de Noël nous invite plus particulièrement à aller plus loin, à célébrer la naissance du Fils de l'Homme et de partager l'Espérance d'un monde nouveau qu'il nous appartient de bâtir « avec un cœur nouveau ».

Cette Espérance est celle qui nous anime dans notre action éducative auprès des enfants des écoles, des jeunes du collège et du lycée.

> **« Je vous donnerai un cœur nouveau et je mettrai en vous un esprit nouveau »**
> *Prophète Ezechiel*

Espérance que nous voulons partager avec tous les membres de la communauté éducative : élèves, parents et tous personnels.

A vous tous, nous offrons nos plus chaleureux vœux de paix, de joie, d'espérance, et nous vous présentons nos meilleurs souhaits pour l'année 2009.

Arthur Obringer, Directeur Général

[1] « *Cœurs nouveaux pour un monde nouveau* », *thème du Chapitre Général de 2009 de l'Institut des Frères Maristes.*

Il y a un temps pour tout

C'est encore le temps d'un combat, d'un combat contre ce que nous nommons maltraitance institutionnelle
Il y a un temps pour la sidération
Il y a un temps pour la colère et la révolte
Il y a un temps pour le ressentiment
Il y a un temps pour le témoignage
Il y a un temps pour l'écriture
Il y a un temps pour un premier procès
Il y a un temps pour un deuxième procès
Il y a un temps pour la reconstruction
Il y a un temps pour RENAÎTRE…

Gérard Wiel
Courriel du 8 août après notre rencontre

GRATITUDE

A Eliane C.

L'écriture et la publication de mon témoignage m'a été facilitée par la précieuse contribution d'Eliane C, qui avait été mon adjointe de direction du Lycée ND de Valbenoîte-Le Rond-Point de 1992 à 2003. Elle a patiemment relu mes écrits que je lui soumettais chapitre par chapitre, me proposant quelques fois un avis éclairé pour nuancer ou accentuer l'un ou l'autre aspect de mes propos, en particulier sur des événements marquants vécus en commun dans l'exercice de notre responsabilité de direction de l'établissement.

Eliane C. ayant effectué toute sa carrière de professeur de Lettres dans le Groupe Scolaire est profondément imprégnée des valeurs du projet éducatif mariste. Elle a une connaissance détaillée de l'histoire de l'institution et de son évolution. Elle sait la part d'influence apportée par les Frères Maristes dans l'action éducative en faveur des enfants et des jeunes pour qu'ils deviennent des femmes et des hommes libres correspondant à une vision de l'Homme référée aux valeurs évangéliques selon la manière de St Marcellin Champagnat qui a fondé l'Institut des Frères Maristes.

A Gérard W.

Au cours de la traversée des épreuves douloureuses que j'ai endurées à partir du jour et de l'heure de mon licenciement, parmi toutes les manifestations de réconfort reçues, j'ai été particulièrement touché par celles de Gréard W. en m'accueillant dans le groupe d'accompagnement professionnel qu'il animait à Lyon. Il m'a ainsi offert l'opportunté de revenir pour la première fois à un peu de vie sociale par le climat qu'il avait su créer, dans lequel règnaient attention, respect, écoute, confiance et empathie.

Il y a quelques mois j'ai rencontré Gérard W. pour lui présenter la mouture encore inachevée de mon récit, qu'il a ensuite pris le temps de lire. Il m'a ensuuite envoyé plusieurs propositions utiles qu'il a introduites par les mots publiés ci-dessus, dont la dernière phrase trouve en moi une résonnance incommensurable : « *Il y a un temps pour RENAÎTRE* ».

Gérard W. a apporté une contribution non négligeable à « *mon retour à la vie* », voilà pourquoi il m'importe de lui exprimer ma pleine reconnaissance.

REMERCIEMENTS

A mes relecteurs pour leurs conseils avisés

Frère Michel Fatisson

Jean Riou

Jean-Michel Larois

TABLE
Avant-propos
2009, le 9 mai, 19 heures	1
1. Pourquoi ce témoignage ?	3
2. Pourquoi aujourd'hui ?	3
3. Dénoncer la violence et la brutalité du licenciement	4
4. Faire connaître les événements	5
5. Réhabiliter ma dignité humaine et professionnelle	7

PARTIE I
Une mesure de licenciement
pour faute grave, sans préavis ni indemnité

Chapitre 1

Chef d'établissement limogé sur le champ	13
1. Maintenant vous me remettez vos clés !	13
2. Sans au-revoir	18
3. Mise en scène minutieuse	21

Chapitre 2

Précipité dans le néant	29
1. Turbulences au fond du vide	29
2. Retour à la maison	31
3. Reprendre mes esprits	33
4. Le lendemain, continuer d'exister coûte que coûte	34
5. Entretien préalable au licenciement	37
6. Motifs du licenciement : une énumération de mensonges	39
7. La Commission Nationale de Conciliation	45

Chapitre 3

2008 – 2009 : une année pas ordinaire	49
1. Situation économique préoccupante, avenir incertain pour le Lycée	50
2. Climat oppressant	53
3. Faits marquants	57
3.1 Conseil d'Administration déclencheur	57
3.2 Règlement de contentieux ?	60
Première situation très problématique	60
Deuxième fait : des témoignages accablants	62

	Un troisième fait très marquant	63
	Un quatrième fait bien surprenant	64
3.3	Demandes répétées et insistantes de retrait d'agrément	65
3.4	Ecrits et propos contradictoires	70
3.5	Atmosphère lourde	72
	Perspective de délocalisation du Contrat d'Association du Lycée	73
	Baisse de la DHG : emplois des professeurs menacés	74
	Divers événements empoisonnant le climat de l'établissement...	75

Chapitre 4
Ecarté par la Tutelle Mariste et par les instances
de l'Enseignement Catholique 83
Portrait de groupe des responsables de la Tutelle Mariste
et de l'Enseingement Catholique local 86

1.	La Tutelle des Frères Maristes	87
1.1	La Tutelle dans l'Enseignement Catholique ?	87
1.2	Projet éducatif porté par l'esprit mariste	89
1.3	Le Service de la Tutelle Mariste s'est hélas évanoui	91
1.4	Interrogations sur la mission du Frère Délégué à la Tutelle ?	95
1.5	Lancement du processus de retrait de l'agrément	100
	Application du protocole conforme aux règles	100
	Le Directeur – adjoint également visé	107
1.6	« Lettre de mission spécifique » : mission impossible !	108
1.7	Le Conseil de Tutelle : à quel jeu a-t-il joué ?	113
1.8	Un service de la Tutelle Mariste idéal : juste un rêve…	120
2.	Les dirigeants de l'OGEC – Organisme de Gestion	121
2.1	Double jeu du président de l'Organisme de Gestion	122
2.2	Acharnement contre le directeur : pourquoi ?	127
2.3	Autres membres du Conseil d'Administration de l'OGEC	131
2.4	Compétences en gestion économique et financière, parlons-en ! ..	136
3.	Les responsables de l'Association des Parents d'Elèves	145
3.1	Une Association à la recherche de son identité	146
3.2	L'APEL associée pour l'exercice du pouvoir	151
4.	La Direction Diocésaine de l'Enseignement Catholique	157

4.1 Un nouveau Directeur Diocésain	157
4.2 Promotion de l'adjointe du Directeur Diocésain	165
5. Mgr l'Evêque de Saint-Etienne	173
5.1 Soutien de mes amis : correspondances avec Mgr l'Evêque	174
5.2 Entetien avec Mgr l'Evêque	182
6. Accompagnement galvaudé	184
6.1 Quand on parle d'accompagnement, de quoi parle-t-on ?	186
6.2 Défaillance de la Tutelle Mariste	187
7. Aucune reconnaissance institutionnelle	188

Chapitre 5
Réanimation de la flamme de la vie	193
1. Lente remontée de la pente	194
2. Soutiens et remerciements	195
3. Des silences assourdissants	209
4. Combat juridique âpre mais victorieux	211
5. Avancée vers de nouvelles insertions sociales et professionnelles	216
6. Retour à l'emploi… après mon entrée en retraite	222
7. Une fin d'activités professionnelles dans la dignité	224
7.1 Du décrochage au raccrochage scolaire	224
Le dispositif « Potentiel Jeunes *Lyon Sud-Est* »	
7.2 Co-direction du Centre d'Orientation Scolaire de Lyon	227
7.3 Responsable de l'ARFOP – Organisme de formation	231
7.4 Et toujours le mandarinier refleurit	234

PARTIE II
Une longue implication dans l'institution	235

Chapitre 6
Dix-sept ans de responsabilité dans le Groupe Scolaire	237
1. Implication dans un Groupe Scolaire en évolution	239
2. Gouvernance collégiale	241
2.1 Le Conseil de direction de Valbenoîte : une équipe soudée et solidaire	242
2.2 Le Conseil de Direction du Collège et du Lycée – CDCL	243

2.3 Equipes enseignantes dans une dynamique de concertation ... 244
2.4 Equipe de la Vie Scolaire : proximité éducative 245
2.5 L'Equipe d'Animation Pastorale – EAP :
      dynamique et active 245
2.6 Equipe administrative et de service :
      solidarité, implication, loyauté, dévouement 246
3. Ma contribution à l'animation du Projet Educatif Mariste 250
4. Ma contribution à la gestion des ressources humaines 254
5. Implication dans les instances et organismes officiels 257

Chapitre 7
Dynamisme mis à rude épreuve 263
1. Lycée et Collège pénalisés par les réformes du MEN 263
2. Projets avortés de développement du Lycée 269

Chapitre 8
Vie du Groupe Scolaire marquée par de multiples épreuves 269
1. Un événement traumatique majeur 269
1.1 Signalement auprès du Procureur de la République 269
1.2 Une suite d'événements pénibles 276
1.3 Ouragan sur le Lycée 279
1.4 Fonctionnement du Lycée assuré : soutiens et présence
     Éducative 286
1.5 Conclusions du Parquet 289
2. Vie de l'Institution traversée par d'autres épisodes lourds 292
2.1. Restructuration et déménagement du Lycée en 2003 292
2.2 Plusieurs vagues de réduction d'emploi 296
2.3 Obligation de démolir la nouvelle cafétéria 298
3. Autres épreuves douloureuses 303

Chapitre 9
Œuvre éducative dynamique en flux continu 311
1. Avancées éducatives en faveur des enfants et des jeunes 311
2. Innovations pédagogiques - Ouverture sur l'extérieur 315
3. Qu'en était-il du budget pédagogique : parlons'en ! 320
4. Evolution sans relâche des pratiques pédagogiques 321
5. Avancées dans le partenariat éducatif
    avec les parents d'élèves 323

6. Appartenance renouvelée
   au réseau des établissements maristes 325

Chapitre 10
Entretien et rénovation des locaux
Adaptation et modernisation des outils de travail 326
1. Nouveautés sur le site du Rond-Point 326
2. Création d'une cafétéria : une première dans un Lycée 327
3. Introduction de l'EXAO en Sciences 328
4. Restructuration : réorganistion complète du site de Valbenoîte . 329
5. Déploiement des outils informatiques : une révolution ! 331
   Modernisation de l'informatique administrative
   Développement de l'informatique à usage pédagogique

Chapitre 11
Des belles satisfactions et des moments de vrai bonheur 337
1. Vie lycéenne... 337
2. Compétitions et animations sportives 338
3. Activités et comédies musicales 339
4. Activités péri-éducatives, voyages culturels,
   séjours linguistiques 340
5. Manifestations festives au sein du Groupe Scolaire 341

Epilogue 343

Postface 353

Documents annexes 357

Il y a un temps pour tout 369

Gratitude 371

Remerciements 373

Arthur Obringer

A effectué l'essentiel de sa carrière professionnelle dans l'enseignement : il a démarré son parcours comme professeur d'Allemand avant de devenir chef d'établissement de Lycée. Ensuite il a assuré la direction générale d'un ensemble scolaire Ecoles – Collège – Lycée.

Parallèlement à l'enseignement, il a déployé ses compétences professionnelles en s'impliquant fortement dans des projets d'organismes agissant dans l'éducation populaire (directeur de CVL, formateur pour le BAFA et le BAFD), dans l'action sociale (création d'une crèche halte-garderie) et de l'insertion (dispositif de raccrochage de jeunes de 16 à 26 ans).

Enfin, après son entrée à la retraite, il a encore assuré deux activités, l'une comme co-directeur à temps partiel d'un centre d'orientation scolaire, l'autre comme responsable d'un organisme de recherche et de formation en pédagogie.

Retour à
LA VIE
Après une mise à mort professionnelle

Il est chef d'établissement et directeur général d'un ensemble scolaire privé catholique sous contrat d'association composé de deux écoles maternelles et élémentaires, d'un collège et d'un lycée. Ce mardi 19 mai 2009 il se rend à son bureau à 19 heures. A sa grande stupéfaction il est attendu, en présence d'un huissier de justice, à tour de rôle par le délégué de la congrégation religieuse qui assure la Tutelle de cet établissemment et par le président de l'organisme de gestion, qui lui remettent chacun une lettre de notification de sa mise à pied avec effet immédiat pour faute grave et la convocation à un entretien de licenciement. Aucune explication, aucun mot échangé, sauf pour donner le nom de la personne qui lui succède à partir du lendemain. Il est ensuite conduit jusqu'à la porte de sortie, accompagné jusque sur la place située devant l'établissement.

Stupéfaction, sidération.

Le souffle de la violence qui a dévasté l'esprit de ce chef d'établissemmet durant à peine quelques minutes n'a pas réussi à éteindre la flamme de la vie qui brillait au plus profond de son être.

C'est cette flamme qui l'a d'emblée motivé pour sa défense jusqu'à obtenir, à l'issue d'un âpre combat juridique qui a duré trois ans, la condamnation de son employeur et la réparation du préjudice par la Cour d'Appel des Prud'hommes.

A travers son récit qui conduit au cœur de cet événement que l'auteur décrit comme sa mise à mort professionnelle, il poursuit un seul et unique but, celui de réhabiliter son honneur, sa dignité et sa probité, d'une part, en dénonçant l'ignominie et la violence inouïe sournoisement déployées à son encontre par quelques responsables d'une institution catholique, et, d'autre part, en expliquant qu'ils ont lourdement entaché la notoriété, brisé l'image et perturbé le riche passé de l'institution elle-même, à une période cruciale pour l'avenir de son histoire.

En relatant aussi son implication dix-sept années durant comme responsable dans la vie de l'institution, l'auteur met en lumière les multiples facettes du projet éducatif construit durant sa longue histoire et les atouts qui auraient dû lui faire traverser sa difficile période de mutation sans être secouée par d'aussi fortes turbulences.